慈禧外纪

〔英〕濮兰德 白克好司 著
陈冷汰 译

故宫出版社
The Forbidden City Publishing House

目　录

第一章	叶赫那拉之家世及慈禧幼年	5
第二章	巡幸热河	12
第三章	载垣逆谋	23
第四章	首次垂帘	36
第五章	曾国藩及太平天国之灭亡	44
第六章	太监	55
第七章	礼节问题	71
第八章	穆宗之亲政及其崩	75
第九章	吴可读之尸谏	83
第十章	慈安太后之崩及恭王之罢黜	94
第十一章	慈禧归政	102
第十二章	戊戌维新之动机	112
第十三章	百日变法	120
第十四章	戊戌政变	129
第十五章	慈禧再训政	135
第十六章	拳乱发生之源	154
第十七章	景善日记	157
第十八章	二勇士	188
第十九章	庚子年对外之文牍	202
第二十章	两宫西狩及行在之事实	211

第二十一章	拳党首领之死	223
第二十二章	慈禧悔过	231
第二十三章	两宫回銮	238
第二十四章	慈禧之新政	256
第二十五章	荣禄遗折	268
第二十六章	慈禧之末日	272
第二十七章	慈禧宾天及奉安之礼	284
第二十八章	结论	290

编后记　　　　　　　　　　　　　　　305

第一章　叶赫那拉之家世及慈禧幼年

叶赫那拉,满洲最古之一族也,居长白山麓,邻于朝鲜,为满洲发祥之地。叶赫贝勒杨吉砮,以其女事清之太祖。当时满洲诸部,尚多臣服于明。杨吉砮习战术,率其族时时侵略邻境。1583年,杨吉砮被害于奉天。清太祖乘胜攻取。杨吉砮之女,遂得皇后之号。生子太宗,遂夺明之藩属,而兼并全满部落,国号"天聪"[1]。

至西太后那拉氏,生于1835年。为中国之女主,三次垂帘听政,专权者五十余年。其父名惠徵,在八旗中为一世袭之官。未得宠,官不过道员而止,殁于安徽,女仅三龄。其妇守节抚孤,赖其戚穆扬阿提挈子女,得以成人而受教育。穆扬阿者,其女亦咸丰皇帝之后,与叶赫那拉氏同时垂帘听政者也。[2]近来每多谣传,述慈禧太后出身之微,盖出于宫中诸人怨恨之心,或出于皇族长支诸王之所言。因之慈禧之身世及其家庭琐事,颇传之民间,以俭薄那拉氏之族。而一时诽诋之论议,亦引起阅者愤激之心。若康有为等之书可证之也。今试举一事:有一皇室亲支某郡王,尝言慈禧太后之父殁于安徽宁国府任,遗寡妇孤子女,贫甚,几无以自存。回京无资,势将行乞。忽有一官赠川资于其友者,误送于慈禧之舟。其人因见慈禧家人困苦流离之状,生怜悯之心,遂举以赠之。其后二十五年,慈禧太后当国垂帘,此官陛见时,慈禧太后忆及

---

[1] "天聪"为清太宗皇太极的年号,当时的国号为"金"。天聪九年(崇德元年,1636年),皇太极称皇帝,改国号为"清"。

[2] 穆扬阿之女即后来的慈安太后,与慈禧并无亲属关系。慈禧曾受穆扬阿提挈之说,亦不见史籍记载。

慈禧太后朝服像

往年之事,命之起,称谢昔日之惠云云。此言实未可信,盖有一满员穷死于官守,因附会于慈禧太后之父。闻此满员死时,慈禧家属已入都矣。某郡王所以为此言者,因1875年即同治十三年,冀立其子,为慈禧太后所抑,颇怀怨望之心耳。

余此时先略述叶赫那拉家族,及与皇族长支之关系。知其已往之事,以推将来。此于中国近世史上,实占重要。自载垣、端华等失败,慈禧太后初次秉政,皇族长支与此尊贵强盛之族,时怀猜嫉之心。至1898年,即光绪二十四年戊戌变政以后,此情形愈觉显然。虽以慈禧太后之圣威，足使人人见而慑伏，然暗中之扰乱，仍不能免。以近日京中之事观之，慈禧太后梓宫出殡，端方拍照而罢官之事，尤见满洲贵族之不和，而政府时虞危险。盖自慈禧太后去世，朝廷无其利害手段也。以外人而言宫中情事，以及皇族之内容，殊觉甚难。盖其族谱之繁衍，婚嫁之纠葛，立嗣之家法，皆无从援证。所可言者，其皇族即爱新觉罗氏之后，分为黄带子、红带子二种，此即清太祖之后裔，皆自视为尊贵圣武之种族是也。叶赫那拉虽非纯粹之皇族，而近来之权势则甚大，不仅人数之众而已。为太后者，已有三人。而慈禧之得人心，尤为不可及焉。因慈禧临终含蓄之诏书，而叶赫那拉族中之长辈，莫不欲推现今太后，即光绪皇后，仿老太后垂帘之故事。虽不能久，而可至皇帝亲政之年。且慈禧深谋远虑，以醇王之子，乃荣禄之外孙，立以为帝，即使其亲政以后，决不反己之所为，可预知也。

宫中最难消灭者，即那拉氏与道光皇帝之长支暗争之事。此支中以溥伦、恭王二人为巨擘。因宣统即位，摄政王监国，将追尊老醇王之谥号，而跻之于皇帝。此事在欧洲，毫不视为重要。然以中国人眼光视之，以老醇王与开国始祖平行，即无异歧出一新支之始祖，于理为不合。昔老醇王亦见及此，恐将来隐患方长，时时预防消遏之。然自宣统即位以来，老醇王坟墓祭祀，比前已加隆重，官书上名曰二阶。在士大夫心中，以为典礼已同于皇帝。而注意考查此事者，颇不乏人。在汉人之议论此事者，以为宣统亲政之年，将更推尊其祖父三阶，而升祀于太庙之中。盖中国人之视此事，实至为重要，其影响亦甚大也。

老佛爷为那拉族中之健将。其一生袒护近支，为人疑忌之原。故那拉族人与黄红带子之间，时有暗潮，往往于茶馆市场中见之。慈禧又常以辱爱新觉罗氏为乐。尝下一谕，禁止其住于市场之地。云以其有污辱之行也。以故爱新觉罗族人，既畏而又怨之，以为慈禧太后削夺其本有之权利焉。

今述一有趣之事，以见慈禧太后待遇此等世袭贵族，其手段甚为利害。有一王公在皇城根建造一屋，可望内城一角。太后知之，俟屋造成时，责其胆大妄为，窥伺宫墙，当即收没。后将此屋赏其幼弟绍公。慈禧由西安回銮后三年，设立警部，以徐世昌管部。徐到部，知此事必与贵族辀辖，非好差使也。

慈禧三弟桂祥为一最著名之无赖，独不肯遵警部规章，故使其仆从犯法，以示体面。一日桂祥之家人，复专横犯法，警吏拘之。徐世昌闻知此事，立命释放。桂公大怒，必欲警部尚书亲身陪礼。警部尚书三次往谒，皆拒而不见。其后直至院内，叩头陪礼，此事始罢。

据北京人谣传徐世昌为东三省总督，为邮传部尚书，升军机大臣，皆此贵族之势力。后慈禧太后闻之，复免徐世昌军机之职，使仍往奉天，此又一事。可见慈禧偏袒，不顾地方行政之困难也。

慈禧太后之母，守节多年，住锡拉胡同，距公使馆甚近。至其女为后，遂得封为公爵夫人，颇有才能，娴习礼节，崭然出于众人。殁后，与其夫合葬于城西，即在西人跑马场左近。慈禧为其父母建造牌楼，及大理石之建筑物，以表孝心。当1902年即光绪二十八年，由西安归，过正定，坐火车回京，拟由京汉铁道。臣工谏止，以经过慈禧父母坟墓，不下则为失礼。慈禧闻之，遂改道绕南，臣下皆称赞之。

慈禧太后幼年无事可述，其亲戚中有一人，名荣禄者。此人后来辅佐慈禧多年，同济艰难，乃一极有关系重要之人也。有人云荣禄幼时曾与慈禧定婚，此言恐不确。但荣禄辅政之时，其权力之大，远过诸臣之上，其宠用可知也。慈禧心思灵敏，突过于人，其热心政权，亦独秉特性。其天资之卓绝，性情之坚毅，加以一生经历之多，艰难困苦，险阻备尝，此其所以成为伟人也。年16岁时，五经成诵，通满文，二十四史亦皆浏览。尝有史臣在旁讽诵，故能通古今治乱大势，又能诗善书画，有此聪明学问，故能久揽大权。

1850年道光皇帝宾天，皇四子即位，改元咸丰，国丧期内不能行大婚礼。至二十七日，下谕凡满洲秀女至当选之年，容貌端正者，由内务府报名候选。咸丰未登位之前，已聘穆扬阿之长女，不幸前丧。1852年6月14号，即咸丰二年，满洲贵族秀女约六十人，由太后选择二十八人，穆扬阿之次女钮祜禄及那拉氏皆在选中。所选者分为四等，一妃、二嫔、三贵人、四常在。钮祜禄称为嫔，那拉氏称为贵人。选额可至七十，但向来未臻此数。此外宫中尚有满洲妇女二千人，各有职事，由太监指导而行。凡宫中之事，皆太后主之。选妃之时，皇帝虽亦亲临阅视，而分等级，派职事，一切皆不预焉。慈禧既离锡拉胡同家中，而入宫闱，从此与家人隔绝。

有一老妇，侍彼多年，尝谈老太后入宫之后，仅归省一次。其言甚有趣味，今述之于下。1857年1月，即咸丰六年。乃同治皇帝诞生之九

咸丰帝手书《谕后妃》

月,慈禧蒙皇帝特恩,赐回家省亲一次。归省之日,早有太监至其家中,告以某时驾到。其家人及亲戚人等,闻此旷典,莫不欢忻,邻居及行道之人,观者如堵。届时太监及侍卫群从拥黄轿而至,其母率家人亲戚排立院中。入内堂,太监请妃降舆,登堂升坐,除母及长辈外,皆跪于地,叩头行礼。排筵宴,其母陪坐于下。盖妃为皇子之母也,慈禧虽在宫中数年,性情毫未改变,谈笑一如昔日,毫无骄傲之容。家中各事,皆殷勤垂问,尤以其妹读书为怀。人人见慈禧之度量广大,性情温和,莫不称赞。慈禧问答各事尽一日之欢。惟冬日昼短,转瞬即暮,太监请妃回宫,恋恋不舍。云:"所处地位,不能时与家人相见,甚以为戚。但望皇帝或再降恩意,许予归宁,或有机会准吾母入宫。"言毕,赏赐家人,遂返宫中。此后未曾归省,后其母时时入宫视其女云。

慈禧入宫,即能得太后之欢心,复以己之聪明智慧,遂蒙帝宠。至1856年4月,即咸丰六年,诞生同治,其地位乃益巩固。当时太平天国之乱,蔓延各省,京中亦大不靖。先是慈禧入宫,时时披览各省章奏,通晓大势,至是进言,劝咸丰帝任用曾国藩,节制各师,供给湘军粮饷,无有缺乏,曾国藩得以平定粤匪,慈禧之力也。役也,英将戈登亦参与焉。慈禧幼年已能显其卓越之才,为往古所罕见,且尤能于国家多故之时,出其精心毅力,而克转危为安。曾国藩丁内艰时,请遵古守制,慈禧以为守制固经常之事,但多难之秋,则以国家为重,通权达变。古人已有行之者,人君之命,便成法制,凡此等等。皆可见慈禧乃一天生之君主也。

1855年即咸丰五年,道光后薨,慈禧以平日之勤,由贵人升为嫔,钮祜禄立为皇后。当时人心,皆以为满洲命运将绝,天心厌弃,全国骚然,民心渐离,士大夫心中以为不及以往之君。清世祖以下,稽古右文,学问事业,卓越前古,光耀史策,著述宏富,有裨士夫,咸丰帝则皆逊之。年二十有五,尚无子嗣,幸至1856年4月,即咸丰六年,慈禧始生一子。同时湖南、江西等省，亦渐克复，人心皆觉事机渐转，天心复回焉。此时咸丰帝病重体衰，慈禧以嗣君之母，怀君主之大度，进握政权。皇后则秉德温厚，谦逊未遑。慈禧此时已晋封为妃，京中人称为懿贵妃。凡关于外国之事，慈禧进言于帝，多主强硬，吾等亦不异之。盖吾人心中，知其幼年家世，所谓尊贵龙种，不知外国虚实，其强硬何疑。爱尔近占据大沽[1]，政府派钦差耆英，令其退出，不得要领而返，此常事也。而慈禧则视为极要，当即下谕，命其以白带自尽，此尚为朝廷之恩意。广州开辟商埠，中英交涉，慈禧言之于帝，不许钦差叶某与英国议商务事。其后一年，广州城竟为外兵所破，以此事观之，可见其自尊之性焉。

吾人阅当时官书及私家著述，可知皇帝之言，人不甚重，群倚于慈禧一人之身。京中及全国之大事，皆待慈禧一言而决。中国自来女主专政者，寥寥无几，而慈禧可称特著。彼时位不过贵妃，年不过二十余，而能荷天下之重任，尤为罕见者也。人称慈禧太后凡三易其名，初入宫时，其母家姓叶赫那拉氏，人皆称其氏；后晋封为妃，人皆称为懿贵妃；及与东后同时秉政，遂上尊号为慈禧等字，人乃称之为慈禧后。若民间或称为皇太后，京中人或称为老佛爷，直至其临终，此尊爱之名称，为北方所常用焉。

---

[1] 爱尔近（James Elgin），今译额尔金，英国外交官、殖民地行政官。第二次鸦片战争时任英国全权代表，统兵来华，下令焚烧圆明园。

第二章　巡幸热河

英法联军入京之事，人人皆知，不必缕述。但咸丰帝未幸热河以前，及既幸以后，慈禧之所为，外人皆无从知之。今以翰林院侍读学士吴可读之日记录之于下。此日记名《罔极篇》，间涉及英法兵事，及慈禧之所为，读之可知当日之情事，亦极有趣焉。节录《罔极篇》（勃氏原书曾引者录之，原书曾引而坊间刻本因恐犯忌而删去者，译之）：

庚申七月，自慈亲得病起，五六日间，即传夷人已到海口，所有内外一切章奏，概不发抄。以致讹言四起，人心惶惑。然犹未移徙也，时皇上方病，闻警拟狩北方，懿贵妃与僧王不可，且谓洋人必不得入京。

初一日至初十日，慈亲得腹泻之症。初谕家中人，不令不孝知，不孝由署回寓，偶见几上药方，始知病状，然犹以为年年偶犯耳。即令请刘医诊视，以平日多用疏通剂见效，故听其用药。不孝本不信刘医，因自咸丰三年至今八载，宅中自慈亲以次得病，请渠一诊，服药即见功效。以故慈亲及家中人，无一不深信刘医者，而孰知祸胎即兆于此乎。

呜呼，昔人谓为人子者不可不知医。不孝不知医，以致遭此大难，祸及慈亲。虽百身亦奚赎乎！此十日内稍稍有迁徙者，缘海口接仗失利，我军伤亡，且伤一总兵官。北塘兵溃，炮台为夷人所有，僧邸奉旨不令接仗，**以故**坐困海口。外间未能深悉兵败之故，

英法联军占领大沽炮台

故消息不甚紧迫耳。

十四日,不孝见慈亲病势有加无减,心中焦灼,即请感冒假十日。不孝因慈亲抱病,外边一切事情,谕令家人不得告知慈亲。不孝日在慈亲前劝慰,安心静养。自是日以后,海口消息日紧一日。迁徙出京者,遂纷纷不止矣。

十七日,李敏斋大令前赴安徽大营,来宅辞行,知慈亲病,索看刘医方,大不以为然。且言必遭其祸,即亲自立方,中用石膏。不孝禀知慈亲,慈亲勉强服此,夜间觉气短。不孝着急,于五更即将敏斋接来一诊,据敏斋言并非药误。慈亲谓还是刘医方吃得平稳,不孝只得仍请刘医,照常用疏通剂。以不孝屡争老年人岂可如此克削,以后如槟榔枳实等品,始开除不用矣。惟用顾气略略疏通方。

十九日不孝将寿木由富寿板厂取回,令其在宅鸠工兴作,二十日做成。仔细查看,花板料最难得宽厚,此则帮足三寸余,底盖足五寸,且样子极其好看,不意拼凑,反得全美。据匠人言,此刻若在京中买此恐非千余金不可。适辛三爷亦来,云可值八百金。不孝以此事已成,略觉如愿。

二十一日，叫孔漆匠来宅，先钻靠木生漆一遍，先做里用漆二斤余。是日李裁缝会请六人在宅，支案做寿衣，买绸缎等物。

二十五日夜间，将貂袄做成。不孝因见慈亲精神尚不大减，遂将蟒袄、霞帔暂且不做。是时城中哄传夷人已到通州，定于二十七日攻城，居民纷纷移徙矣。

二十七日用漆裹灰布一遍。是日我军拿到夷目巴夏哩等九人，禁刑部监。于是京中鼎沸。圣驾有出巡之说，朝内大臣具折奏留，俱留中不发。凡在京旗汉大小官员眷口及财物，无一不移出京城者。然大生意如布巷、前门一带，尚未摇动。此数日慈亲病症无增无减，不孝于二十四日又续假十日。

八月初一日，用漆裹灰布一遍。慈亲自七月底以后，刘医则以益脾助气方日日进之，然总未见腹泄稍止。

初四日，慈亲于早问呼不孝进前，执手呜咽曰："我病必不能好，可给我预备。我于今日不想饮食矣。"不孝心如刀割。急呼李裁缝复到宅中，由源丰赊来蟒袄、霞帔料，会人做成。是日潘季玉

英法联军进攻通州八里桥

世叔同杨剑芝孝廉到寓。据剑芝言病势过重，必须固下方能有转机。立方用赤石脂禹余粮涩下之剂，不孝禀知慈亲。慈亲生气，执意不肯服此方。至夜五更，慈亲大泄一次，觉神气清爽，人人皆喜，即慈亲亦谓病势退矣。遂令成衣匠人等散工，不必如此着忙。至初五日，将蟒袄、霞帔做出，又因慈亲嫌所盖小呢被子太重，即令做里面并被单皆用绸子被一床。慈亲言："虽然轻暖，然太过分。汝祖母、汝父何曾用过此来？"言讫泪下不止。此时人心惶惶，移徙出京者，日见其多。城门已闭彰义并东面一带城门矣。

初七日，我军与夷兵战于齐化门外。我军马队在前，且均系蒙古兵马，并未打过仗。一闻夷人枪炮，一齐跑回，将步队冲散，自相践踏，我兵遂溃。夷人逼近城边。先是亲王及御前诸公屡劝圣驾出巡，圣意颇以为然。但格于二三老成，并在朝交章劝止，故有并无出巡之旨。且明降谕旨，有"能杀贼立功立见赐赏"等语。故人人皆以为出巡之举已中止矣。

初八日早，闻齐化门接仗失利之报，圣驾仓皇北巡。随行王公大臣皆狼狈莫可名状，若有数十万夷兵在后追及者。然其实夷人此时尚远，园中毫无警报，不知如何如此举动。当皇上之将行也，贵妃力阻，言："皇上在京可以镇慑一切。圣驾若行，则宗庙无主，恐为夷人践毁。昔周室东迁，天子蒙尘，永为后世之羞。今若遽弃京城而去，辱莫甚焉。"

初九日，慈亲泄仍未止。商之，刘医将杨剑芝方试进半剂，连进两剂，稍止。后复不能止，从此不起矣。呜呼！

十二日早间，慈亲大泄不止，再进固涩之药已不能咽。急将李裁缝叫来将衣服套好，所有应用鸡鸣枕并被褥等物速为料理。至是夜亥时，竟弃不孝而长逝矣。呜呼痛哉！抢地呼天，究复何益？自恨素不谙医，为人所误，此罪万死不能赎也。不得已饮泣料理一切，先将中衣命内子等穿好，上用套好之白绉大衫、灰色绉夹袄、蓝缎棉袄、天青缎棉褂。上用蟒袄霞帔，补服钉在霞帔上，加上玉带，挂上琥珀朝珠，将金扁簪扎在头上。然后戴上凤冠，用大红表里褥子铺在床上，将慈亲安顿稳妥。头枕鸡鸣大红缎枕，安在上房正中。是日家家闭户，并无相好一人到宅者。

十三日，先将棺内拭净。用大红洋布八尺铺在底上。用薄薄一层土子灰，将洋布裹住灰，使灰不粘棺上。用天青缎长垫套在七星板上，然后将表里大红缎褥款款盛住入棺。周围上下用通草包垫好，使不能动。盖上绸裹面大被，然后将大红表里被盖上，子盖紧紧扣住。于是日申刻封棺讫。是时街上荒乱，无人来往。适门生杨柳岑水部来宅，渠已于七月丁内艰，言："目下消息不好之至。渠已将母柩用钱暂买龙泉寺前地一块。于夜间暗暗入土，候平定再起出。"嘱不孝早为筹画，免得临时不及措手。不孝拟于上房后院破房内掘地安顿。柳岑以为在宅堂葬总不大妥，倘彼疑其内系金银则害事不小。况夷人多疑，一入城，家家必须搜到。前入广东省城，亦是如此。不可不虑。

十四日，彰义门开。不孝步行到九天庙，见正房尚空一间，令和尚先站定。回宅后思想九天庙一带安静之至，拟将灵柩送去暂安。不孝守住慈柩，将眷口送至霸州门生高摘艳处，主见亦未定。是时内外十六门，只开西便、彰义两门。前三门自初八日关闭后，至十一日始开顺治一门。内外城移徙者，几于门不能容，前未移徙各家，至此亦尽移徙外出。然小生意及手艺人虽已尽走，而大生意各行尚未移动也。二十一日，用八人将慈柩送至九天庙安顿。不孝步行出城，是夜觉得城外比城内安静多多。二十二日早间进城，到城门口几拥挤不能行矣。

二十三日出门，见街上人三五一堆，俱作耳语，街道慌乱之至。至午后，忽西北火光烛天而起，哄传夷人已扑海甸圆明园一带矣，我兵数十万竟无一人敢当者。夷兵不过三百马队耳，如入无人之境，真是怪事。僧邸胜帅兵已退德胜门外。

自二十四日以后，京中大生意如布巷、前门，绸缎、棉花各项日用车装驼载，不可复止矣。车价愈贵移徙者愈多，即下至贫民亦用推车或驴头装载出京。是日，恭邸于早间差弁到夷营送愿和照会。该弁行至夷营，见其持枪相向，惧而驰回。二十四日以后，城北日见烟起。缘夷人到园后，先将三山陈设古玩尽行掳掠一空，复用火焚烧，借口乱兵烧毁。复出告示张挂各处，若和议不定，准于二十九日午刻攻城。居民务须远避，勿致玉石俱焚等语。以致居民愈恐，无一不思出京者。是日车驾已安抵热河，皇上下谕言外兵深入，未克自裁，良用愧恨。传言皇上有病，而亲王载垣及端华谋摄朝政。若皇上崩，则懿贵妃等将为皇太后。但贵妃与载垣等有隙，诸人多谗贵妃于帝前云。

二十六日，不孝在九天庙，探问外边夜间情形，俱言安静无事。惟日日过兵，九天庙却未住兵。二十九日早间，荣儿进城来，言九天庙内已被天津兵丁住满，阖家惶恐。不孝急到庙内，见系我兵始放心。惟时僧邸及胜帅俱扎营西北一带，距庙甚近。倘一开炮俱成粉碎，况慈柩更为不妥之至，乃向杠房约定九月初二日起程赴省。到刘医药铺，有推车数辆，每辆六金可到保定。随定四辆推车，装载行李。是日夷人已于午刻进安定门，住居城楼并城门洞内安大炮一、小炮四，口俱向南，插五色大旗。城中自一二品大员无一不于是日出城，在城内者惟当事数人而已。是日大臣等已将巴夏哩等以礼送回夷营矣。洋人方至营，而热河急诏至，命恭亲王尽杀之，以示不屈之意。懿贵妃既主持杀洋人于前，则此次之诏，或亦贵妃之意也。

九月初一日早间，彰义门未开，不孝坐车到西便门出城。人车拥挤不能行走，不孝令车后来，自己步行出门，几乎碰杀矣。随到九天庙，令其将行李收拾，将做成蓝布棉棺套自己套上，正合式之至。不孝进城料理一切，到杠房告知，定于初二日起身，推车亦送给起身信息。是日城外慌乱之至，自二十九日，梁海楼司农亦携如夫人与行李到庙居住，至初一日尚未入城，朝中大臣可知矣。

初二日早起，不孝即出城。时杠房人夫并推车已到，即将推车装行李四辆，并无人坐地步。随将慈柩用八人抬上。言明系龙杠，临时受其愚弄，竟未用中心大杠，只用小杠八人扛抬。不孝一时匆忙，未及细看。业已起身，即令内子并三弟妻金印坐自己单套轿车，荣儿步行随走。仓皇起身，狼狈之状惨不可言。不孝亦不忍多

英法联军占领北京时的恭亲王奕䜣

睹，只得听其如此。惟慈柩总要求妥当，余均在不计。打发起身后，一路步行回城。思想荣儿十五岁并未步行上过路，倘慈亲有知，亦万不忍其受如此苦楚。逐雇推车一辆令龚三拉纤追赶，幸是日出城矣。回宅后彻夜思量，慈柩并未用大杠，未免抬上时颠簸过甚。

初二日一早，到杠房大闹数次，伊总言换杠而行了。及崔荣等由保定回京，据言并未换杠，路上亦未接得信函。杠房可恶之至，然已上了他船，无可如何。且据荣儿来信并崔荣说："一路杠头陈姓很操心。灵柩走得平稳之至，并不见得颠簸。到保定后，将毡套层层揭开，棺木并未受一点磨擦。"

自初二日慈柩及眷口起程后，京中夷人已入城内。讹言四起，人人自危。内城旗人未经移徙者，至此均将眷口移至南城店内居住。流离颠沛之状，目不忍睹。有御史某上奏言奸人荧惑帝听，仓皇北狩，弃宗庙人民于不顾，以致沦陷于夷，请速回銮云云。自初间起，日日闻得与夷人换和约未成，或由恭邸不肯出见，或因夷人所说难从，总未定局，居民愈觉不安。

初六日英夷来照会，云我国太无礼，致将伊国人虐死五人，索赔银五十万两。适俄夷亦来照会云，闻得夷人索赔五十万金，伊愿说合令我们少赔。恭邸以此事即使说合，亦不过少十万八万，又承俄国一大人情矣。随托言已许，不能复改谢之。俄夷又来照会云，既已许赔五十万，自不必说。惟英国焚烧园亭，伊亦愿赔一百万两。前索二百万减去一百万，只需一百万，便了事矣。恭邸答应于初九日送去银五十万两。是时夷人所添十六条无一不从者，当事者唯求其退兵，无一敢驳回。于是夷人大笑中国太无人矣。呜呼！尚忍言哉，尚忍言哉！ 懿贵妃闻恭王与洋人和，深以为耻，劝帝再开衅端。会帝病危，不愿离热河，于是报复之议遂寝矣。

读以上日记,可见当英法联军入京之时,咸丰帝无决断国事之力。慈禧下一严厉之谕旨:"严饬统兵大臣决战,近畿州县,整团阻截,悬赏杀敌,通谕中外。"此即咸丰十年八月初三日,西历1860年9月6号也。谕中之意略谓:

> 我朝一视同仁,不分中外。自与英法通商以来,数十年中,相安无事。乃三年前,英国无故侵犯广州,拘执朝廷命官。当时朝廷以叶名琛固执不通,亦有启衅之咎。故大度包容,不与深较。二年前,夷酋爱尔近竟敢称兵北犯,朝廷命直隶总督谭廷襄相机议和。该夷乘我不备,袭击大沽,进迫天津。朝廷恐兵连祸结,殃及百姓,又遣桂良往与议和。虽英夷无理要求,仍命桂良前往上海,与议通商条款,并允早日批准。此皆朝廷怀柔远人,不肯轻开战衅之苦心也。乃其酋爱喜略复于八月以兵舰攻大沽,僧格林沁败之,该夷始退。夷狄反复无信,实为狡诈已极。朝廷以不忍百姓受害之故,许其来京议和。而该夷所至焚杀、袭占大沽炮台,朝廷虽怒其无理,犹以息事宁人为念,复命桂良前往天津,谕以苟该夷要求条件,不至十分出于情理之外,亦可酌量俯允。乃该夷不但要索赔偿兵费,开辟商埠,并欲驻兵京师,万难允从。又命怡亲王载垣、兵部尚书穆荫等前往晓谕。而该夷竟犯通州,要求带兵晋见,实不能再事姑容。已命大军明申天讨,近畿人民,宜速办理团练帮同杀敌,或自卫乡里。无论军民人等有能斩黑夷一名者,赏银五十两;斩白夷一名者,赏银百两;获斩头目者,赏银五百两;击毁夷船一艘者,赏银五千两。广东、福建为英夷占踞之地,该地百姓仍为朝廷赤子,有能杀敌立功者,亦如前颁赏。该夷远处重洋,其来中国,不过图通商之利。所以敢于称兵犯顺者,必有奸人从中鼓惑。嗣后英法两国之人,一律禁其通商,其他各国仍不禁止。朝廷用

兵，出于万不得已，如该夷能悔过输诚仍许通商，以示朝廷始终仁爱之意云云。（此谕官书削而不载，外间无从见其原文，今依勃氏书中所载译其大意，阅者谅之）

此谕下后三日，召见军机，慈禧亦在座。谕英国所请各条，已皆允许，尚不知足，欲来京亲递国书。且欲使僧王退军张家湾，此等无厌之求，万难允准。僧王已得一胜仗，现正守八里桥，抵御敌军。下谕锦州左近敌人兵船欲上岸之兵队，皆一律阻止其登岸。至此月初七日，皇帝祀于孔庙。翌日，遂命恭王为全权大臣，办理和局，载垣撤去钦差大臣。帝诣安佑宫行礼，以敌氛逼近京城巡幸木兰。（1900年即光绪二十六年，全宫出逃亦用此故事）启銮之时，甚为仓卒。行十八英里，驻跸于小庙之内，下一谕旨："前所调吉林黑龙江兵丁，如已进山海关，即著春佑迅速知照带兵官，饬令折赴热河护驾。"

次日，接恭王奏，言英法兵入城事，帝命其便宜行事。朝廷距离太远，不能遥制等语，此不啻以全权与之也。十一日到密云县北，驻于行宫。据中国人记载言，皇帝病不能兴、不能视事，由慈禧召见军机。慈禧下一谕，谕中之意略谓：夷人进犯都城，王公大臣等均请调集各省援兵，俟大兵云集，可操胜算。夷人所恃，唯在火器，若短兵相接，则非中国之敌。蒙古、满洲之马队，与夷人开战，失其所长；湖广、四川之兵，便捷如猿。可用暗袭之法，以制夷人。著湖广总督选精兵三千，四川总督选精兵数千，速来京师。僧格林沁已败绩数次，京师甚为危险，勿得稍迟。朝廷甚盼各省援军齐集畿辅，迅扫敌氛。有能忠勇杀敌者，不惜重赏云云。

乘舆行至长城左近巴克什行营地方，得僧格林沁一奏，云北方左近，见有洋兵间谍，尚未有以炮攻城事。又下一谕，谕中之意略谓：法夷爱喜略送来照会，在北京与恭亲王面开和议。今著恭亲王留京，主持

咸丰帝关于与英法签订和约的上谕

议和之事。如该夷带兵入京，则著僧格林沁断其后路。如京师危急，即著蒙古军队，速来长城护驾云云。

十八日，至热河。二十日，诸臣仍主开战。复下一谕云：洋兵胆敢占据圆明园，已捉洋兵不许恭王释放。恭王复奏云：安定门已为洋人所有，不能抗拒，只得独断而行。而帝亦不能不听从诸臣，与外人议和矣。九月十五日，帝签名字于和约。其谕旨如下：

  谕内阁：恭亲王奕䜣奏英佛两国互换和约一折。英佛两国，业经朕派恭亲王奕䜣，于本月十一、十二等日与换和约。从此永息干戈，共敦和好。所有和约内应行各事宜，即著通行各省督抚大吏，一体按照办理。

第三章　载垣逆谋

咸丰帝定于1861年即咸丰十一年回京，已下谕旨。不料至英历正月病势转盛，不能启銮。遂复下一谕，收回前旨。帝病在热河，其弟怡亲王载垣忽起阴谋，引郑亲王端华及肃顺二人为军机大臣。此三人见皇帝病笃，欲窃揽大权。怡亲王为首，其中主谋乃肃顺一人。郑亲王端华者，为当时八王之一，皆清太祖之嫡裔也。肃顺为郑亲王远属兄弟。肃顺奸诡便捷，斗鸡走狗，乃一市井无赖，人人知之。怡、郑二王推荐于上，不久为上所信任，由部中一小官，数年之间，擢至军机大臣。居职贪婪暴虐，无所不为。秋闱一案，迫上斩大臣柏葰，广结众怨。盖柏葰公正立朝，言语诚直，因之得罪怡、郑二王。其逼杀柏葰，盖出于报复之举。慈禧见肃顺为上所信任，权势浸大，思所以削夺之，竭力营救柏葰，卒不能得。而肃顺之位乃益巩固，排斥异己，盈廷诸臣，栗栗危惧。

一日户部有舞弊情事，肃顺严办此案，斥革大小官员无数。当时都中弊端极多，习不为怪。肃顺此举，并非整饬官方，剔除积弊。乃假公济私，意存报复也。罗织贵要富商百余人，处以严法，不稍宽假，因之得贿甚多。肃顺既获巨利，以之交接二王，竟得权位参预隐谋，然亦以此毁其身家焉。肃顺伏法后，其家产皆没于宫中，慈禧秘密珍藏。拳匪乱时，藏之密室，始行出都。英法联军入都，咸丰帝逃于热河，亦肃顺之意。当时慈禧与诸臣共谏，不听。肃顺复奏上，不许诸臣扈随，以便行其奸计。其计画之周密，实可畏惧。幸慈禧一人智深勇沈，先机预发

热河避暑山庄烟波致爽殿，咸丰皇帝病故于此。

破其隐谋于最危之顷。

当咸丰帝大行之时，肃顺等尚未举事。慈禧密令恭王星夜速来热河，更得荣禄等之合力，毅然揭发，三人之计乃破。慈禧遂为中国政府之首领。隐谋既破，三人知已落于慈禧之手。当下谕命宗人府严行审问时，肃顺责二人曰："若早听余言何至有今日乎？"先是怡亲王见慈禧为帝所亲信，欲起大事，必先去慈禧之权。遂日夜谗于上，云慈禧与侍卫荣禄阴怀诡计，其意欲废慈禧或贬之冷宫，而后无阻碍之人。若东后性情温和，不近政权，彼等皆不以为意。欲趁在热河之时，举行大事。若返京，则情势皆变，一切不能顺手。尤恐慈禧得太监之助，恢复权势。遂引乾隆时某妃之故事，因失礼于母，定以永远幽禁之罪。尝以此等谗言浸润于病皇之耳。帝亦不能不动，遂允以慈禧之子交于怡王福晋保育，欲离其母也。怡王福晋召至热河，即为此事。又谗害恭王，言其联合外人，以制朝廷，且权力太大，必须预防之。

肃顺又画计尽诛京中洋人，并翦除咸丰之弟，即不杀亦当永远监禁。旨已拟好，当时帝病大渐，三人定计帝宾天时，即下此谕。但有一事为三人所不及料者，其最要之印玺，已为慈禧所握。其印文曰"世传受命之宝"，凡嗣皇继位第一次谕旨，必盖此印。此乃清朝法度如此，以为大行皇帝遗旨之证。向来归皇帝佩之于身，今乃为慈禧所握，其聪明有远见如此。[1]此乃三人阴谋不成之一大阻碍也。若无此印，无论三人如何矫诏，终不合法。怡亲王胆量不足，不敢冒险夺此印玺，其不能成事，宜也。帝听载垣等谗害慈禧及荣禄之言，颇为忿懑。又以热河夏暑，病体不宜，因之病势愈增。而都中太庙祭祀，不得不以恭王代之。六月初四日，钦天监奏星异，帝之批旨曰：

　　钦天监奏：八月初一日，日月合璧，五星联珠，并绘图呈览。本年五月，钦天监奏彗星见于西北，仰惟天象示警，方滋兢惕。兹复据奏，日月合璧，五星联珠，自非虚词附会。惟念朕御极之初，即以侈言符瑞为戒。矧值东南贼匪未克殄除，眷念民生，惟增矜恻。即使星文表瑞，实为世运亨嘉之兆。亦惟有夕惕朝乾，冀邀上苍眷佑。如逆匪速就荡平，黎民复业，年谷顺成，休应孰过于斯。其不必宣付史馆，用昭以实，不以文之意。

　　初五日，帝三十万寿节，帝受诸臣朝贺，慈禧未预此礼。此即咸丰帝御殿之末次也，由此病势愈重。七月初七日，慈禧密派一人赴京，告恭王以帝病危殆，速派旗兵一队来热（河），多叶赫族人。十六日，军机大臣、各部大臣凡载垣之私人，入皇帝寝宫，时皇后及诸妃例皆

---

[1] 事实是咸丰帝临终前为防止皇权旁落，将名为"御赏"、"同道堂"的两方印章，分别授予皇后钮祜禄氏和皇子载淳（同治帝），规定日后下发的谕旨同时加盖两印才算生效。因载淳年幼，"同道堂"章由其母慈禧掌管。

回避。彼等遂迫帝署字于所拟之谕旨，以载垣、端华、肃顺三人辅政。但印玺既落慈禧之手，此等空谕，不合国法。十七日早，咸丰帝薨。遗诏为三人所预拟，命载垣等辅政，后妃及恭王皆不提及。又以嗣皇名义下登位之诏，时嗣皇仅五龄耳。三人知谕旨不及母后，于例不合，恐生枝节。至第二日，复下一谕，尊东后及慈禧二人为太后。记述家言彼等出此，盖不得不承认慈禧为同治之母。而热河满洲军队皆同情倾向于慈禧，亦不无顾

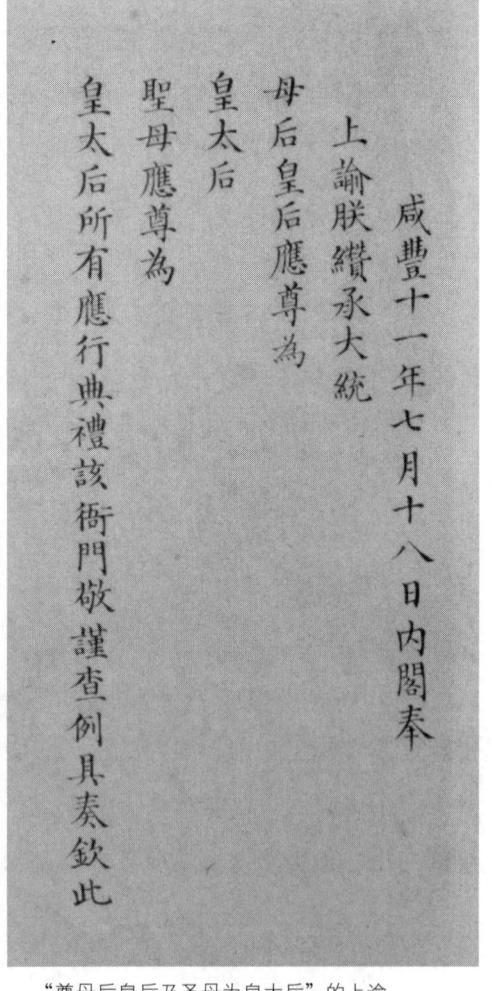

咸丰帝"派载垣等八人赞襄一切政务"的上谕　　"尊母后皇后及圣母为皇太后"的上谕

虑也。彼等欲回京之后，去此阻碍。而在京中势力，尚不能稳固，不敢先动。盖慈禧一日在位，则彼等一日不安。彼等之急欲知者，京中及各省对于监国之意何如耳？载垣继以赞襄王大臣之权，代下谕旨数道云：辅佐幼帝，乃赞襄王大臣之责；赞襄王大臣之中，领班一人监国云云。监国者，惟帝之伯叔兄弟能居之。此等谕旨，传至京中，各大臣及都察院各谏官纷纷上奏，请两太后垂帘听政。恭王及咸丰之弟未与谋者，皆与慈禧秘密通信，皆认慈禧为朝廷之主。恭王劝慈禧赶紧催促各王大臣扈送梓宫回京，以免孤立无援。惟此事须安详谨慎，不可操切。盖有大行皇帝妃嫔数人，已与载垣等连合，侍卫亦可听彼驱遣也。

肃顺既拥多金，权势益大，其贪婪专横，固为都人所恶。而趋利之徒，亦颇有助之者，盖以金钱收买党人，无如北京者矣。肃顺当日之所为，颇不利于幼帝家族，载垣实主之。北京既为外人所占据，南方各省又盗匪充斥，糜烂不堪，群望幼帝振刷一新。幸得荣禄及他忠臣之助，不久纪纲渐振。而曾国藩克复安徽，捷音频传，慈禧之势愈张。

盖曾国藩为慈禧所擢用也，由是慈禧之勇敢及其机敏手段，又以谏垣之助，遂战胜党人，而握政柄。然照清朝家法，母后不能执政，顺治康熙两朝，皆以大臣辅佐，此一大阻碍也。两朝故事，太后不能与闻政事，而大臣辅政，亦往往得罪。康熙以幼冲嗣位，有辅政大臣数人，其后或废锢，或赐自尽，故恭王耸恿太后垂帘，希冀垂帘其名，而实权归已。此恭王错视太后之为人也。

有一满人曾扈随热河，述当日事云：慈禧性质坚毅，得人爱戴，侍卫等皆倾心向之，颇得众助。当最危之时，太后与荣禄密商，非常谨慎，不使三人稍萌猜疑之心。太后有一太监，名安得海，最为信任。每日递信于恭王，能直达都中无碍者，皆安之力也。慈禧待怡亲王等殊安徐冷静，谦逊有礼，故能镇定而无意外之患。有御史董元醇，奏请两宫垂帘训政。奏中引大行皇帝遗诏，可为两宫垂帘之证。八月十一日，赞襄王大臣会议后，严谕申斥。载垣等又以幼帝之名下一谕旨：大行皇帝灵榇于下月初二日回都。此乃慈禧日夜所祷求者也。

由热河行宫至都，约一百五十英里，赞襄王大臣不得不亲随护送。梓宫极重，以百二十人抬之，且多山路，行甚迟缓。每行十五英里，即须停歇。故赞襄王大臣等回京，至速须十日之久。若天雨，则十日尚不能到。梓宫行愈缓，愈合两宫之意。盖两宫不随大队，以快班轿夫兼程而行，五日即可达京。清廷礼节，凡大行皇帝灵榇启行，新帝及后妃等皆行礼奠酒。礼毕，即先行，以便在京恭迎。慈禧以此大便于己，可先到京，与恭王密商一切，以欢迎彼等也。载垣等亦深知留滞在后，大为失势，前途万分危险，遂定计谋杀两宫于途，下令以怡亲王侍卫兵丁护送后妃。其计甚毒，若非荣禄先闻此谋，预防其变，则两宫皆不能生还都中也。荣禄带兵一队，于夜间离梓宫，星夜前进，以保护两宫。追及两宫于古北口之北，由此道可通至蒙古。载垣等预定暗杀之地，即在此处。

两宫由热河动身后，大雨滂沱，道路泞泥。避雨于山峡中，此处毫无供给。梓宫在后，约十英里。慈禧深明礼数，差亲随数人，以己及东后之名义，敬问梓宫安否。怡亲王等以谕旨答之，言：梓宫已安抵第一站驻歇之地。慈禧赏使者千金，以酬其劳。怡亲王等亦深知前途之危，两宫在则一日不能安也。曾上一折，慰两太后念梓宫之诚意，慈禧答书奖其忠诚称职。彼此以礼往来，此二书皆载之官书。可见满人与汉人相同，无论情形如何危亟，而外面礼节，仍丝毫入扣。此二书可为最要之证据，当拳匪乱时，亦如是也。

雨止后，两宫前进。得荣禄兵队之保护，安过山口，此后无复危险之处。两宫于九月二十九日，安抵都中，而梓宫须迟三日。两宫到时，即开秘密会议，咸丰之弟及大臣皇室之向于己者，皆得与会，密商许久。慈禧虽握有最要之印玺，但以前无捉拿扈从梓宫大臣之举。如此卤莽，非尊敬大行皇帝之意。且新帝登位之始，尤觉不宜。会议后，众意皆以为当谨密为之，不可操之过急，外面一切仍依礼节而行。俟梓宫到后，先撤去怡亲王等赞襄大臣名义，再相机行事。

梓宫于十月初二日晨安抵京城西北门，恭王已于前一夜派大兵一队驻扎以防之。幼帝、两太后及各大臣等，皆孝服出迎。梓宫入城时，皆伏地行礼。梓宫之前为神主仪仗等，复有满洲骑兵一大队随之。怡亲王及诸赞襄大臣既护送梓宫，安抵都中。复亲身陈奏，盖礼应如此。城内先建设营帐一大座，预备行礼之用。怡亲王到后，即至此帐中。两太后率领咸丰弟及军机大臣桂良、周祖培等皆在。慈禧神态平静，以太后之身分谓怡亲王曰："东后及予皆深感汝及他同官护送梓宫，颇能尽其职分。今日大事已毕，监国之名，即可销去。"怡亲王闻之，厉声答曰："予之监国，乃大行皇帝遗命所授。两太后无权以去之。皇帝冲龄，非予允许，无论太后及何人，皆无权召见臣工。"慈禧答曰："我们后来再看罢。"即传谕命侍卫将三人拿下。皇族等皆亟速入宫，在皇城大门恭候梓宫。中国无论情形如何危亟，皆以死者为重也。褫革之监国大臣等，闻太后之言，皆默然无计可施。因沿途皆满排兵队，皆忠于慈禧者也。慈禧以镇静而得胜，此乃握中国大权之始。两宫下一谕旨，盖以最要之印玺，正明己之权位。谕曰：

上年海疆不靖，京师戒严，总由在事之王大臣等，筹画乖方所致。载垣等复不能尽心和议，徒以诱获英国使臣，以塞己责，以致失信于各国，淀园被扰。我皇考巡幸热河，实圣心不得已之苦衷也。嗣经总理各国事务衙门王大臣等将各国应办事宜，妥为经理，都城内外安谧如常。皇考屡召王大臣议回銮之旨，而载垣、端华、肃顺朋比为奸，总以外国情形反复，力排众论。皇考宵旰焦劳，更兼口外严寒，以致圣体违和，竟于本年七月十七日，龙驭上宾。朕抢地呼天，五内如焚。追思载垣等从前蒙蔽之罪，非朕一人痛恨，实天下臣民所痛恨者也。朕御极之初，即欲重治其罪。惟思伊等系顾命之臣，故暂行宽免，以观后效。孰意八月十一日，朕召见载垣等八人，因御史董元醇敬陈管见一折，内称请皇太后暂时权理朝政。俟数年后，朕能亲裁庶务，再行归政。又请于亲王中简派一二人，令其辅弼。又请于大臣中，简派一二人，充朕师傅之任。以上三端，深合朕意，虽我朝向无皇太后垂帘之仪，朕受皇考大行皇帝付托之重，惟以国计民生为念，岂能拘守常例？此所谓事贵从权，特面谕载垣等，著照所请传旨，该王大臣奏对时，哓哓置辩，已无人臣之礼。拟旨时又阳奉阴违，擅自改写，作为朕旨颁行，是诚何心？且载垣等以不敢专擅为词，此非专擅之实迹乎？总因朕冲龄，皇太后不能深悉国事，任伊等欺蒙，能尽欺天下乎？此皆伊等辜负皇考深恩。朕若再事姑容，何以仰对在天之灵？又何以服天下公论？载垣、端华、肃顺著即解任。景寿、穆荫、匡源、杜翰、焦祐瀛著退出军机处。派恭亲王会同大学士、六部九卿、翰詹科道将伊等应得之咎，分别轻重，按律秉公具奏。至皇太后应如何垂帘之仪，著一并会议具奏，特谕。

两宫在东华门，对梓宫行礼。敬送梓宫，暂安于殿中。慈禧见京中人心平安，军队忠诚，遂放胆而行之。又以东后及己名义下一谕旨，著将逆谋三人交宗人府审明严办。此审问之事，以恭王为主。褫去三人之官号，其谕旨如下。谕曰：

前因载垣、端华、肃顺等三人种种跋扈不臣，朕于热河行宫，命醇郡王奕𫍯缮就谕旨，将载垣等三人解任。兹于本日特旨召见恭亲王，带同大学士桂良、周祖培，军机大臣户部左侍郎文祥。乃载垣等肆言不应召见外臣，擅行拦阻。其肆无忌惮，何所底止？前旨仅予解任,实不足以蔽辜。著恭亲王奕䜣、桂良、周祖培、文祥即行传旨,将载垣、端华、肃顺革去爵职拿问。交宗人府会同大学士、九卿、翰詹科道严行议罪。

此三人之中,以肃顺为最恶,故太后恨之亦最甚。在热河时,肃顺之妻曾得罪慈禧亦隐记在心。于次日晨,复下一谕曰:

前因肃顺跋扈不臣,招权纳贿,种种悖谬,当经降旨,将肃顺革职。派令睿亲王仁寿、醇郡王奕譞即将该革员拿交宗人府议罪,乃该革员于接奉谕旨之后,咆哮狂肆,目无君上。悖逆情形,实堪发指。且该革员恭送梓宫,由热河回京,辄敢私带眷属行走,尤为法纪所不容。所有肃顺家产,除热河私寓,令春佑严密查抄外,其在京家产著即派西拉布前往查抄。毋令稍有隐匿。

肃顺之家产,至少在亿万以上。太后悉收没之,遂为后日太后权势之所由来,其好大喜功,亦赖此金钱之力也。然慈禧气犹未平,复下一谕曰:

肃顺于热河盖造房屋,年余尚未完工。所蓄赀财,谅必不少。著派春佑将该革员所有热河财产,密速查抄候旨。该革员身撄重罪,难保不于事前寄顿。并著春佑传谕热河道福厚、承德府知府云杰、热河总管毓泰,将寄顿之处,悉为指出,一律查抄。倘福厚等敢于扶同隐匿,不吐实情,将来别经发觉,定当重治其罪,不能宽贷。该都统于派办要事,亦应认真办理,不得稍涉徇隐。

十月初六日,恭王既审明载垣一案,奏明太后,请懿旨定夺。太后

咸豐十一年十月初六日內閣奉

上諭宗人府會同大學士六部九卿翰詹科道等定擬載垣等罪名請將載垣端華肅順照大逆律凌遲處死等因一摺載垣端華肅順朋比為奸專擅跋扈種種情形均經明降諭旨示知中外至載垣端華肅順於七月十七日皇考升遐即以贊襄政務王大臣自居實則我皇考彌留之際但面諭載垣等立朕為皇太子並無令其贊襄政務之諭載垣等乃造作贊襄名目諸事並不請旨擅自主持即兩宮皇太后面諭之事亦敢違阻不行御史董元醇條奏

"将载垣等即行治罪"的上谕

遂下一旨，以定三人之罪。谕曰：

> 宗人府会同大学士、九卿、翰詹科道等，定拟载垣等罪名，请将载垣、端华、肃顺照大逆律凌迟处死等因一折。载垣、端华、肃顺朋比为奸，专擅跋扈。种种情形，均经明降谕旨，示知中外。至载垣、端华、肃顺于七月十七日，皇考升遐，即以赞襄政务王大臣

自居。实则我皇考弥留之际,但面谕载垣等立朕为皇太子,并无令其赞襄政务之谕。载垣等乃造作赞襄名目,诸事并不请旨,擅自主持。即两宫皇太后面谕之事,亦敢违阻不行。御史董元醇条奏皇太后垂帘等事宜,载垣等非独擅改谕旨,并于召对时,有伊等系赞襄朕躬,不能听命于皇太后。伊等请皇太后看折,亦系多余之语,当面咆哮、目无君上情形,不一而足。且每言亲王等不可召见,意存离间。此载垣、端华、肃顺之罪状也。肃顺擅坐御位,于进内廷当差时,出入自由,目无法纪,擅用行官内御用器物,于传取应用物件,抗违不遵。并自请分见两宫皇太后。于召对时,词气之间,互有抑扬,意在构衅。此又肃顺之罪状也。一切罪状,均经母后皇太后、圣母皇太后面谕议政王军机大臣逐款开列,传知会议王大臣等知悉。兹据该王大臣等按律拟罪,请将载垣、端华、肃顺凌迟处死。当即召见议政王奕䜣、军机大臣户部左侍郎文祥、右侍郎宝鋆、鸿胪寺少卿曹毓瑛、惠亲王、惇亲王奕誴、醇郡王奕譞、钟郡王奕詥、孚郡王奕譓、睿亲王仁寿、大学士贾桢、周祖培、刑部尚书绵森,面询以载垣等罪名,有无一线可原。据该王大臣等佥称,载垣、端华、肃顺跋扈不臣,均属罪大恶极,于国法无可宽宥,并无异辞。朕念载垣等均属宗支,遽以身罹重罪,悉应弃市,能无泪下。惟载垣等前后一切专擅跋扈情形,实属谋危社稷,是皆列祖列宗之罪人,非独欺凌朕躬为有罪也。在载垣等未尝不自恃为顾命大臣,纵使作恶多端,定邀宽宥。岂知赞襄政务,皇考并无此谕,若不重治其罪,何以仰副皇考付托之重,亦何以伤法纪而示万世?即照该王大臣等所拟,均即凌迟处死,实属情真罪当。惟国家本有议亲议贵之条,尚可量从末减,姑于万无可贷之中,免其肆市。载垣、端华均著加恩赐令自尽,即派肃亲王华丰、刑部尚书绵森迅即前往宗人府空室,传旨令其自尽。此为国体起见,非朕之有私于载垣、端华也。至肃顺之悖逆狂谬，较载垣等尤甚，亟应凌迟处死，以申国法而快人心。惟朕心究有所未忍，肃顺著加恩改为斩立决，即派睿亲王仁寿、刑部右侍郎载龄前往监视行刑，以为大逆不道者戒。至景寿身为国戚，缄默不言。穆荫、匡源、杜翰、焦祐瀛于载垣等窃夺政柄，不能力争，均属辜恩溺职。穆荫在军机大臣上行走最久，班次在前，情节尤重。该王大臣等拟请将景寿、穆荫、匡源、杜翰、焦祐瀛革职发往新疆效力赎罪，均属咎有应得。惟以载垣等凶焰方张，受其箝制，均有难与争衡之势，其不能振作，尚有可原。御前大臣景寿著即革职，加恩仍留公爵并额驸品级，免其发遣。兵部尚书穆荫著即革职，加恩改为发往军台效力赎罪。吏部左侍郎匡源、署礼部右侍郎杜翰、太仆寺卿焦祐瀛均著即行革职，加恩免其发遣。

二王爵号既去，后克复南京，太后下谕复其爵位。谕曰：

本年克复江宁，殄除洪逆，礼臣诹吉，恭拟本月二十六日行告祭礼。朕敬先期于本日亲诣太庙，拈香行礼，用肃明禋。并特降谕旨，将军兴以来有功死事诸臣，再沛恩施，懋加恤赏，俾功在社稷者，庆旂流子孙。因念郑献亲王济尔哈朗、怡贤亲王允祥功勋卓著，炳耀旂常，崇德暨雍正年间所得之册文敕书，旌功袤德，带砺山河。揭日月而行，俾世守勿替。乃其后嗣端华、载垣因恣肆狂悖，跋扈不臣，赐死革爵。既负朝廷豢养之恩，且为乃祖声名之玷。九泉有知，能无隐痛？其所遗爵秩，前经大学士、九卿等遵旨会议，佥称端华、载垣罪大恶极。请将世爵永远革除，尔时如不照议施行，恐无以服天下人之心。第眷念成劳，心究不忍，当经加恩降为不入八分辅国公，并令岳灵、载泰世袭罔替。所以笃念勋旧者，固已无微不至。我慈安皇太后、慈禧皇太后莅政之余，亦时眷怀旧勋，怆然动念。今当大勋渐集，懋赏酬庸之际，追维开国之初，郑献亲王忠义勋名，载在史策。怡贤亲王于雍正年间，忠诚辅弼，懋著勤劳。若因端华、肃顺之故，使亲贤后裔弗获世守旧封，其何以绍前光而严对越？所有郑亲王、怡亲王世袭王爵，均著加恩赏还。其一切红白蓝甲数并佐领人等，均著仍复其旧。并著宗人府照例于始封立官人之后裔内，择其向有袭次房分，排列在前，仅止有分房分，排列在后；如各房分均属相同，即以长幼之序排列。并将岳灵、载泰一并带领引见，候旨承袭。其端华、载垣子孙及亲兄弟侄，仍不准其拣选。

太后此谕，措词甚好。但怡、郑二王后仍为上天所弃。庚子年拳匪乱时，因怡王同谋，赐令自尽。其实各国所欲加以处分之黑单，并无怡王之名。当太后大不得意时，实甚愤怒。彼时国事悾偬，故如此果决，非如平日尚可从缓商议也。郑王之后，承袭王位者，亦于庚子年联军入京时，尽节而死。以不得志之王，而能如此忠爱国家，真满洲贵族之好榜样也。肃顺死后三年，太后又下一谕，言肃顺之后，皆永不叙用。此罪即肃顺所加于人者，今还之于彼。盖肃顺当权之日，凡有得罪于己者，即加以永不叙用之罪。

第四章　首次垂帘

载垣之奸谋既破，严厉之刑罚已施，而慈禧之权位乃固，为中国最高之君主。（予单言慈禧，因东太后为人和易，不甚留心政事）

慈禧听政之始，极小心谨慎，不揽大权。但事事留心，以得政治学术之经验。而各大臣亦忠心辅助，一切谕旨，皆以帝名下之。故以实际言之，慈禧此时之权，尚不如光绪帝秉政、太后撤帘处于夏宫之时也。太后初次听政（同治元年至同治十二年，即1861年至1873年），可为太后试验之期，表面若无大权。至第二次垂帘（光绪元年至光绪十五年，即1875年至1889年），太后之名间见于谕旨之中，凡用人赏罚诸大端，皆太后主之。恩威并用，故臣下皆倾向于太后矣。光绪帝冲龄嗣位，太后不垂帘而训政，因光绪帝乃太后所立也。至第三次听政（光绪二十四年至光绪三十四年，即1898年至1908年），则一切大权，皆归太后掌握。以地位之固，经验之多，遂有举重若轻之概。日日登大殿，升宝座，召见臣工。皇帝则若木偶，侍坐于侧，群下皆只知有太后矣。太后秉政之始，亦知女主专政，违中国古训及人民之心。历史上最著名之吕后、武后，虽极有才，而皆为后世讥议。太后读书甚多，何尝不知以往太后当国，无不贪揽政柄而不释者，然仍甘蹈其辙也？逆谋三人，既皆得罪以去。大臣及侍御等迎合意旨，以为当日与载垣同谋计画之人，皆当处之以罪。而恭王则焦心竭虑，凡大行皇帝末年听信之人，皆严密伺察之。恭王此举，或不尽为报复而然也。

慈禧恢廓大度，出之以宽恕。训政之初，即定为首者之罪，其余一

养心殿东暖阁垂帘听政处

概不问，以免株连。因之人人称颂，以得宽大美名。太后既将载垣同时秉政之军机八人罢黜治罪，其余皆宽恕之。今试举二事，吏部尚书陈孚恩被人举发，谓首先劝咸丰帝逃往热河。咸丰帝大行后，载垣等所召京中大员至热河者，亦仅此一人。太后则但令陈孚恩革职，虽其罪据甚确而不办也。又有内务府大臣亦助载垣计画者，劝咸丰帝不回京，以遂其隐谋。此乃1861年春间之事，即咸丰十一年。今罪案已明，亦仅革职而止。当时北京趋向权利，骛于歧途，而朝廷尚无罗织兴狱之举。太后下一严谕宣告天下，但罪为首之人。揣太后之意，苟己之目的达，地位固，则不妨示以宽容。即如载垣一案，太后深知载垣不得京中大员之助，决不能如此胆大。但太后虽明知同谋者多，苟非罪状大著，公然抗逆，则宁藏铁腕于剪绒手套之中，而不施行于外。因之遂得仁慈圣母之名，京中人民尤称颂不已。太后性情宽严并施，此等美称，实非溢誉也。故太后既黜退载垣等，但告臣工各勤厥职，争自濯磨，守正不阿，毋蹈陈孚恩等之恶习耳。太后复下一谕，言罪人固无可逭，而匿不举发者，亦当同坐。太后之意，盖为王公大臣未曾举发载垣等之逆谋者言之。又言朝廷亦知彼等非怀他意，不过心存畏惧，无胆无识，不敢告发。此后如再有此等隐谋情事，知者速以上闻，不得延缓。又谕王公等其各以载垣为戒，如若再有此事，决不宽恕，当更严惩云云。

现最要之事，即定新帝之年号。载垣等已选定"祺祥"二字。太后读书较多，知此二字不佳，意欲人人永忘载垣僭乱之事，遂取"同治"二字，盖欲靖逆谋，求治安也。若以皇帝而论，无论命名如何，皆无关系，以事实验之可知也。改年号之谕旨既下，同日两太后复下一谕，声明接受大权之本意，其语气似求恕于天下也。谕中之意，略谓：奉两宫皇太后懿旨，垂帘听政，本非初衷，只以皇帝冲龄践阼，臣下不能无所禀承，故不得不俯顺群情。暂权国事，俟皇帝典学有成即当归政。凡我大小臣工务宜矢忠矢勤，共襄治理。其将此通谕中外知之云云。

复以帝之名义下一谕旨，表谢两太后之忱，言及政之年，当勤慎以答慈恩。两宫召见臣工于偏殿，除大典礼外，帝叔及兄弟四人皆免去叩头之礼。上太后尊号，每字每年由公帑拨银十万两，以为两宫用度。上东太后以"慈安"之尊号，上西太后以"慈禧"之尊号，以后每逢大典则增二字。慈禧太后七十万寿时，已有尊号十六字，光绪帝欲再上四字，太后辞而不受。慈安太后共上十字。两太后皆于三十万寿时加上二字，同治帝登位加二字，同治大行之前述太后之治绩上二字，四十万寿时加二字。慈禧五十万寿时加二字，光绪帝大婚之时加二字，六十万寿时加二字，共得十六字，即"慈禧端佑康颐昭豫庄诚寿恭钦献崇熙皇太后"也。

垂帘之始，慈禧听信恭王之言，和平镇静，与东太后授恭王以议政王之号，又以特旨封为亲王世袭罔替。恭王坚辞，两宫不许。后复再三逊让，始允其请。以事实观之，既有两宫持政，可无须辅佐之人。慈禧

幼年同治帝与大公主（恭亲王长女）

深感恭王在热河助己，以其女为大公主，准用黄轿，故恭王颇有大权。

慈禧秉政之初，一切政事尚未熟习，且京中党派分歧，尤难操纵。外交之事，又不易办，恐己不易压伏，遂引恭王以为己助。恭王当国久，经历多，故倚之如左右手。久之，慈禧于国故朝政渐皆了然，本性专断，遂不欲他人之参预。盖其聪明才力加以读书增其识见，于用人行政诸大端，颇得人之信服。昔之所赖，今则弃厌而疏远之矣；昔日冲抑之怀，今则专断而把持之矣。

慈禧之性情如此，而恭王亦非甘于退让者，惟其自矜自满之心，稍逊于太后耳。太后渐露不欲恭王干预之意，恭王亦不能隐忍而受之，由是不能如以前之和衷共济。遂怂恿东宫，稍稍遇事干涉而折抑之，一易昔日和易之度。恭王则于用人之权，黜涉之事，不商之于太后，或升、或调皆由己意。凡关于各省之事，亦独断而行，而宫庭之间亦渐生嫌隙，常相抵触矣。

当时之人皆以为恭王对于两宫之态度举动似觉太过，以己大权在握，遂擅揽一切，未免近于骄愎。

一日召见时，恭王竟对两宫云："两太后之地位，皆由我而得之。"

此言慈禧决不能忘而恕之也。召见之时，两宫坐于大殿宝座之上，前垂一黄丝之帘，召见人员皆不能见。凡召见分班而入，恭王以议政之名，常先入带领，御前太监等则侍立宝座之侧，诸臣如有失仪，皆可窥见。无论若何大员，非总管太监传旨，不能径入。而恭王往往不俟内监传旨，径直入内，以为此制非为彼而设也。

慈禧临朝既久，渐觉其悖越，凡奏对时每由慈禧问答。一日太后言毕，恭王佯作未闻，请太后重述一次。太后有言每抗声答之，恭王骄傲之态，每使太后不能容忍。

恭王在宫廷之外与中外官吏自由来往，不取太后意旨，辄自专擅。而太后则使太监伺察之，种种行为皆归报于太后，乃愈启猜疑之心。此亦势所必至也。

太后既知恭王之权渐大，常侵越己之权势，遂立意告诫恭王，须明白国体，不可僭越。用人之权，视太后为转移，稍有不合，即可罢黜。

太后相机行事至听政之四年，而时至矣。一日恭王奏对时忽不自检而起立，此则大背朝廷制度。凡臣工召见，不许起立，特立此制，以免臣工或有异常之举，危及皇帝。太监禀知太后，慈禧大声呼助说："恭王起立，恐有异志，以危两宫！"侍卫闻之入内，引恭王而下，乃下一谕旨言："恭王侵朝廷大权，滥举妄动，罢议政王之位，开去军机大臣及其他宫廷要职，总理衙门之差亦撤去。" 谕内有曰："恭王辜恩溺职，滥用私人应即黜罢"云云。

一月之后，慈禧闻内外对于处置恭王之事略有浮言。以己之地位，不可听人议论，遂下一谕，以己及东太后名义，解释前事。盖回护己之所为，又欲弥缝当时之情事也。谕曰：

> 朕奉慈安皇太后、慈禧皇太后懿旨，（此间节去一段）恭亲王谊属懿亲，职兼辅弼，在亲王中倚任最隆，恩眷极渥，特因其信任亲戚，不能破除情面，平时于内廷召对多有不检之处。朝廷杜渐防微，若复隐忍含容，恐因小节之不慎，致误军国之重事，所关实非浅鲜，且历观史册所载，往往亲贵重臣，有因遇事优容，不加责备，卒至骄盈矜夸、鲜克有终者，可为前鉴。
>
> 日前将恭亲王过失严旨宣示，原冀其经此次惩儆之后，自必痛自敛抑，不至再蹈愆尤。此正小惩大戒，曲为保全之意。如果稍有猜嫌，则惇亲王等折均可留中，又何必交廷臣会议耶！
>
> 兹览王公、大学士等所奏，佥以恭亲王咎虽自取，尚可录用，与朝廷之意，正相吻合。现既明白宣示，恭亲王著即加恩仍在内廷行走，并仍管理总理各国事务衙门。此后惟当益矢慎勤，力图报称，用副训诲成全至意。

以实情论之，恭王经此惩戒，未始非福。七日后，慈禧复以两太后名义下一谕旨曰：

> 朕奉慈安皇太后、慈禧皇太后懿旨，本日恭亲王因谢恩召见，伏地痛哭，无以自容。当经面加训诫，该王深自引咎，颇知愧悔，衷怀良用恻然。自垂帘以来，特简恭亲王在军机处议政，已历数年，受恩既渥，委任亦专，其与朝廷休戚相关，非在廷诸臣可比。特因位高速谤，稍不自检，即蹈愆尤。所期望于该王者甚厚，斯责

备该王者不得不严。今恭亲王既能领悟此意，改过自新，朝廷于内外臣工，用舍进退，本皆廓然大公，毫无成见，况恭亲王为亲信重臣，才堪佐理，朝廷相待，岂肯初终易辙，转令其自耽安逸耶！恭亲王著仍在军机大臣上行走。毋庸复议政名目，以示裁抑。王其勿忘此日愧悔之心，益矢靖共，力图报称，仍不得意存疑畏，稍涉推诿，以副厚望。

此年秋间（同治四年），举行咸丰皇帝大葬之事，修理陵寝已四年，以孝德皇后从葬。后殁于咸丰帝登基之前一日，其枢暂安于城西约七英里之一寺中，已十五年，候帝同葬。凡修陵寝以及出殡等费用，须一巨款。而当时筹款极难，南方各省以粤匪之乱，军务饷需浩繁，不能接济。皇帝陵寝，约计十兆。此款既不能仰之各省，遂由内务府及各部官员孝敬捐纳。

幼帝及两宫皆往东陵，恭王随行。恭王此时，当皇陵工程差，且兼筹经费也。太后此时亦未尝严责之。皇棺系用梓木做成，涂以厚漆，书"佛"字，送至陵中，安置于饰珠宝之座，陵中皆以佳石造成。前代往往以妃嫔及太监殉葬，今则以木或纸所做者代之，跪于棺前。于是燃巨烛，僧徒诵经。金圭、玉笏、珠串置诸棺上，其余一切珍贵陈设，一一安置陵内。既毕，乃封其门。至第二日，两宫下谕，嘉赏恭王等曰：

朕奉慈安皇太后、慈禧皇太后懿旨，恭亲王自襄办文宗显皇帝大事以来，五载于兹，尽敬尽诚，有条有理。定陵工程，前经派令总司稽察，一切悉臻妥协。本日文宗显皇帝、孝德显皇后梓官奉安定陵礼成，瞻仰规制崇闳，典仪明备，悲恸之怀稍释，在天之灵亦慰。自应仰体文宗显皇帝谊笃友于之心，并参酌成案，渥沛殊施，以示优奖。乃据恭亲王以盈满为惧，再四固辞，情词恳挚，出于至诚，不得不勉从所请，仅交宗人府从优议叙。惟恭亲王谊属亲藩，首参机务，近来事无巨细，愈加寅畏小心，深自敛抑，实能不负委任。本年三月初七日所降谕旨，原因其小节之疏，恐蹈愆尤之渐，期望既厚，责备不得不严。业于三月十六、四月十四等日，将办理始末，明白宣示，谅天下共见共闻。惟虑传之久远，后人不知原委，莫定是非，转为白圭之玷，殊无以释群疑而彰忠悃。所有三月初七日谕旨，著毋庸编入起居注，以示眷念勋劳，保全令名至意。

读慈禧听政初之谕旨，足知其为人始终不变也。其后四年，恭王与东太后谋去慈禧之宠人安得海，遂大失慈禧之意。

第五章 曾国藩及太平天国之灭亡

慈禧与东太后同时秉政之时，粤匪之乱，已渐归平定。自1850年，即道光末年，发匪乱起，到处糜烂，百姓转徙。今得重享太平，民情大悦。当此之时，正慈禧扩充权势，摈斥东宫之时也。中国记述家以为平大乱，救民于水火，皆名总督曾国藩之才能、毅力为之，此语诚然。曾国藩、左宗棠辈，诚可谓勇者。中国孔圣之教，虽亦有可议之处，而数千年后，常能产此等人才，以救民而济乱，皆孔教之力也。

曾国藩之名，妇孺皆知而称之。然其所以能成此事业者，实慈禧知人善任，明于赏罚，而有以拔识之当。无事之时，盈廷济济，而独赏鉴于言行之表，尤非具卓识者不能。曾国藩之才能及其忠诚，太后信任极深，故卒能成其功也。除荣禄外，中外大官，无若曾国藩得圣眷之隆者。荣禄尚为满洲亲属，曾不过湖南一缙绅耳。中国人所记粤匪之书，颇为详细，读之可知曾国藩之性情为人，及当日慈禧之握大权，与其地位之巩固。然有数端与平定粤匪极有关系，而当时之奏牍谕旨则弗之及，殊令人可疑。

当1861年八月即咸丰十一年，咸丰帝崩于热河，圆明园为英法联军所焚毁。迨和议成，两太后垂帘听政，恭王为议政大臣，其首先所行之政策，即借外兵以平内寇是也。当时粤匪盘踞长江，朝廷焦虑，不惜假外兵以平之。岂非可异之事乎？然此尚为中国政府明亮之处。英法联军欲之，政府以为长江乃通商之地，外人自为计，欲之非策也。常胜军之历史无暇详述，于1862年即同治元年，截剿粤匪于江苏。第二年西历二

曾国藩像

月,英政府允借戈登大将于中国,统领此军。自戈登领此军后,官军之势大震。曾国藩得平匪乱,使中国重睹太平,戈登亦与有力焉。1863年十二月,即同治二年,苏州省城克复。至第二年西历七月,克复南京,伪王死,大乱乃定。其先外人与谕皆主严守中立,后乃助政府剿寇。欧人不爱生命,助清朝者厚矣,法海军提督亦死于是役。

南京已下,曾国藩上平乱之奏及朝廷谕旨,于戈登功绩一字不及。曾国藩平定粤匪之奏,归功于大行皇帝,此盖中国习俗。以为皇帝神圣,无所不能。此种心理,不独中国,日本胜俄,其大将之报告亦归功于天皇,与中国无异。中国为国事死者,酬之极优,生者不能及。若外人有功者,则更无论矣。曾国藩谋勇兼优,而立时变其态度,恝然寡情。戈登将军助平匪乱,然英法联军入都、焚圆明园,戈登将军亦在焉。此曾国藩之所以不提其功也。

慈禧见南京克复，极为欣悦，以帝名下一谕旨。择录于下，可知慈禧之性情。谕曰：

本日，官文、曾国藩由六百里加急红旗奏捷，克复江宁省城，逆首自焚，贼党悉数歼灭，并生擒李秀成、洪仁达等逆一折。览奏之余，实与天下臣民同深嘉悦。发逆洪秀全，自道光三十年倡乱以来，由广西窜两湖三江，并分股扰及直隶、山东等省，逆踪几遍天下。咸丰三年，占踞江宁省城，僭称伪号。东南百姓，遭其荼毒，惨不忍言，罪恶贯盈，神人共愤。我皇考文宗显皇帝赫然震怒，恭行天讨，特命两湖总督官文为钦差大臣，与前任湖北巡抚胡林翼肃清楚北上游。胡林翼驻扎宿松一带，筹办东征事务。复特授曾国藩为两江总督，并命为钦差大臣，东征江皖贼匪。号令既专，功绩日著。

十一年七月，我皇考龙驭上宾。其时江浙郡县半就沦陷，遗诏谆切，以未能迅殄逆氛为憾。朕以冲幼绍寅丕基，祗承先烈。恭奉两宫皇太后垂帘听政，指示机宜，授曾国藩协办大学士，节制四省军务，以一事权。该大臣自受任以来，即建议由上游分路剿办，饬

曾国藩攻克南京战图

彭玉麟、杨岳斌、曾国荃等水陆并进，叠克沿江城隘百余处，斩馘外援逆匪十余万人。合围江宁，断其接济。……兹据官文、曾国藩奏克复江宁详细情形等语。此皆仰赖昊天眷佑，列圣垂庥，两宫皇太后孜孜求治，识拔人才，用能内外一心，将士用命，成此大功。上慰皇考在天之灵，下孚薄海臣民之望。自维藐躬凉德，何以堪此，追思先皇未竟之志，不克亲见成功，悲怆之怀，何能自已？

此次洪逆倡乱粤西，于今十有五年。窃踞江宁，亦十二年。蹂躏十数省，沦陷数百城。卒能次第荡平，殄除元恶，该领兵大臣等栉风沐雨，艰苦备尝，允宜特沛殊恩，用酬劳绩。钦差大臣、协办大学士、两江总督曾国藩……筹策无遗，谋勇兼备，知人善任，调度得宜。曾国藩著加恩赏加太子太保衔、锡封一等侯爵，世袭罔替，并赏戴双眼花翎。浙江巡抚曾国荃……坚忍耐劳，公忠体国。曾国荃著赏加太子少保衔，锡封一等伯爵，并赏戴双眼花翎。

其余以次封赏有差。其后又下一谕，言皇帝当亲诣太庙及各处行礼，以答祖宗之德、名山大河之神。当时围城中，有一人述及天王死时情形，今录于下：

自官军得沭阳后，贼势穷蹙，如兽处笼中。四月以来，金陵城已合围，粮食将绝，每日只食一餐。伪天王命以树皮及叶搓成圆团，名曰"天粮"，言伪官中皆食之。命民间每一家预备十担，其愚者仍信之，亦有置之不理者。忠王李秀成自沭阳逃入城中，击鼓请伪天王升殿。洪秀全登座言曰："予奉天帝圣谕，天父圣兄使予下界，为世界之主。予何惧之有？汝等皆当随予。如欲走者，亦听之。予之江山，坚固如铁，汝等若不保护，自有人来保护。予有天兵百万，数十万之官军岂能为敌？"李秀成闻之，垂泣而出。五月半后，洪秀全自知城不能保，至二十七日希望全绝，乃以酒合毒药，言"非天帝欺予，乃予违天帝之旨"。语罢，即仰药而死。观其临终之言，并无悔恨之心。其部下以黄缎束其身，四周均织黄龙。依其教旨，不用棺殓，埋于地下。举其幼子登基，欲秘不发丧，然外间皆已知之，兵心愈为解体云。

其曾国藩奏述戮洪秀全之尸云：

伪天王洪秀全逆尸，将士积愤之余，皆欲得而甘心。直至六月二十七日，始从伪宫内掘出。二十八日抬至营次，臣与臣弟国荃验看。臣所带委员中，有曾任刑部秋审处之勒方锜、庞际云、孙尚绂等，暨各文武，公同相验。该逆尸遵尚邪教，不用棺木，遍身皆用绣龙黄缎包裹，虽裤脚亦系龙缎。头秃无发，须尚全存，已间白矣。左股右膀，肉犹未脱。验毕戮尸，举烈火而焚之。有伪官婢者，系道州黄姓女子，即手埋逆尸者也。臣亲加讯问，据供洪秀全生前经年不见臣僚。四月二十七日因官军攻急，服毒身死，秘不发丧。而城内群贼，城外官兵，喧传已遍，十余日始行宣布等语。

又奏述戮李秀成之事云：

李秀成之就擒也，各营之降卒，附城之居民，人人皆识，观者如堵。臣二十五日甫至金陵，亲讯一次，旋派候选道庞际云、候补知府李鸿裔、同知周悦修等鞫讯累日。令写亲供，多至数万字，叙发逆之始末，述忠酋之战事，甚为详悉。臣复询以江西李世贤、湖北马融和、湖州黄文金各股贼情。据供，湖州广德之贼，即可不攻自遁。马融和一股，本由陕西调援金陵，因长江阻隔，久无来信。

李世贤系李秀成堂弟，与之约定八月以前，则据江西之粮，以救侍党之饥。八月以后，全数回窜，图解长围，则据宁国之粮，以救金陵之饥等语。又力劝官兵不宜专杀两广之人，恐粤贼愈孤，逆党愈固，军事仍无了日，其言颇有可采。日来在事文武，皆请将李秀成槛送京师。即洋人戈登、雅妥玛等来贺者，亦以忠逆解京为快。臣窃以圣朝天威，灭此小丑，除僭号之洪秀全外，其余皆可不必献俘，陈玉成、石达开即有成例可援。且自来元恶解京，必须诱以甘言，许以不死。李秀成自知万无可逭，在途或不食而死，或窜夺而逃，反恐逃显戮而贻巨患。与臣弟国荃熟商，意见相同。辄于七月初七日将李秀成陵迟处死，传首发逆所到各省，以快人心。

又复陈逆酋正法片云：

臣于二十五日驰抵金陵，询及李秀成权术要结，颇得民心。城破后窜逸乡间，乡民怜而匿之。萧孚泗生擒李逆之后，乡民竟将亲兵王三清捉去，杀而投诸水中，若代李逆报私怨者。李秀成既入囚笼，次日又擒伪松王陈德风到营，一见李逆，即长跪请安。臣闻此二端，恶其民心之未去，党与之尚坚，即决计就地正法。厥后鞫讯累日，观者极众。营中文武各员，始则纷纷请解京师，继则因李秀成言能收降江西、湖州各股，又纷纷请贷其一死，留为雉媒，以招余党。臣则力主速杀，免致疏虞，以贻后患，遂于初六日正法，初七日录供具奏。其洪仁达一犯，虽据李秀成供在贼中暴虐专权，而如醉如痴，口称天父不绝，无供可录。因其抱病甚重，已于初四日先行处死。又钦奉六月二十九日谕旨："洪秀全尸身觅获后，剉尸枭示。仍传首被害地方，以雪众愤。钦此。"臣于六月二十八日验明洪逆正身，即行戮尸焚化。未将首级留传各省，是臣识见不到之咎。钦奉谕旨训示，不胜惶悚。

又奏中有云：

伏查洪逆倡乱粤西，于今十有五年。窃踞金陵，亦十二年。流毒海内，神人共愤。我朝武功之盛，超越前古。屡次削平大难，焜耀史编。然如嘉庆川楚之役，蹂躏仅及四省，沦陷不过十余城；康熙三藩之役，蹂躏尚只十二省，沦陷亦第三百余城。今粤匪之变，蹂躏竟及十六省，沦陷至六百余城之多。而其中凶酋悍党，如李开方守冯官屯、林启容守九江、叶芸来守安庆，皆坚忍不屈。此次金陵城破，十余万贼，无一降者，至聚众自焚而不悔，实为古今罕见之剧寇。然卒能次第荡平，划除元恶，臣等深维其故。盖由于我文宗显皇帝盛德宏谟，早裕戡乱之本。官禁虽极俭啬，而不惜巨饷以募战士；名器虽极慎重，而不惜破格以奖有功；庙算虽极精密，而不惜屈己以从将帅之谋。皇太后、皇上守此三者，悉循旧章，而加之去邪弥果，求贤弥广，用能诛除僭伪，蔚成中兴之业。臣等忝窃兵符，遭逢际会，既痛我文宗皇帝不及目睹献馘告成之日，又念生民涂炭，为时过久。惟当始终慎勉，扫荡余匪，以苏子黎之困，而分宵旰之忧。

乱事定后，曾国藩留两江总督之任四年，至今湖南人视江督为其世袭之位也。此四年中，惟剿办捻匪时，尝至山东一次。然为时不久，至1868年西历9月即同治七年，升为直隶总督。至京立时召见，由一王公带领，幼帝面西坐，两太后在其后，慈安在左，慈禧在右。曾国藩此次召见，笔记问答之语，极有趣味。阅之可见慈禧之神态，及关于国家之事也。慈安性情冲淡，问答之语，皆慈禧及曾国藩二人，慈安不与焉。

曾国藩入殿中跪下，又向前数尺，奏曰："微臣曾国藩敬请圣安。"奏毕，脱帽叩头谢恩。礼毕起立，前行数步，后跪于垫上，距宝座甚近。其问答之语如下：

太后问汝："汝在江南事都办完了？"

对："办完了。"

问："勇都撤完了。"

对："都撤完了。"

问："遣撤几多勇？"

对："撤的二万人，留的尚有三万。"

问："何处人多？"

对："安徽人多。湖南人也有些，不过数千。安徽人极多。"

问："撤得安静？"

对："安静。"

慈禧言毕，又问曾国藩以前之事，及其家庭。数分钟后，曾即叩头退下。凡召见之前，太后取奏章细阅。召见之时，所问之言，皆简明而得要。曾既下，太后赐满汉大臣食肉听戏。曾所上重练直隶海陆军条陈，太后尝细阅之。曾国藩在直隶任约年余，当时直隶总督驻节保定。故天津教案，虽责有攸归，而究不能尽委过于曾也。此年六月，南京总督马新贻被刺死。上谕曾仍到南京，李鸿章任直督，李居直督任共二十四年。当时曾年已衰，奏请解去江督重任，慈禧不准。下谕言："两江总督缺极重要。曾国藩前在江督任内，诸事办理完善，最为相宜。近虽有目疾，该督可总揽纲要，无事琐屑也。"

曾国藩在京做六十生日，太后赏赐优渥，并作诗以宠之。复赐一匾额，书"国之柱石"四字。又佛一尊，玉如意一柄，花衣一件，江绸十卷，纱十匹。请训时，召对语如下：

太后问曰："尔何日自天津起程？"

李鸿章像

对:"二十三日自天津起程。"

问:"天津正凶曾已正法否?"

对:"未行刑。旋闻领事之言,俄国公使即将到津。法国罗使将派人来津验看,是以未能骤杀。"

问:"李鸿章拟于何日将伊等行刑?"

对:"臣于二十三夜接李鸿章来信,拟以二十五日将该犯等行刑。"

问:"天津百姓现尚刁难好事否?"

对:"此时百姓业已安谧,均不好事。"

问:"府县前逃至顺德等处,是何居心?"

对:"府县初撤任时,并未拟罪。故渠等放胆出门。厥后遣人谕知,业已革参交部。该员等惶骇,始从顺德、密云次第回津云云。"

问:"尔右目现尚有光能视?"

对:"右目无一隙之光,竟不能视。左目尚属有光。"

问:"别的病都好了么?"

对:"别的病算好了些。"

问:"我看你起跪等事精神尚好。"

对:"精神总未复原。"

问:"马新贻这事岂不甚奇?"

对:"这事很奇。"

问:"马新贻办事很好?"

对:"他办事和平精细。"旋即退出,其后又入见。

太后问:"尔在直隶练兵若干?"

对:"臣练新兵三千,前任督臣官文练旧章之兵四千,共为七千。拟再练三千,合成一万。已与李鸿章商明,照臣奏定章程办理。"

问:"南边练兵也是最要紧的。洋人就很可虑,你们好好的办去。"

对:"洋人实在可虑。现在海面尚不能与之交战,惟当设法防守。臣拟在江中要紧之处,修筑炮台,以防轮船。"

问:"能防守便是好的。这教堂就常常多事。"

对:"教堂近年到处滋事。教民好欺不吃教的百姓,教士好庇护教民,领事官好庇护教士。明年法国换约,须将传教一节加意整顿。"

至10月,曾遂出都,此后则未入也。一月后,曾接印视事,先办马新贻一案,刺客张汶祥略审讯即定死罪。翌年夏间,曾国藩巡察各处,凡名胜之地,皆一一游览。粤匪窃踞南京,扰乱多年。平定之后,人民重见治安，安居乐业。曾国藩见秦淮一带，画船相接，笙歌聒耳，笑曰："今生复见升平景象，殊可乐也。"至12月，入督署，即天皇之宫也。

曾重来江南，在任不久。1872年春间，即同治十一年，忽晕厥一次。数日后，苏赓堂河帅来，曾出迎。在轿中背诵经书，忽以手指从人，言语不清。其归后之日记有曰："余病患不能用心。昔道光二十六七年间，每思作诗文，则身上癣疾大作，彻夜不能成寐。近年或欲作文，亦觉心中恍惚，不能自主。故眩晕目疾肝风等症，皆心肝血虚之所致也。不能溘先朝露，速归于尽。又不能振作精神，稍治应尽之职事。苟活人间，惭悚何极？"翌日又书曰："予精神散漫已久。凡遇应了结之件，久不能完；应收拾之件，久不能检。如败叶满山，全无归宿。通籍三十余年，官至极品，而学业一无所成，德行一无可许。老大徒伤，不胜悚惶惭赧。"至翌日，阅一奏章，又晕一次。后属其长子纪泽丧礼依古制，不作道场。次日复阅乡闱中试之文一篇，下午游行园中，忽觉不爽。抬至正室，正坐而逝，年六十二岁。当时纪载，皆谓南京百姓闻曾之死，皆痛哭。又言其殁时，有大星陨于城上。朝廷闻之，悲悯实深，罢朝三日。太后下谕述曾之忠诚及其功绩，凡建功各省，皆立专祠祭祀，以表朝廷眷念忠荩之至意。

第六章 太监

近世中国史家及言官等，皆以为明之衰微，以至于亡国，实由于阉寺之跋扈专横，把持大权之所致也。臣下之以不近刑人劝上者，盖数百年于兹。此等宦官，日侍帝侧，日浸月染，迎媚主意，常得宠信，极其根深蒂固，而百官之黜陟，皆出其手。然敢言之士，不稍顾忌，仍大声疾呼以排斥之，往往而有。此中国义直之一端，与他国不同者也。

当慈禧太后秉政之时，太监之恶日增，弊端亦日甚。臣下亦有言者，太后亦似嘉纳。太监揽权之害，慈禧深知之，然未尝不容之也。自来论太监之无利有害，深切著明。而五十年来，竟不能刬去此弊。欲变法而不首除此辈，则终不能观其效矣。1898年即光绪二十四年之政变，其中实李莲英一人为之枢机。盖光绪帝厉行新政，欲首除太监之制。李莲英因惶恐而生怨恨，亦势之所必有。至庚子拳匪乱起，亦由此等太监与亲贵联合以排外人。李莲英当为黑单之首名，而当时俄使力保之，不知何意。余述李莲英之事，盖欲知当日士大夫颇痛陈其弊，而各省大吏亦有言之者。至于维新之士及报章之言论，亦叹息痛恨于此恶之不除。今之摄政，亦深晓其弊，而去之实难，且恐有危险也。当1906年即光绪三十二年之际，朝廷励行新政。泰晤士报北京之访员，言革除太监，亦行新政之一端也。然当时议论有二派。一守旧派，以为宦官之制，由来已久，数千百年行之未变。亦犹多妻之制，中国习惯而不以为异。此种理想，仍占势力而不衰。其反对者，则以为三代以至于周，皆无以此刑余之人而充官职者。至周之衰，列国之时，孔子时言其害。援古以辟今，则太监之制可去也。

1644年，清初入关，抚有中夏，颇定制以限制太监之权位。至顺治帝即位，首召见臣工，皆言此等小人，只可供洒扫之役，不可援为心腹而亲近之。遂立法数条，历来奉为金科玉律。至于今日，乃渐成具文。所立数条，一限制太监得官级，至四品为止。鉴于明之魏阉祸国，不准太监出京城一步。康熙、乾隆两圣主待之尤严，可以为法。故二百年来，宫监皆不敢放纵。若至近世则不然，咸丰帝驭下不严，太监往往公

顺治皇帝严禁太监干政的铁牌

然犯法。及慈禧秉政，凡明代末年之积弊，如奸谋诡计，贿赂请讬，专鸷横行，复现于世。甚至把持大权，蜚语诽谤，而太后则袒护之，故昌然行之而无忌惮。太后末年，颇不以外间之舆论为意，而太监等愈披猖矣。至1898年即光绪二十四年之后，总管李莲英尝云："黜陟百官，皆任吾意。虽皇帝亦无如何"云云。昌言无忌，以此夸示于人，其权势之大可知也。凡外间所传宫中暗昧之事，并无实据。即言官之所参劾，与广东人所著之书，涉及污秽，亦仅偶然传闻之事，不能谓其皆属可信也。若康有为等之诬言，则出于怨恨之心，其所言不合于常理。故彼所述太后及荣禄之事，诚未可信，其言亦殊无价值。然每有一种谣言，必略有其因，经一再传之，则大加枝叶。不独中国如此，各国情形皆然。故外间之论，不能信以为实，亦未可尽视为虚。且北京人民极爱戴太后，然述及宫中之奢侈放荡，及太监之暴恶，皆众口一词。此等小人见皇帝柔软，因其可欺而欺之，以生可哀之事。故人述同治皇帝之薨，乃多异说。而咸丰帝及光绪帝，亦由彼等蛊惑而陷害之。清朝宫廷之历史，近七十年来，多宫监奸谋所组成。其关系甚密，已成不可解之事实。当慈禧秉政五十年，太监之势极高，其中尤以李莲英为领袖。

李莲英外号皮硝李，（此名因李莲英未入宫当太监十六岁以前，在河间府曾拜一皮匠为师，故有此名）实中国第一之恶棍，心极残忍，凡宫廷悲惨之事，皆由彼主之。太后宾天，此人尚在。其权力之伟大，除召见外，无论何事，彼皆有权。太后宠信，许彼聚敛。除荣禄外，其他廷臣及太后之家属，皆莫敢望之也。

当咸丰帝病于热河，慈禧后见近侍中有一人名安得海者，颇聪明，能作事，遂引用之。载垣隐谋，太后与荣禄商议大事，皆安得海居间传言。及太后秉政，安遂为心腹矣。太后之好大喜功，机警应变，安实为之助。因之借太后之势，从中而渔利焉。又为太后造戏园，及其他娱乐之事，以得太后之欢心。安得海实一有才漂亮之人物也。当两太后权位未固，载垣等阴谋未靖之时，有言官数人奏言宫中之奢侈，慈禧闻之不悦，而表面则尚顾全体面，仍言诸臣所言，甚合于朝廷之心。太后当国之初，此等谕旨时时见之下。所录之上谕，乃第三年所下，即西历1864年。此谕中且言及宫中太监鼠窃之事，更为有昧。虽至今日，尚如故也。谕曰：

朕奉慈安皇太后、慈禧皇太后懿旨，据御史贾铎奏，风闻内务府有太监演戏，将库存进贡缎匹裁作戏衣。每演一日，赏费几至千金。请饬速行禁止，用以杜渐防微等语。

上年七月，因皇帝将次释服，文宗显皇帝梓宫尚未永远奉安，曾特降谕旨，将一切应行庆典，酌议停止，所有升平署岁时照例供奉，俟山陵奉安后，候旨遵行，并将咸丰十年所传之民籍人等永远裁革。原以皇帝冲龄践阼，必宜绝戏豫之渐，戒奢侈之萌，乃本日据贾铎奏称风闻太监演戏，费至千金，并有用库存缎匹裁作戏衣之事，览奏实堪诧异。方今各省军务未平，百姓疮痍满目，库帑支绌，国用不充。先皇帝山陵未安，梓官在殡。兴言及此，隐恸实殷，又何至有如该御史折内所称情事？况库存银缎，有数可稽，非奏准不能擅动。兹事可断其必无。惟深宫耳目恐难周知，外间传闻，必非无自，难保无不肖太监人等，假名在外招摇，亦不可不防其渐。著总管内务府大臣等严密稽察，如果实有其事，即著从严究办，毋得稍有瞻徇，致干咎戾。皇帝典学之余，务当亲近正人，讲求治道。倘或左右近习，恣为娱耳悦目之事，冒贡非几，所系实非浅鲜。并著该大臣等随时查察，责成总管太监认真严禁所属。嗣后各处太监，如有似此肆意妄行，在外倚势招摇等事，并著步军统领衙门一体拿办。总管太监不能举发，定将该总管太监革退，从重治罪。若总管内务府大臣等不加查察，别经发觉，必将该大臣等严加惩处，其各懔遵毋忽。此旨并著敬事房、内务府各录一通，敬谨存记。

慈禧之喜观剧，京中人人知之，此旨不过掩饰之词耳。此时言官时时参劾安得海，并言宫中之太奢侈，盖因宫中浪费，遂使户部紊乱，又新征各省之款，催其解京。至1866年，即同治五年，有御史二人，会奏指陈太监之害。奏中之意，略谓：前明之所以亡，即由于太监。此等小人，每以小忠小信，邀主上之知。及得宠任，则结党营私，渐干政柄。其势既成，虽欲去之而不能矣。皇帝正当典学之时，请慎选老成稳重之宫监，以备使令。其便佞巧慧之辈，一概屏斥云云。

太后以帝名批答之，略谓：所奏甚是。观于历史所载，太监之害，无代无之，深可引以为鉴。本朝列祖列宗垂戒至严，不独不许太监干预国政，并不许其乘间进言。二百余年，纪纲明肃。前代太监乱政之事，已成历史之陈迹。自两宫皇太后垂帘听政以来，恪遵家法，从不许太监稍有干政之端。观此奏所陈太监之害，甚为详尽，披览之下，深懔履霜坚冰之戒。太监中如有肆其狐媚之术，巧为尝试者，必立即惩治不贷。大小臣工，亦望时进谠言，上下交儆，庶祸败无自而生云云。

观以上之言，可谓纳谏者矣。而深宫之中，一切仍如故也。而总管太监安得海之权，仍日增而无已也。街谈巷议，皆云安太监之言，犹之谕旨也。太后常著戏装，游于西苑，安每随之，又赐安以皇上御用之龙衣及玉如意。诸如此类，遍传于街巷。此种传言，大半好奇者所臆造。而咸丰帝末年宫中失纪，太后之任用宫监，遂使谣言发生而不可止也。其中最著之事，即背祖宗所定不许太监出都之法制。当1869年即同治八年，因事派其幸侍安得海往山东。此事未与恭王商议，东太后亦不知也。安得海到山东，借太后之名，到处索贿。（近出一书载此事，名《中国朝廷之秘密》，1910年出版，名此太监曰"小安"，盖其外号一

慈禧太后弈棋图

如李莲英之称皮硝李也）当时安得海颇得罪一二王公，而尤以恭王为最。因其权势日大，骄慢之态，不能忍也。一日恭王请见，太后因与安得海谈话，不见。恭王极怒，而安之生命，即危于此时。盖此事不独恭王失其体面，颇关于国之纪纲也。此总管太监往山东，种种不法，沿途强逼苛勒，无所不为。当时山东巡抚丁宝桢见其冒太后之名，侵官扰民，大为忿怒。将安得海情形，报告恭王请训。丁文到京时，太后正观剧取乐。恭王立时请见慈安太后。拟定谕旨，请慈安签名于上。

此谕令丁宝桢速即在山东正法，不必来京审问。慈安太后亦知此举必得罪慈禧太后，迫于恭王，不得已也。闻慈安对恭王云："西太后必要杀我。"此语即递盖印之谕旨于恭王时所言也。恭王立派专差送至山东巡抚丁宝桢。丁宝桢者，胆大敢为，平粤匪颇有名于时。得此谕旨，遂即杀之。谕曰：

丁宝桢奏太监在外招摇煽惑一折。据德州知州赵新禀称，七月间有安姓太监乘坐太平船二只，声势炫赫，自称奉旨差遣，织办龙衣。船上有日形三足乌旗一面，船旁有龙凤旗帜，带有男女多人，并有女乐，品竹调丝，两岸观者如堵。又称本月二十一日，系该太监生辰，中设龙衣，男女罗拜。该州正在访拿间，船已扬帆南下。该抚已饬东昌、济宁各府州饬属跟踪追捕等语。览奏深堪诧异。该太监擅自远出，并有种种不法情事，若不从严惩办，何以肃官禁而儆效尤？著马新贻、张之万、丁日昌、丁宝桢迅速派委干员，于所属地方，将六品蓝翎安姓太监严密查拿，令随从人等指证确实。毋庸审讯，即行就地正法，不准任其狡饰。如该太监闻风折回直境，即著曾国藩一体严拿正法。倘有疏纵，惟该督抚等是问。其随从人等，有迹近匪类者，并著严拿分别惩办。毋庸再行请旨，将此由六百里各密谕知之。

慈禧尚不知安太监之危险,已临死域。因彼专横,不得人心,故慈安及恭王之谋,得以不泄。直至事机已过,无从援救。十日后,慈安下第二谕曰:

> 本月初三日,丁宝桢奏:据德州知州赵新禀称,有安姓太监乘坐大船,捏称钦差织办龙衣,船旁插有龙凤旗帜,携带男女多人,沿途招摇煽惑,居民惊骇等情。当经谕令直隶、山东、江苏各督抚派员查拿,即行正法。兹据丁宝桢奏,已于泰安县地方将该犯安得海拿获,遵旨正法。其随从人等,本日已谕令丁宝桢分别严行惩办。我朝家法相承,整饬宦寺,有犯必惩。纲纪至严,每遇有在外招摇生事者,无不立治其罪。乃该太监安得海竟敢如此胆大妄为,种种不法,实属罪有应得。经此次严惩后,各太监自当益知儆惧,仍著总管内务府大臣严饬总管太监等,嗣后务将所管太监,严加约束。俾各勤慎当差,如有不安本分,出外滋事者,除将本犯照例治罪外,定将该管太监一并惩办。并通谕直省各督抚,严饬所属。遇有太监冒称奉差等事,无论已未犯法,立即锁拿。奏明惩治,毋稍宽纵。

此谕婉曲不直言,似畏叶赫那拉之盛怒也者。与慈禧平日定人死罪之旨,大不相同。慈禧之旨,笔中有刀,极其锋利,乃其一生掌握大权之秘密,非人所能及也。跟从安得海之太监数人,亦在山东绞死。有六人逃去,后又捉住五人,立即处死。安太监之家属,发往西北军台。逃脱之太监一人回京后,告知李莲英,李遂告知慈禧。慈禧先尚不信,东宫有此胆量,不与己商而径下前列之上谕?盖慈安性情,向来和易宽厚,慈禧素轻之,料其无此作为也。及后知此事已真,遂生极大之风潮,宫中从此多事,久亦习惯而不以为异矣。太后既知,立往仁寿宫,盛怒问慈安因何不与己商而径下谕？慈安惊惧，欲以此事全推于恭王一身，但仍不能解慈禧之怒。慈禧誓报此恨。前此待慈安，谦和有礼，虽内专大权，而外面仪节，均相平等。自此遂立意更留心国政，以巩固其权势，免大权之旁分，愈不使慈安稍有参预矣。次日慈禧升殿，严责恭王，并以革职黜爵之言恐之。然久之亦未实行。盖太后不能以此事加罪于恭王，且国政尚需其助。而恭王之女，极得太后之欢心，因女而及其父也。然杀安得海之恨，则太后永记于心，而时时报复之。同治帝崩，所以不立恭王之子，而立光绪帝者，亦基于此恨也。

安得海既诛，继之为总管太监者，乃李莲英。此人前已略言之，后四十年内，李为中国政治潮流中最重要之人物。手握千万人之生死，操内外大员升降之柄，征收十八省之金钱入其私蓄。十六岁入宫，人极漂亮，态度甚佳，太后爱之。据可信之记载，言李莲英早年便得太后之宠信，待之异于寻常。在太后前得赐坐，并可任意谈话。其后历年愈久，则一切国家要政，李皆参预，且其言甚有力。晚年李与人谈及太后恒用"咱们"二字，此等称谓，在中国唯亲属用之，或则极亲密之朋友耳。其手下之人，称之为"九千岁"，仅于国家有大典礼时，守太监之常礼，其平日则骄倨自若。为人刻薄贪财，眦睚必报。对于太后，则为忠诚之仆。凡危险时，不惜身受苦难，以求太后之安乐。其对于满洲大员，亦极讲交情，故满大员常来往于李之门，不惜降其尊贵之体也。

李莲英待人和易，爱说笑话，善于装扮。（外间所传之太后扮观音、李扮韦驮，可见也）又喜作东道主人。1909年11月，即宣统二年，太后送葬时，李步行随之。年已老苍，使人望而动心，忘其七十年来之罪恶也。年既老而多病，虽路程无多，而行走甚难。送葬之人，无虑千万，惟李面现深忧之色，步履蹒跚。吾人观此创造秘密历史之人，不知其诡谲之脑中，贮有何种思想也。太后当国五十年，李莲英可谓其始终亲信之人矣。李之幼年，凡太后出行，必在轿旁扶侍。以至于老，未

慈禧扮观音，李莲英（右）扮韦驮。

尝一日离太后之侧。今太后既崩，境遇遂变，且前途尚多危险，此其所以深忧也。李之身体甚强，虽终年作事辛勤，而精神如旧，心颇机警。鉴于安得海之事，从不侵扰外省，亦不僭越以求高位。但戴四品顶戴，盖法制所定，太监最高之品级也。李深知太后之性情，善于迎合，遂得太后之宠信。定一例规，收国中大员之贿赂，进于太后，而己于中分其利。此事于1900年西巡时，尤可见之。

李之运气不如太后，庚子年出走时，将其储蓄藏一安全之地，除亲属外，无人知之者。及联军入都，有一人以此秘密泄于法国军队，遂被劫取。李后由西安回京，首请太后杀此人以平其恨，此人遂立受死刑。现时京中银行家估计李之家财，约计二百万金镑，大半皆存诸当铺、钱庄，此皆庚子后八年之所积者也。其数之巨，闻之者亦不惊异。盖吾人知大员运动之价，有至三十二万金者，即金镑四万也。李之做此买卖，巨细无遗，观于所录之信札可见。此其所以能积蓄不赀也。李洞知虚实，故其所索，常如其分内所能出者索之。李之用度奢侈，自不待言。但彼常侵及国家之财政，致国家受其损害，不止一次。今但言其一事，1894年即光绪二十年，中国之所以败于日本者，其原因虽不一端，而其最大者，则由于以海军经费移为修造颐和园之用。此次工程，李莲英及其手下人侵蚀不少。1885年即光绪十一年，派醇王管理海军处，以庆王、李鸿章、曾侯佐之。曾侯既死，海军事务，遂专握于毫无经验之亲贵。当1889年即光绪十五年，皇帝亲政。其第一事，即命重修颐和园。盖自1861年即咸丰十一年，英法联军入都，而圆明园遂毁于火，故太后欲重修之也。然经费甚巨，苦于无款。李莲英遂建策，以海军经费，移作修园之用，后遂依议而行，由是海军部成为内务府之一司矣。中日战起，太后下谕停止海军处。此谕颇招外间之评论，实则海军处不啻为修造颐和园而设。太后之谕，不过以为颐和园既已修毕，海军经费亦将用尽，则海军处亦可裁撤矣。外人或谓此款由颐和园复归于海军处者，实赘辞也。

1889年即光绪十五年，李总管与醇王同往阅视北洋军港旅顺威海卫等处。当时之人，皆言官吏之尊敬李总管者，实较尊敬醇王为过之。凡北洋官员，自海军提督丁汝昌以下，莫不竭诚尽力，以博李总管之欢心。而李总管此行，所受之谄媚贿赂，蔑以加矣。甲午年中外人士，莫不责望李鸿章主战，可谓不知世事。李在当时自知甚明，何敢昌言主战？海军经费，本以筹备海军者，实则十分之九，皆为李莲英移作修理颐和园之用，而藉以肥己之私囊。故当紧亟时，海军中人皆不肯奋勉以御国难，且大炮亦不完备也。

读者曾阅英国之史，当知英国往日，亦有此等事也。李莲英素恨光绪帝，戊戌政变，李实为其中主要之人。平日常离间皇帝于太后，故两宫嫌隙愈深。皇帝之崩，外间亦颇有疑辞。李畏皇帝锐意改革，不便于己。其恨广东之新党尤深，故极力鼓动太后复政，乃势之所必至也。当政变时，李为其中之暗探。庚子年，李若不赞成拳匪，而抵制之，则必能转移太后之心，其祸即可消弭。即有暴动，亦不过仅及山东边界而止，不致酿成巨变，使中国百姓担巨额之赔偿矣。考察中国近年之政治者，视此皮匠徒弟出身之太监，乃关系大局如此其重，当起何等之感情耶！观彼送其女主奉安之日，可知其心中之忧伤。年鬓既老，固握其贪得不义之财，以渐近于坟墓，而国家则大受其害矣。当拳匪最盛之时，李莲英之权力亦最张。端王每主张拳匪，无论在太后前，或在军机处，必曰李总管亦赞成此议，若借以自重者。或曰"某谕某谕"，皆李总管赞成而始下也。端王所以为此言者，盖以箝制反对者之口。知李总管之意旨，无人敢反对也。太后允赏义和拳，又允以巨金赏能杀洋人者，皆出于李之所劝。及联军长驱直入，拳匪首领被杀，李始忧惧。盖所谋既败，恐太后诿罪于己身。凡太后盛怒时，恒泄其愤于人，此乃太后之性情，人多知之。当此之时，太后既怒且惧。李为前此力主拳匪之人，则太后或归罪于彼，固为意中之事也。及联军至京，澜公匆匆入告[1]，急呼洋鬼子已进城了。太后曰："我以为你来说洋鬼子都跑了。两天以前，你尚说我兵大胜，何以现在我们所知道的，只有直隶总督跟李秉衡都死了？"李莲英侍立于旁，闻太后此语，遂出，语在外之太监曰："老佛爷现在大怒，但也是没有法子。我们只有跑到陕西去，在那里等候救兵，再灭洋鬼子。"及两宫西巡，李莲英沿路所受之恐惧困苦，更甚于太后。直至驾抵西安，其心始放。有一随扈之人，对其友人述及当

---

[1] 澜公即辅国公载澜。

日之情形，今择录于下：

当岑春煊在山西边界迎接圣驾时，太后在轿中推帘谓岑曰："你知道我们在北京的事吗？"岑答曰："不大清楚。"太后怒容指李莲英曰："都是他们做的，害我到此地步。"李在旁闻之，伸头不语。其后李之手下太监在乡间劫掠，岑素强毅，即以此事报告于太后。太后碍于岑面，允其将太监三人立斩于犯事之地。岑本欲牵李于内，后见太后甚倚任之，遂不敢冒险，以触太后之怒。然李此时固甚险矣。后朝廷恢复旧制，李遂得荣禄之助，以报复之，转岑为山西巡抚。李盖见联军将入山西，其势甚危，欲以此倾之也。且岑春煊管理内廷用度，渐得太后之信用，故李尤思去之也。岑在当时，颇负戆直之名。其管理行在费用，颇为俭约。首先禁止太监勒索，所定太监之津贴有一定数目，且不多，由此渐得太后之信任。然大触李总管之忌，思以计中伤之。后得荣禄之助，遂调岑于外，而以己代之。月余以来，太后每日与岑商议国政，宫中之事亦由其主之。若能长此不变，以削灭太监之势，岂不甚好？而无如其不能也。

岑既离陕，李总管遂无所顾忌，竟敢阻匿岑之奏折，不令上闻。重得太后之宠信，一如往日，且其态度较前尤骄。有时召见大臣，李胆敢不传太后之谕，直说自己累了，今天公事多得很。南方诸省进呈贡物，皆先到李总管处。李之住宅，堆积皆满。其有贡银，太后取一半，太监取五分之一，其余则交与荣禄，为发俸饷之用。两宫在西安开封时，太监之利益极大。故李莲英不欲太后还京，遂以洋人报仇之言恐吓之。然李之不欲太后回銮者，亦不全由于好利，实恐使馆所开黑单内有己之名也。令其手下太监姓蔡者，每日报告京中之事，其后庆王致函与李，力保无事，李心始放，而阻止回銮之意始罢矣。

当时各省所解西安行在之银，约五百余万，皆由李管理之，而佐以孙姓之太监。此太监亦太后所宠信者也，其贪婪作威，一如李之所为。一日湖北解银至，皆系元宝。孙太监以天秤秤之，说数目有差，委员答曰："湖北元宝皆系足色，不致有错。"孙太监怒斥之曰："你解过几次贡银，知道什么？"委员惊惧，仍争言不致短少。孙太监大怒曰："我想你以为老佛爷的秤是假的。"正拟殴打，太后在内闻之，遂走出。令孙太监搬银子进房，自己秤之，曰："我想近来大有走漏，我的太监是要复看的，免我受欺。"此委员遂垂头丧气而出，遇内务府大臣继禄，诉说此事。继禄曰："我知道你受了苦。近来老佛爷防制太监很严，他们赚不了多钱。你可以宽恕他们，他们的积蓄大半在北京遗失了。"广东进呈之贡物有二十四种，太监需索门包，退还九种。委员大惊，恐太后责其偷漏，乃不得不贿之，此即太监得钱之法。或假太后之名，买物而不付钱。因此西安百姓受累不少，且陕西正值荒旱，百姓乃愈苦矣。观岑抚报告：面一磅九十六文、鸡蛋一枚三十四文、猪肉一磅四百文、鱼则虽有钱亦无买处，较之南方约昂六倍。宫中太监之坏者，常辱皇帝以取乐，或故意烦扰之，以动帝之怒。当时有一种传言，谓帝常有小儿脾气，与太监捉迷藏为戏。太后来，则退处屋言隅，默不作声。或有时动怒，则取磁器掷人，其实皆不足信，皆李莲英及其余太监之所传布，以毁帝之名誉者也。

两宫回銮后，李莲英之势力更大。宫中诸事，概由彼一人管理之。李亦随太后之意旨而转移，改变前日之意思，赞成维新。军机处所定之预备立宪程序单，彼亦附和之。常笑向太后曰："老佛爷，我们现在也成假洋鬼子了。"然其向来之权势及买卖，则极力把持。1901年即光绪二十七年，两广总督陶模上奏言本朝妃嫔已大减于前代，而太监仍沿其旧，宜痛加裁减。其职事，以宫女代之。李见此奏，先匿不上闻。俟其

两广总督陶模（前坐者）

运动成熟，知太后决不允从，乃上之。今将此有名之奏折录于后：

  奏为请除数千年之弊政，以广盛治。谨陈管见，仰祈圣鉴事。窃维国家兴衰，系乎主德。自古人君，未有亲君子而不致治者；未有亲小人而不致乱者。治乱之机，不可不察也。夫以人民之众，事几之繁，远而外国，近而宫廷，悉待治于一人之身。位则至尊，而事实至难。虽日进正直明智之士，讨论于前，犹惧未足以应万几。而乃以小人间之，则天下之不危者几何？盖小人者，岂必皆大奸大恶。但使不读经史、不识道理，惟伺人主之喜怒为向背，则朝夕侍侧，即足以损君德于无形。夫廷臣虽有不肖，人主无由而近之。其得以常近入主者，惟宦官而已。人主与宦官日近，必与贤士大夫日疏。德之不明，过之不闻，内外之相隔，上下之不通，莫不由此。是以宦官干政之祸，史不绝书。至其有关君德者，其几甚微，而为害尤烈也。我朝家法严明，二百余年，从未有内监预闻政事。至治之盛，往古所无。然臣谓除弊当如除莠，留其芽蘖，终恐发生，不若绝其根株，永无滋长。在皇上春秋鼎盛，圣德日新，岂至习于近侍，而为亿万世计，似有应烦圣虑者。伏思前代之用宦官，盖由妃嫔众多之故。我皇上后宫减少，左右使令，本有官女。至内廷各项差使，悉可改用士人，均不必定须内监。今者乘舆西幸，扈从内监，其数尚多。臣愚以为宜及此时，大加裁汰，酌留忠谨者二三十人，余悉遣散。回銮之后，请旨饬下王公大臣，公同筹议，定官府一体之制，永不再选充内监，则是数千年相沿之弊政，至我皇太后、皇上而始除，非惟一时之盛事，实亦千古之美谈。方今外侮纷乘，事机危迫，诚如圣谕，欲求振作，当议更张。惟兴革之事，本非一端。中外臣工，当已陆续上陈。微臣之意，窃谓事有似细微而实重要者，宦官是也。此等弊政，若不早除，何以为变法自强之本？且环球各大国均无内监，独中国尚仍旧习。彼中人士，恒相讥议。若改此制，则风声所播，外国倾心，于樽俎折冲之事，不无关系。臣备职外臣，不应妄言内政。惟是受恩深重，未报涓埃，冀效愚忱，以仰神圣治于万一。伏乞皇太后、皇上圣鉴训示。谨奏。

自此之后，上奏请裁太监者甚众。时时风闻将实行裁减，而太监之权力仍如故也。且中国官吏如陶模之忠直廉洁者，亦不多睹。表面之新政，极其踊跃，而真实之弊制，毫不议及改革。或推于将来，漫无期限。内地报纸，初时尚有一二敢言者。今则皆为官吏所压制，渐亦软化而无声矣。

第七章　礼节问题

下所录之密折，乃1873年即同治十二年，侍御吴可读所上，甚可宝贵。吾人阅之，可见中国士大夫骄傲之情，及当时政府昧于外事之状。中国人恒视外人为夷狄，为野蛮，此等观念深入人心，拔除匪易。吴可读之奏，深有补益，外人皆属望焉。且观于此奏，尤可见中国人之思想，不征之于事实，随意构造，令人奇异。其妄自尊大，顽强固闭，虽屡经挫辱，而仍不能改至。今与列强交涉，犹有旧态也。观其大概之情形，知具非常才能之慈禧太后，其一人之行事，实左右中国人全体之命运。而其与外国之关系，亦随一人之志意为转移。阅奏中所言，令人不得不倾服其心思之卓越，胜于近臣远矣。奏中请宸衷独断，以息廷争。免外臣之叩拜，以显朝廷之宏量。谓迟疑不断，徒增损害而无益也。今录其奏于下。奏曰：

  本不知君臣、父子、夫妇、昆弟、朋友为何事，而我必欲其强行五伦之礼。是犹聚犬马羊豕于一堂，而令其舞蹈扬尘也。然则即得其一跪一拜，岂足为朝廷荣？即任其不跪不拜，亦岂为朝廷辱？而议者之意，则以为必须如此郑重。再四而后允，则彼将曰：中国于此等小事，尚不肯轻以我与。则事有大于此者，更无望矣。于是要求无已之心，自此而遂息。则我之势尊，而彼之势屈。臣愚以为我之尊自若也，不因彼之尊之而我始尊也；彼之不屈自若也，不因我之屈之而彼即屈也。彼窥见我所重在跪拜，而忌在不跪拜，所畏

同治皇帝在紫光阁接见外国公使图

在用兵，则常增吾所重，益吾所忌，而示我所畏。盖我之势一弱，彼计无施而不可。

　　臣闻各国往来文移，所进表章，有如许妖魔鬼怪，不知何物之某皇某帝，竟与我皇上并列矣。诸臣不彼之耻而耻此乎？前岁俄夷由伊犁而入新疆，自东而南而西，包中国一万余里，创千古外夷入中国未有之局。其措置甚大，其处心积虑甚深甚毒，诸臣不彼之虑而虑此乎？诸臣以为各国不从中国礼节，即足为中国羞。而臣以为各国若从中国礼节，更足为中国害。自古国家大局，时与势二者而已。度吾时未可与争，势未可与校，则当别求吾自强之道，而暂行吾权宜之计。昔子贡问政，孔子告以足食、足兵、足信。迨子贡两以不得已而去请，孔子曰："去兵。"又曰："去食。"圣贤谋人家国，动出万全，断无卤莽从事之理。去之云者，平时必有一番经济作用。成竹早已在胸，并非直至不得已时而始仓皇失措，出此束手无策语也。此事诸臣于初议，即应权其轻重，外审之彼，内揆之己。度其事可以一争，吾力又能争，虽小事亦不可许，争之必得而后已。若预料吾时事必不能争，而其事又不足以争，则急宜占以先著，于许其进见时，不俟彼启齿，一并慨然许以代为奏请皇上，免其行吾中国跪拜礼，并不曾轻假彼以名器，亦不致稍示我以单弱，岂不光明正大，夷夏凛然？乃始则沾沾于一见，既无以善于其前，继则斤斤于跪拜，又无以持于其后，终于为人挟制，无一不俯首而从，犹之与人也。出纳之吝，谓之有司，是犯四恶之所屏也，是蹈昔日津门办理夷务诸臣之覆辙也。

　　臣小臣也，窃为朝廷惜之。今已奉旨朝见有日，于万分无可挽回之中，求一犹为彼善于此之说。惟有仰祈皇上断自宸衷，申饬诸

紫光阁内部旧影

臣争执礼节之非，本非吾国臣子，何必令行吾国礼仪。倘行不中礼，甚或失仪，则使各国既失来见之诚，中国亦未为得怀柔远人之法，且却至当堂闻笑，未必不因贻羞而变而成怒。是弭衅而反以起衅，则莫若特谕各国使臣，不必行吾中国跪拜礼节，临时若仍有失仪，概从宽免。我大小臣工，亦不得执此哓哓，复行争辩，以不屑与校之心，壹行以大度包荒之事。并请明降谕旨，宣示各国，暨我中外臣民，使知此系皇上格外体恤，力却诸臣之议，特旨允准。倘各国因此而遂起要挟之心，事事琐渎面请，强中国以必不可从，则亦不能夺诸臣之公议，而再为宽假也。如此则操纵之权，犹自我出，似于体制稍觉尊崇。即我中外臣民，亦不致愤激起而与该夷为难，重烦朝廷经画，而力求吾自强之道，此事不足校也，此时不必校也。抑臣更有请者，彼狡诈百出，进见时难保其必不有言，此则诸王大臣谅已早为兼筹熟计，必不致临时张皇，又复一误再误，著著后人。臣生长甘肃，边鄙愚生，不知大计，意切言狂，重封密进，自知罪当万死，臣不胜诚惶诚恐。谨奏。

此奏既上，太后批谕略云："所奏甚是。已有旨许各国使臣进见，并听其行本国之礼矣。朝廷怀柔远人，且严中外之辨"云云。

阅者观于此奏，须先知上奏者，乃正直无惧之吴可读侍御也。吴可读之名，几于妇孺皆知，盖同治帝宾天之时，吴曾力争立嗣问题，以抗太后之意旨也。若中国人心中之良善勇决，尽如此奏所言，则何致有无限谬说，引起愚民起而暴动乎？吴谓外国人之条约，不过贪图通商，卑鄙好利之情云云。此乃中国士大夫之习气，惯以利口诋毁人者也。

第八章　穆宗之亲政及其崩

同治十二年，即1872年之十一月，两宫太后同下一谕，言所以垂帘听政之故。继言帝已长成，即当归政。遂命钦天监选择吉日，以为皇帝亲政之期。钦天监复奏正月二十六日大吉，两宫皇太后遂于是日下归政之谕旨，今录于下。谕曰：

朕奉慈安端裕皇太后、慈禧端佑皇太后懿旨，皇帝寅绍丕基，于今十有二载。春秋鼎盛，典学有成，兹于本月二十六日躬亲大政。欣慰之余，倍深兢惕。因念我朝列圣相承，无不以敬天法祖之心，为勤政爱民之治。况数年来，东南各省，虽经底定，民生尚未乂安。滇陇边境及西北路军务未蒇，国用不足，时事方艰。皇帝日理万几，当敬念惟天惟祖宗所以付托一人者，至重且巨，祗承家法，夕惕朝乾，于一切用人行政，孳孳讲求，不可稍涉怠忽。视朝之暇，仍当讨论经史，深求古今治乱之原，克俭克勤，励精图治。此则垂帘听政之初心，所夙夜跂望而不能或释者也。在廷王大臣等，均宜公忠共矢，勿避怨嫌。本日召见时，业已谆谆面谕。其余中外大小臣工，亦当恪恭尽职，痛戒因循，宏济艰难，弼成上理，有厚望焉。

谕末则循例奖励京外大员之尽心职守。然慈禧太后之于同治帝，甚不喜之，盖同治帝自幼即不得慈禧之欢心也。此亦不足奇异，盖帝颇输

同治皇帝朝服像

心于慈安太后，而慈禧与慈安极不和也。此等情形，帝亦知之。帝亲政之年，已十七岁。性情刚强，颇类咸丰帝及慈禧太后。皇后尤助之。同治皇后本贵族大家之女，其父崇绮乃皇帝之师傅也。皇帝年纪尚轻，初执政权，不知其地位之险，皇后亦然。但不久即觉之。知慈禧太后之意旨不能反对，如欲得其欢心，唯有顺从而已。第一困难之问题，即皇帝不欲以国政关白慈禧，因此意见愈深。及帝宾天之后，若为帝立嗣，则皇后将尊为皇太后，而慈禧遂退处于无权之地。故慈禧不惜破坏家法，而立光绪。因揽权之一念，虽牺牲一切而不顾也。

当时舆论于慈禧此举，虽不深嫉，而于同治帝之无嗣，及皇后之殉节，则莫不众口同声，以为皆太后贪揽政权之所致。私家著述，皆谓太后纵帝游荡，及至得疾，又不慎重爱护，以致深沉不起。内务府有一人名桂庆者（端方之叔），以帝年幼好色，恐不永年。请将蛊惑之太监一律驱逐，其罪重者，则诛戮以警其余。且请慎起居以护圣躬，言甚切直。太后心颇不怿，帝亦恶之，桂庆遂辞职而去。其余内务府各官如文喜、桂宝诸人，则壹意迎合以固其位，不独不谏止，且怂恿之。故当时都中皆知帝常与彼辈同游于南城邪僻之区，宫中规律，亦遂紊乱。盖帝常夜饮于外，至翌晨召见军机时，犹未归也。或醉中言语失次，杂以南城猥亵之事。帝既溺于酒色，故不久即得病，遂至夭折矣。1873年即同治十二年，外间皆窃窃私议，恐帝寿之不永。至次年十二月，帝得痘症，不能临朝，两宫太后代执国政。至月底，帝遂降谕曰：

> 朕于本月遇有天花之喜，仰蒙慈安端裕康庆皇太后、慈禧端佑康颐皇太后调护朕躬，无微不至。并荷慈怀曲体，俯允将内外各衙门章奏，代为披览裁定。朕心实深欣感，允宜崇上两宫皇太后徽号，以冀仰答鸿慈于万一，所有一切应行典礼，该衙门敬谨办理。

帝身体既亏，不能抵御病势，遂于西历1875年1月13号下午八钟即同治十三年十二月，龙驭上宾。两宫太后及王公大臣约二十余人在侧，当时有一侍御上奏，力参内务府二人，言其引诱圣躬，为邪僻之行，以致帝寿不永，请立罢其职。太后允之，仍起用桂庆，以褒其忠爱。但桂庆已灰心于仕途，不愿再出矣。

同治帝之早薨无嗣，推原其故，皆由慈禧贪权之所致。苟不然，则皇后既已怀孕，或能产生一皇子也。（按同治皇后有孕之说恐未必确）然帝如有嗣，则皇后将尊为太后，而慈禧必退处于无权之地。盖慈禧前此之所以能执政权者，以居太后地位之故。若皇后产有皇子，则慈禧不能仍执政权矣。当时皇族长支中，忌叶赫那拉之势力者甚多。及帝崩，遂倡议立道光长子之长孙溥伦嗣位，此说甚为有力。盖立溥伦，则可为同治帝之嗣子也。惟有一事，颇有妨碍者，则以溥伦之父，乃由别支承继者也。当时王公主立溥伦者，力言其合于继序之正。然慈禧已决定揽权之计，虽违犯众意，破坏家法而不顾。慈禧志意刚强，毫不疑虑，专图巩固其政权，凭己之才力威望，以免除一切之障碍。

当其时，慈禧与慈安不睦。因杀安得海之事，怀恨于心，亦恶恭王而不信任之。所与商者，唯醇王一人，即道光之第七子也。醇王亦有才能，其福晋即慈禧之妹。故慈禧决意立醇王之子以承大统也。醇王之子，年既幼稚，则己可以重执大权。且其母为己之妹，则他日帝虽年长，亦可使之恭顺以从己之意也。所以不愿立恭王之子者，一因恭王杀安得海之事，其恨永不能忘；一因恭王之子，年已十七，如立之，则不久即须亲政，而不便于己也。慈禧知立恭王之子，必须遵循祖宗家法，不能久不归政。若违之，必致群情不服，而平日之与己为敌者，尤可藉以倾害也。以此之故，遂决意不立恭王之子，以敏捷之手段，不动声色，立即压服反对之议。而主张立溥伦及立恭王之子两党，皆处于失败之地矣。一切布置，皆驱策太监为之。荣禄亦深有助力，又调李鸿章淮军入都。布置既毕，遂传集王公大臣于养心殿，议立新帝之事。

养心殿在皇城之西，偏离同治帝宾天之处，约一英里四分之一。两宫太后坐于上，与议者共二十五人。除王公之外，为军机大臣及其余各大员，其中有汉人五人，溥伦之父载淇及恭王皆在焉。宫中沿路排立太监皆满，布置严密，凡宫中紧要之处，皆驻以亲信之军队，其中多数为荣禄之旗兵及叶赫那拉氏之兵。慈禧又下令不使皇后预于会议之列，盖养心殿议立新帝之时，即皇后痛哭于同治帝侧之时也。此时帝已穿龙袍，预备入殓。养心殿内，两宫太后对面而坐，凡预议者，皆跪于下。

慈禧首发言曰："皇后虽已有孕，不知何日诞生。皇位不能久悬，宜即议立嗣君。"恭王抗言曰："皇后诞生之期已不久，应暂秘不发丧。如生皇子，自当嗣立；如所生为女，再议立新帝不迟也。"其余王公大臣，似亦以此议为然。慈禧曰："现在南方尚未平定，如知朝廷无主，其事极险，恐致动摇国本。"军机大臣及各大员中有三汉人，极以太后此言为然。谓南方乱事未定，如皇位久悬，其势实不稳固。此时慈安太后发言曰："据我之意，恭王之子可以承袭大统。"恭王在下闻之，叩头言不敢，又曰："依承袭之正序，应立溥伦为大行皇帝之嗣子。"溥伦之父载淇，亦叩头言不敢。慈禧谓载淇曰："这都不相干，只是你乃奕纬（道光长子）承继之子，你们可以说出从前有这个例子吗？"命恭王回答。恭王迟疑半晌，乃言明之英宗即是如此。慈禧于史事极熟，言曰："这个例子不好。英宗之立乃孙妃欺其主之所为。且英宗在位时，国家不宁，曾为蒙古军队所执。其后回国，国中已立其弟，经历八年，乃更夺之。"转谓慈安太后曰："据我之意，可以立奕𫍯之子载湉，宜即决定，不可耽延时候。"恭王闻之，怒谓其弟曰："立长一层，可以全然弃置不顾吗？"慈禧曰："可以投名法定之。"慈安太后无异言。其结果则醇王等投溥伦，有三人投恭王之子，其余皆如慈禧意，投醇王子，于是大位遂定。盖慈禧志意既坚，而众人皆向戴慈禧为中国之主者也，故多遵慈禧意，投醇王子。慈安太后则向主谦退，遂一听慈禧之所为。

此时已过九钟，狂风怒号，沙土飞扬，夜间极冷。但慈禧于此紧要时机，不肯片刻耽延，立即派兵一队，往西城醇王府，随以黄轿一乘，用八人抬之，迎接幼帝入宫。同时又派恭王留守大行皇帝遗体之侧，盖

醇亲王与福晋叶赫那拉氏（慈禧太后之妹）

羁于宫中，恐其另生事端也。宫廷内外，则任荣禄严密围守。此皆慈禧机警沉毅，具非常之手段，故能不动声色，压服反对之辈。盖反对者虽有不服之意，而其才则不如慈禧远矣。或谓慈禧之制胜，乃由于命运，其实不然。吾人观于慈禧之性质才能，不啻东方之拿破仑也。夜未及半，幼帝已正式即位于宫中，哭泣不已。若预知其入宫之为凶兆者，其母即慈禧之妹，亦同入宫。此外更有乳媪数人。登位之初，首至大行皇帝前行叩首礼，此乃历代之成例。时帝甫数龄，于是两宫太后重复监国，以两宫太后之名，同下一谕言：大行皇帝无子，不得已乃以醇王子载湉入嗣文宗，承袭大统。俟嗣皇帝后生皇子，即承继大行皇帝为子云云。其皇后遗腹之子，则绝然不提，于是皇后之希望全绝。而众人亦知其无能为矣。王公大臣等乃依前例，同上一奏，请两宫皇太后垂帘听政，而两宫太后下谕允之。谓皇帝幼冲，时势艰难，不得不听从臣下之请，出而垂帘，庶国事有所秉承云云。此等皆外面之形式，不得不然者也。

慈禧又降谕将修理西苑、颐和园之举，暂行停止。谓值此大丧之时，无心及此，实则此时太后固不能离开宫中也。慈禧所以能任一己之意，破坏祖宗家法，而立醇王子者，实由其平日之得人心，及其处置有法，令人倾服也。

新立之幼帝，身体孱弱。当时皆知其长大之后，后嗣必艰，亦曾有人以此劝谏于慈禧之前，而慈禧仍不为动，此固明明由慈禧专权喜功之一念以成之也。由此时以至于1908年即光绪三十四年，两宫相继宾天之前，外间时时谈论帝之登位预兆不佳，恐其寿不永，不能赛过太后。且或在归政之前，而慈禧必享高寿，或更经一次大事，而继续以执朝政。然此种预言，其后未验。盖慈禧固曾撤帘归政于帝，然当戊戌政变以后，若非惧南方之有变，恐帝命已不保，而又见幼帝登基之事矣。

帝之年号，所以取光绪二字者，意取帝乃道光皇帝嫡派之孙。且望咸丰、同治二朝之忧患，至此而尽除也。时又降谕，加徽号于大行皇帝之后。但此等虚荣，不能阻后殉节之志，遂于西历之3月27号自尽而薨。后之死固由于殉节，亦以心怀不平之故也。此事议论不一，甚有谓后之自尽，乃慈禧讽之者。然为慈禧辩论者，则谓当时帝位已定，大事已毕，何嫌何虑而出此。即当事机迫切之时，亦不至是，而况其后乎？然有皇后之殉节，而外间之感动愈深，议论亦滋繁。若无殉节之事，则必不如此，此一定之理也。后既殉节，于是言官及外省，颇有上奏，言立醇王子之不当者，此皆指斥慈禧，若慈安则外间皆知其向存谦谨，不问事也。此事一出，影响甚大，国人爱戴慈禧之情，亦因之而稍减。后四年，吴可读自尽于蓟州，即同治帝陵寝附近之地，力争不为大行皇帝立嗣之误。太后见此情形，亦深致不安。乃更降一谕，申明前旨，将来皇帝生有皇子，即承继大行皇帝之统云云。

醇亲王为帝生父，上奏请开去各项差使，盖在朝必须向皇帝叩头。而醇王为帝之父，又无叩头之理也。奏中言初闻己子被选，震慑失次，不知所为；归家之后，心犹颤栗，神经瞀乱，如痴如梦。兼之肝疾大作，焦灼无状，恐不久于人世云云。太后览之，批令廷臣集议。后议定允准开去各项差使，凡朝贺等典礼，皆不参预。但有要政，则应两宫太后之咨询。遇太后万寿，在便殿行礼，不随众朝贺。而其亲王之爵，则世袭罔替。向所管领之军队，交于**惇**王。同时醇王又受有训令，以己之经验，告与**惇**王。当时此等军队，积弊甚深，兵丁既皆系无赖之子，兵官亦毫无知识，虽有如无也。回忆同治初年，慈禧初次垂帘之时，此则为第二次之重执国柄矣。

第九章 吴可读之尸谏

同治皇后殉节后，皇位继嗣问题及慈禧破坏历朝家法之举，遂为朝野议论之冲。其首先上奏者，乃一满人，言朝廷于继承大事，须明白规定，以示天下，大行皇帝不可无后云云。今录其奏如下：

内阁侍读学士广安奏，窃维立继之大权，操之君上，非臣下所得妄预。若事已完善，而理当稍为变通者，又非臣下所可缄默也。大行皇帝冲龄御极，蒙两宫皇太后垂帘励治，十有三载，天下底定，海内臣民，方将享太平之福。讵意大行皇帝皇嗣未举，一旦龙驭上宾，凡食毛践土者，莫不吁天呼地。幸赖两宫皇太后坤维正位，择继咸宜，以我皇上承继文宗显皇帝为子，并钦奉懿旨，俟嗣皇帝生有皇子，即承继大行皇帝为嗣。仰见两宫皇太后宸衷经营，承家原为承国，圣算悠远，立子即是立孙，不惟大行皇帝得有皇子，即大行皇帝统绪，亦得相承勿替，计之万全，无过于此。惟是奴才尝读宋史，不能无感焉。宋太祖遵杜太后之命，传弟而不传子，厥后太宗偶因赵普一言，传子竟未传侄，是废母后成命，遂起无穷驳斥，使当日后以诏命铸成铁券，如九鼎泰山，万无转移之理，赵普安得一言间之。然则立继大计，成于一时，尤贵定于百代，况我朝仁让开基，家风未远，圣圣相承，夫复何虑？我皇上将来生有皇子，自必承继大行皇帝为嗣，接承统绪。第恐事久年湮，或有以普言引用，岂不负两宫皇太后诒厥孙谋之至意？奴才受恩深重,不敢不言,请饬下王公、大学士、六部九卿会议,颁立铁券,用作奕世良谟。

奉两宫懿旨:

前降旨俟嗣皇帝生有皇子,即承继大行皇帝为嗣,业经明白宣示,中外咸知。兹据内阁侍读学士广安奏请饬廷臣会议,颁立铁券等语,冒昧渎陈,殊堪诧异,广安著传旨申饬。

自此之后,内外大员上奏言此事者甚众。不独言及承嗣问题,并于祭祀之礼,大有争论。然虽一时议论汹汹,转瞬即已消灭,大局已定,皆服从而无异言矣。盖中国无论何事,从无臣下结成团体以抗其上者。各自行动而不相谋,乃中国官场之惯习,必不能同心协力以图补救也。然亦有一人焉,忠勇性成坚定不渝,于举国销声之际,而忽有惊人之

同治皇帝的惠陵

举，复激动国人之感情，以无忘此重大之事。而其文辞之妙，亦无以加。彼其人为何，即吴可读侍御是也。

东方之国，如中国、日本，其人民之性质，凡有心怀不平、愤激忧伤而不能自白者，恒以一死明其志，为社会之所敬仰，历史之所表章，虽专制之君主，亦不能不重视之。恒有以此而得挽回者，其功不可没也。盖其死也，实根于忠勇之天性，从容就义，视死如归，非匹夫血气之勇，而士君子道义之勇也。其光明之怀、信道之笃，实令人叹仰不置。中国民族最爱和平，而关于君父之义，则蹈死不惧，凡此美德，皆孔教之所养成者也。吾人观于此等成仁就义、扶持名教之君子，尤不得不忆及古代罗马绅士之美风矣。吴可读之为人，正真勇毅，为中国士大夫之坊表，其遗折中述殉节之故言："自大行皇帝宾天之后，于兹四年。当望国中士大夫于承继大事有所论列，两宫太后鉴群下之情，明降上谕，定将来大统所归，以慰大行皇帝在天之灵。既久候而不得，心中失望，故于大行皇帝奉安之后，自尽于陵寝之旁，以托于古尸谏之义，期感动两宫太后"云云。

自吴之死，而慈禧选立之误尤为章明，其遗奏大有效力。太后知众意所向，立即允其所请，复降一谕，申明将来为大行皇帝立嗣承继统绪之意。盖太后之心亦不能无所感动也。且其后尤时时思念之，以庚子年蒙尘之时为最。太后思吴之言，深悔前此之误，以致有此大变也。虽吾侪外人，于此非常之奇节，亦深为敬仰，而不得不将其殉节之情形，详细考查而称述之。盖观其从容就义之情，实孔教精神之所在也。吴可读殉节之地，在一小庙中，其地名马伸桥，近同治帝之陵寝。观其遗嘱所书，死后之事，纤细无遗，亦有不忍于家人、朋友之心，可以知其殉节时之坚定从容矣。以下所录乃吴书与庙中住持者，书云：

周老道知之，尔万勿惶恐。我并非害尔者，只不能不借尔清净之地，以归我清白之身。尔可即速一面报知州主（尔可先报此地武官老爷，望武官老爷马上报知州主，所有信函并折匣均交武官老爷转呈），一面以银数两市一薄材，用沥青刷里。我衣冠俱已齐备，只将靴底皮掌割去，速即装殓入棺（临时自将右手四指误触刀刃，所以有血。棺木地方可与石掌柜商量，用二十余金亦可）。州大老爷想亦无可相验，我并非因冤仇而死。俟其看视后，即行封钉，缝子多用漆漆几层，即候朝廷查办。后可用数两买一不系山陵禁地一块，速速入土。此节我嘱托贤牧伯，成全我一生忠爱之心。且天下黄土，何处不可葬身，而必归乡里乎？

我匣内有京秤纹银四十五两零（我带来钢表并衣物，宅中自有记载），除费用外可余二十余金一并赠尔，为受惊薄仪。我儿子若来，我已令他再厚给尔也（我死于此，我儿子未能视含视殓，尔一切代他办理，他岂有到来不感激尔的道理。我身须好好防闲，勿令毁伤为荷）。想此事，州主亦断不令书差或有难为你之处，慎勿惧。此白（尔万不可动我信并要紧折匣，明日一早即将我身解下，停在外间阴凉处，不可见日）。

第二书云：

再告周老道知，我因住屋与尔师徒逼迫，恐其惊醒尔等解救，则我事败矣，故用自己由京带来洋药服之，则缳首之时尔等救亦无济，总之与尔无干。尔却不可似这几日，诸事把持，即尔徒尔亦不令承办我事（若仍把持，独自出主意，是尔自招其害，切切）。尔须好好尽心，速速报官，再明请本街老成、庙中首事人替尔指示一切。无多嘱，尔须速速报官，请帮手为要。

第三书云：

告周老道知，尔万万不可放闲人进房中来看，又不可令小儿们并妇女稍近我旁。此乃自尽其分，并非奇事，有何可看处，识者方悯之不暇也。至嘱至嘱。

又有与其子书，述其殉节之志，中多孔教之精理，盖自视其死为尽一身之本分者，与家人诀别之语。至情尤足感人，今录于下：

吾儿之桓知之，尔闻信切不可惊惶过戚，致阖家大小受惊。尔母已老，尔妇又少，三孙更幼小可怜，尔须缓缓告知。言我已死得其所，不必以轻生为忧。我家谱自前明始迁祖以来，三百载椒房之亲，二百年耕读之家，十八代忠厚之泽，七十岁清白之身。我少好游荡，作狎邪游，然从无疑我大节之有亏者，故同乡及两书院及门诸子，至今犹愿吾主讲席。我以先皇帝奉安有期，故昨年左爵相聘书两来不就者[1]，原以待今日也。

我自二十四岁乡荐以后，即束身自爱；及入官后，更不敢妄为。每览史书内忠孝节义，辄不禁感叹羡慕。对友朋言时事，合以古人情形，时或歌哭欲起舞，不能已已。故于先皇宾天时，即拟就一折，欲由都察院呈进，彼时已以此身置之度外。嗣因一契友见之，劝其不必以被罪之臣，又复冒昧，且折中援引近时情事，未尽确实，故留以有待。今不及待矣，甘心以死。自践前日心中所言，以全毕生忠爱之忱，并非因数年来被人诬谤而然。

尔见此信后，不过来蓟州东至三十里之马伸桥三义庙内，周老道即知我死葬处所。我已托周老道买一棺木，里用沥青，我衣冠已

---

[1] 左爵相，指军机大臣左宗棠。

齐全，嘱其将靴底皮掌割去。即于彼处买一块地，埋我于惠陵左近，岂不远胜于家中茔地？况尔祖父、祖母，已有尔二叔埋于墓下，不必需我归于先茔也。此坟地自葬尔祖后，尔二叔以家务不能承担，于咸丰九年自裁于京师宅中。今我又因国家大事而亡，人必以为此地不祥，我岂信此等俗说者。尔必以为不可不扶柩而旋，只将我出京时所照小像到家中画全，以此作古来衣冠之葬亦可，何必定移柩数千里外，所费不少。

尔见信后，如朝廷以我为妄言加以重罪，断无圣明之世，罪及我妻孥之理。尔可速即向通家或有可通挪之处，即行拼凑出京，沿途只好托钵而回，万万不可逗留都中，又为尔父惹风波也。我最恨尔多言口快，自今以来只可痛改痛忍。人对尔言尔父忠，尔并不可言不忠；人对尔言尔父直，尔并不可言不直；《马援诫侄》、《王昶诫子》二书，不可不熟读。

尔母幼时为武世家小姐，为尔外祖父母所最怜。自到我家，替我孝养尔祖父母，贤名久播于我里，不过随我未曾受用荣富。今已年老，又只有尔一人，尔姊已殁，尔妹又不在面前，尔必好好奉侍回家。尔姊夫、妹夫处，替我问好。再祖遗薄田数亩，全赖尔二叔、三叔把守，尔父无力焉。不惟无力，而且有破费处，尔能体我心，将此全让于尔两弟。我亦知尔必不能学古人，即如我乡曹熙堂太守分家，傥可难得。家有大小，处置则一也。尤望尔三弟兄永远同居，更佳更佳。尔妇亦系旧家女，颇知大理，告知尔妇，家中弟兄全在妇女调和。我记得吾乡铁绍裘观察遗我善书，内有一妇人以死猪假作死尸，辗转感动其夫，仍与其弟和美者，此妇乃大英雄手段，岂敢望于尔妇。只时时化导尔妇，明于家务，人必能见听也。三小孙要紧，不及复见矣。书至此，泪下搁笔逾时矣。

我所带四十余两，除蓟州贤牧伯令周老道置办我棺木葬地外，所余我已尽数送与周老道。尔到蓟州时，先谒见州主贤伯，我已函托矣。尔到三义庙，可再从优给与压惊钱。归京后，俟我此事已定，朝廷查办后，总以速速出京为要。东和处我欠京钱四百千，数十年交好，不可累他，彼生意可以还清，以全始终。尔初当大事，必然手忙脚乱，要知我之一死，固不敢逼朝廷作何处置，然自问此心可以不愧。君子论是非可否，不计祸福利害，尔又何必过为忧虑乎！张香涛先生幼樵并安圃前均致候[1]，想如前时聚谈时不可得矣，可胜感叹。到家即去见湘阴爵相[2]，爵相虽待我不终，然亦离间诬谤使然，无怪其然。而知己之感，耿耿在心，尔可为我请爵相安，必不令尔无啖饭处所也。吾乡亲友并素所拖累者，不及一一作礼。老娘娘并徐姑娘，可极力周全为是。尔岳父前致意，伊女为我生三孙，乃我家大功臣，至于为人则在自立，不可靠人。丈人在则可，丈人殁则不可。尔妹夫处我在则可靠，我死则不可专靠，尔姊夫处亦然。速速起程出京！速速起程回家！速速速速速速！尚有许多未尽事宜，不能细记，缘时有限，不及也。

第二书云：

之恒再知，周老道我甚不放心，然亦小人图利，尔不可难为他，我已托州主贤牧伯矣。此等小人，只当念其好，忘其不好处。我一生最恶牵扯他人，今不能不借他庙内，以为安厝我之地方。棺木只用十余两，葬地不过一席，亦只数金，我罪臣不可厚也。至我之所以迟迟到今日者，以国家正有大事，岂可以小臣扰乱宸听。况时值圣朝，我两宫皇太后并我皇上，宵旰勤劳，数年所降谕旨，无

---

[1] 张香涛，指张之洞。
[2] 湘阴爵相，指左宗棠。

不人人称快。我每读之，至于泣下，恨我已衰，不能出力。叠山先，文山后；睢阳早，许远迟。尔父岂敢仰比古人？且当圣明之世，遇圣明之主，岂能与唐中衰、宋末乱比，况又非唐明宋理之君，然其处死则一也。世乱识忠臣，非佳语亦非吉兆也。慎勿惊为奇事，我不遽引决者，正为俟朝廷大事竣耳。尔可遵我前函谕，作速奉尔母并眷口回家，好好教三孙读书，以备将来选用，不必定扶柩而回也。不能尽言，谕尔大小两函，不妨呈贤牧伯刘公阅看，亦不妨人人见之。惟两奏草底，尔亦不可拆看，我已封固，夹在卷夹内，请刘公交尔。父柳堂亲笔遗嘱。

其奏章则精诚之意溢于言表，实为极有关系之大文。全录于下：

奏为以一死泣请懿旨，预定大统之归，以毕今生忠爱事。窃罪臣闻治国不讳乱，安国不忘危。危乱而可讳可忘，则进苦口于尧舜，为无疾之呻吟，陈隐患于圣明，为不祥之举动。罪臣前因言事愤激，自甘或斩或囚，经王大臣会议奏请传臣质讯，乃蒙先皇帝曲赐矜全，既免臣于以斩而死，复免臣于以囚而死，又复免臣于以传讯而触忌触怒而死。犯三死而未死，不求生而再生，则今日罪臣未尽之余年，皆我先皇帝数年前所赐也。乃天崩地坼，忽遭十三年十二月初五日之变，即日钦奉两宫皇太后懿旨："大行皇帝龙驭上宾，未有储贰，不得已以醇亲王之子承继文宗显皇帝为子，入承大统，为嗣皇帝，俟嗣皇帝生有皇子，即承继大行皇帝为嗣，特谕。"罪臣涕泣跪诵，反复思维，以为两宫皇太后一误再误，为文宗显皇帝立子，不为我大行皇帝立嗣。既不为我大行皇帝立嗣，则今日嗣皇帝所承大统，乃奉我两宫皇太后之命，受之于文宗显皇帝，非受之于我大行皇帝也。而将来大统之承，亦未奉有明文，必归之承继之子，即谓懿旨内既有承继为嗣一语，则大统之仍归继子，自不待言。

罪臣窃以为未然，自古拥立推戴之际，为臣子所难言。我朝二百余年，祖宗家法，子以传子，骨肉之间，万世应无闲然。况醇亲王公忠体国，中外翕然，称为贤王。观王当时一奏，令人忠义奋发之气，勃然而生。言为心声，岂容伪为，臣读之，至于歌哭不能已已。倘王闻臣有此奏，未必不怒臣之妄，而怜臣之愚，必不以臣言为开离间之端。而我皇上仁孝性成，承我两宫皇太后授以宝位，将来千秋万岁时，均能以我两宫皇太后今日之心为心。而在廷之忠佞不齐，即众论之异同不一。以宋初宰相赵普之贤，犹有首背杜太后之事。以前明大学士王直之为国家旧人，犹以黄𤧚请立景帝太子一疏，出于蛮夷而不出于我辈为愧。贤者如此，遑问不肖，旧人如此，奚责新进；名位已定者如此，况在未定。不得已于一误再误中，而求一归于不误之策。惟仰祈我两宫皇太后再行明白降一谕旨，将来大统仍归承继大行皇帝嗣子。嗣皇帝虽百斯男，中外及左右臣王均不能以异言进，正名定分，预绝纷纭，如此则犹是本朝子以传子之家法。而我大行皇帝未有子而有子，即我两宫皇太后未有孙而有孙，异日绳绳揖揖，相引于万代者，皆我两宫皇太后所自出，而不可移异者也。罪臣所谓一误再误，而终归于不误者此也。

彼时罪臣即以此意拟成一折，呈由都察院转递。继思罪臣业经降调，不得越职言事。且此何等事，此何等言？出之大臣、重臣、亲臣，则为深谋远虑；出之小臣、疏臣、远臣，则为轻议妄言。又思在廷诸臣忠直最著者，未必即以此事为可缓，言亦无益而置之，故罪臣且留以有待。洎罪臣以查办废员内，蒙恩圈出引见，奉旨以主事特用，仍复选授吏部，迩来又已五六年矣。此五六年中，环顾在廷诸臣，仍未有念及于此者。今逢我大行皇帝永远奉安山陵，恐遂渐久渐忘，则罪臣昔日所留以有待者，今则迫不及待矣。仰鼎湖之仙驾，瞻恋九重；望弓剑于桥山，魂依尺帛。谨以我先皇帝所赐余年，为我先皇帝上乞懿旨数行。于我两宫皇太后之前，惟是临命之身，神志瞀乱，折中词意，未克详明，引用率多遗忘，不及前此未上折一二，缮写又不能庄正。罪臣本无古人学问，岂能似古人从容。昔有赴死，而行不复成步者，人曰："子惧乎？"曰："惧。"曰："既惧何不归？"曰："惧吾私也，死吾公也"。罪臣今日亦犹是。鸟之将死，其鸣也哀；人之将死，其言也善。罪臣岂敢比曾参之贤，即死其言亦未必善。惟望我两宫皇太后、我皇上怜其哀鸣，勿以为无疾之呻吟，不祥之举动，则罪臣虽死无憾。宋臣有言：凡事言于未然，诚为太过；及其已然，则又无所及，言之何益？可使朝廷受未然之言，不可使臣等有无及之悔。今罪臣诚愿异日臣言之不验，使天下后世笑臣愚；不愿异日臣言之或验，使天下后世谓臣明。等杜牧之罪言，虽逾职分；效史䲡之尸谏，只尽愚忠。臣尤顾我两宫皇太后、我皇上体圣祖世宗之心，调剂宽猛，养忠厚和平之福，任用老成。毋争外国之所独争，为中华留不尽；毋创祖宗之所未创，为子孙留有余。罪臣言毕于斯，愿毕于斯，命毕于斯。

再罪臣曾任御史，故敢冒死具折，又以今职不能专达，恳由臣部堂官代为上进。罪臣前以臣衙门所派随同行礼司员内，未经派及罪臣，是以罪臣再四面求臣部堂官大学士宝鋆，始添派而来。罪臣之死，为宝鋆所不及料，想宝鋆并无不应派而误派之咎。时当盛世，岂容有疑于古来殉葬不情之事，特以我先皇帝龙驭永归天上，普天同泣，故不禁哀痛迫切，谨以大统所系，贪陈缕缕，自称罪臣以闻，谨具奏。

折上,奉旨命廷臣会议,于是宝鋆、张之洞等皆有奏。奉懿旨:

前于同治十三年十二月初五日降旨,俟嗣皇帝生有皇子,即承继大行皇帝为嗣。原以将来继绪有人,可慰天下臣民之望,第我朝圣圣相承,皆未明定储位,彝训昭垂,允宜万世遵守。是以前降谕旨,未将继统一节宣示,具有深意。吴可读所请颁定大统之归,实与本朝家法不合。皇帝受穆宗毅皇帝付托之重,将来诞生皇子,自能慎选元良,缵承统绪,其继大统者,为穆宗毅皇帝嗣子,守祖宗之成宪,示天下以无私,皇帝亦必能善体此意也。

第十章 慈安太后之崩及恭王之罢黜

大丧之期已过，其金棺已择吉奉安毕，而大行皇帝将来承嗣之事，亦以吴可读之一奏而明白宣布矣。于是大局平静，两宫太后仍照前次之例同垂帘听政，但不久光绪帝渐次长成，颇与慈安太后相亲，当时宫中人人同此传说。盖慈安性情和悦，不似慈禧之严厉，故得幼帝之亲爱。帝年尚幼，任其天真而动，常往东宫，与慈禧较疏。慈禧深滋不悦，以为幼帝之心向于东宫，殊不能忍，且有人进谗言东宫阴令帝反对慈禧，以此之故两宫意见愈深矣。

慈禧既怒帝之亲近东宫，又忌慈安能得幼帝之心，于是幼帝之一举一动，皆为慈禧所注意。慈禧知东宫为人，本不足畏，非己之敌，但若与帝联络，或使帝与己反对，则将来己之地位颇险也。其后帝年渐长，而慈禧防范之心亦愈切。前此乾隆帝有一妃，以奢侈游戏之故，且失欢于母后，遂受贬以死，慈禧恐己将来亦得此结果，不能不为预防之计。

其后又有一事，两宫大起争端，1880年即光绪六年，往东陵致祭，时帝年仅九岁。慈安得恭王先入之言，欲于祭祀时居慈禧之首，在咸丰帝陵寝争论极剧。慈安谓慈禧在咸丰帝时为一妃嫔，其升为太后，乃在咸丰帝宾天之后。既为妃嫔，则祭祀时依礼应居旁稍下，而己左次尊贵之位，则应虚之，以处已死之中宫。盖中宫虽先帝而薨，其名位则为帝之正后也。慈禧知此事为恭王等所煽动，坚不肯让。其后仍照慈禧之意而行也。慈禧以在祖宗陵寝之地，当众人之前致起争论，颇觉不雅，且亵渎不敬，此事显有预谋，遂愈不悦于东宫矣（祭祀皇陵时每有争执之

第十章 慈安太后之崩及恭亲王之罢黜

慈安太后便服像

事，此亦深可注意者，盖在宫中郁积之久，遂乘此一泄。1909年即宣统元年，慈禧奉安时，同治、光绪之妃嫔与隆裕太后亦为行礼之事大起争论，甚至不肯回宫，欲永居于陵寝。其后特派王公卑词劝请乃回京也）。

当此之时，荣禄为步军统领，有护卫乘舆之责，回京之后遂以事触慈禧之怒。荣禄者，本慈禧最宠任之人，而此次亦不能加以宽恕。自咸丰帝崩于热河，破载垣等阴谋之役，以及同治帝宾天后非常重要之时，慈禧行事皆深资荣禄之臂助，故极其宠任，以总管内务之故得以随时出入宫庭。1880年即光绪六年，荣禄与同治帝一妃忽犯嫌疑，以此事言于慈禧者，为光绪帝之师傅翁同龢。当时宫中竞传，慈禧亲自于此妃房中查出，此为极大之罪，遂褫荣禄之职，其后七年皆投闲散。慈禧志意刚强,虽极宠任之人,既犯法亦不肯宽之也。但不久即生悔心,以失此忠诚得力之仆,继之者无一人能及之。荣禄有胆有识,极忠于慈禧,慈禧深倚重之。今一旦失去,虽感不便,然其所犯之罪太大,不欲骤然起用,以失体于朝臣。且对于荣禄,亦不肯降气以轻恕之,而自变其初心也。因此事慈禧亦颇疑及东宫,有意用此计以陷害荣禄。

至1881年之3月即光绪七年,以总管太监李莲英之骄横,而两宫太后复起争端。慈安谓李莲英为慈禧所宠任,其目中只有慈禧,而不知有己,藐视太甚,致其余之太监,亦尤而效之。又言李莲英权势太大,人皆称之曰"九千岁",争论极剧,竟无调停之余地。人言慈禧含怒于心,不能再忍,而慈安之死机伏于此矣。颇有谣传慈安之薨为中毒者,中国宫庭之间,每易发生此等骇怪之辞,虽属不经,亦不能谓其必无也。不幸而凡为慈禧之所猜忌,或阻碍其权势者,寿皆不永,亦不能不生人之疑,难以尽诿为凑巧之事,否则吾人亦决不信此等不经之谈矣。初未闻慈安之病,忽然而薨,亦甚奇异。据当时之上谕,慈安系于三月三日宾天,照例有一遗诏。其文如下:

> 予以薄德,祇承文宗显皇帝册命,备位宫闱。迨穆宗毅皇帝寅绍丕基,孝思肫笃,承欢奉养,必敬必诚。今皇帝入缵大统,视膳问安,秉性诚孝,且自御极以来,典学维勤,克懋敬德,予心弥深欣慰。虽当时事多难,旰宵勤政,然幸体气素深强健,或冀克享遐龄,得资颐养。本月初九,偶染微疴,皇帝侍药问安,祈予速痊。不意初十日病势陡重,延至戌时,神思渐散,遂至弥留。予年四十有五,母仪尊养,垂二十年,屡逢庆典,迭晋徽称,夫复何憾?第念皇帝遭兹大故,自极哀伤,惟人主一身,关系天下,务当勉节哀思,一以国事为重,以仰慰慈禧端佑康颐昭豫庄诚皇太后教育之心。中外文武,恪恭厥职,共襄郅治,予灵爽实与嘉之。其丧服酌

遵旧典，皇帝持服二十七日而除，大祀固不可疏，群祀亦不可辍。再予向以俭约朴素为宫壸先，一切事关典礼，固不容矫从抑损，至于饰终仪物，有可稍从俭约者，务恤物力，即所以副予之素愿也。故兹诏谕，其各遵行。

大丧之期，仍循往例减二十七月为二十七日。遗诏之中唯有一节，似可为慈禧无预于此谕者，盖谕中言己向持节俭，于一切虚荣视之极淡，身后办理丧事亦不许繁费，以符崇俭之意云云。此与慈禧之好大喜奢者，明相反矣。慈安秉性谦谨，生前虽与慈禧不睦，其势力极为薄弱。今则已死矣，慈禧可以唯己独尊，以专执国政矣。然尚有一人足为微梗者，则恭王是也。盖此时恭王犹在军机，慈安既薨，而恭王亦遂不能安于其位。自安得海正法以来，慈禧深有恨于恭王，忌其权势之重，遂削其议政王之名号，前已述之。但一时尚不能使出军机者，则以恭王谙练老成，长于外交，不能不资其臂助，故含忍以用之。至1884年，慈禧自觉可以独断，无需扶助，而适有中法之战，遂用其机会罢除恭王及军机中之向党于恭王者。上谕则以马江败绩一事为其罪，但太后之真意，则以恭王心怀抵抗之故也。当时有言官数人上奏，讥太后之失德及滥费，太后疑恭王使之，故愈怒。其罢免恭王之谕，立言至妙，且极有关系，今录于下：

钦奉慈禧端佑康颐昭豫庄诚皇太后懿旨：现值国家元气未充，时难犹巨，政虞丛脞，民未敉安，内外事务，必须得人而理，而军机处实为内外用人行政之枢纽。恭亲王奕䜣等，始尚小心匡弼，继则委蛇保荣。近年爵禄日崇，因循日甚，每于朝廷振作求治之意，谬执成见，不肯实力奉行，屡经言者论列，或目为壅蔽，或劾其委靡，或谓簠簋不饬，或谓昧于知人。本朝家法綦严，若谓其如前代之窃权乱政，不惟居心所不敢，亦实法律所不容。只以上数端，贻误已非浅鲜，若不改图，专务姑息，何以仰副列圣之伟烈贻谋？将来皇帝亲政，又安能臻诸上理？若竟照弹章一一宣示，即不能复议亲贵，亦不能曲全耆旧，是岂朝廷宽大之政所忍为哉？言念及此，良用恻然。恭亲王奕䜣、大学士宝鋆，入直最久，责备宜严。姑念一系多病，一系年老，兹特录其前劳，全其末路。奕䜣著加恩仍留世袭罔替亲王，赏食亲王全俸，开去一切差使，并撤去恩加双俸，家居养疾。宝鋆著原品休致。协办大学士、吏部尚书李鸿藻内廷当差有年，只为囿于才识，遂致办事竭蹶。兵部尚书景廉只能循分供职，经济非其所长，均著开去一切差使，降二级调用。工部尚书翁同龢甫直枢廷，适当多事，惟既别无建白，亦有应得之咎，著加恩革职留任，退出军机处，仍在毓庆宫行走，以示区别。朝廷于该王大臣之居心办事，默察已久，知其决难振作，诚恐贻误愈深，则获咎愈重，是以曲示矜全，从轻予遣。初不因寻常一眚之微，小臣一疏之劾，遽将亲藩大臣投闲降级也。嗣后内外臣工，务当痛戒因循，各摅忠悃，建言者秉公献替，务期远大，朝廷但察其心，不责其迹。苟于国事有补，无不虚衷嘉纳，倘有门户之弊，标榜之风，假公济私，倾轧攻讦，甚至品行卑鄙，为人驱使，就中受贿渔利，必当立抉其隐，按法惩治不贷。将此通谕知之。

于是恭王遂退出政界，处于闲散之地矣。直至1894年即光绪二十年，中国与日本战败，活泼聪睿之太后乃更起用恭王，以得其辅助，但终不能如同治初年之倚信耳。恭王自再起以至1898年即光绪二十四年薨于位，其为重于国家者甚大，而尤以其对于外国之信用为最。慈禧虽不喜恭王，而表面仍不能不尊重之也。

恭王既薨，以礼亲王继其职。礼亲王者，居八亲王之首，而太祖皇帝幼子之后嗣也。与礼亲王同入军机者，为张之万即张之洞之兄，及孙毓汶等（孙在高位多年，直至1894年即光绪二十年十二月，皇帝以翁同龢之言革其职，当时太后不预政事，惟居颐和园看戏为乐，故孙之地位极险）。孙毓汶与帝师翁同龢仇隙甚深，太后仍用其向来之策，使军机各不相合，而己因得操纵其间。

太后又下谕："军机处遇有紧要事件，著会同醇亲王奕𫍽商办，俟皇帝亲政后。再降懿旨"。此谕不独破坏成法，使帝父为行政上实在之首领，且与光绪元年为同治帝立嗣之举，恐致动摇。帝或尊其父以皇帝之号，而同治之统，全然断绝矣。且此举必伏日后无穷之祸，种种逢迎挑构，逆谋诡计，从此发生，或将如英国史上约克支与兰色斯特支之故事也[1]。

此旨一下后，盛昱上奏，请太后收回成命，言极迫切。中有言曰：军机处为政务总汇之区，不徒任劳，抑且任怨。醇亲王怡志林泉，迭更岁月，骤应烦巨，或非摄养所宜。况乎综繁赜之交，则悔尤易集，操进退之权，则怨讟易生，在醇亲王公忠体国，何恤人言。而仰度慈怀，当又不忍使之蒙议，伏读仁宗睿皇帝圣训，嘉庆四年十月二十二日，奉上谕："本朝自设立军机处以来，向无诸王在军机处行走者，正月初间因军机处事务较繁，是以暂令成亲王永瑆入直办事，但究与国家定制未符。成亲王永瑆著不必在军机处行走，等因，钦此。"诚以亲王爵秩较崇有功而赏，赏无可加，有过而罚，罚所不忍，优以恩礼，而不授以事权。圣谟深远，万世永遵。恭亲王参赞密勿，本属权宜，况醇亲王又非恭亲王之比乎云云。

锡钧亦上奏有曰："所虑者，军机处为用人行政之枢纽，权势所在，亦怨讟所丛。醇亲王既预其事，则凡紧要事件枢臣会商，即非紧要事件枢臣亦须商办。若令醇亲王时入内廷，圣心固有未安；若令枢臣就

---

[1] 指15世纪英格兰约克家族和兰开夏家族为争夺王权发生的内战。

醇亲王朝服照

邸会商,国体亦有未协。伏恳收回成命,仍照前遇有紧要事件,皇太后随时召见醇亲王商办,再交枢臣酌定"云云。

赵尔巽奏语有曰:"今令枢臣会同醇亲王商办紧要事件,固不能群诣王府取决机宜。若径入军机处,则与诸臣何别?另设直庐,又非慎密之道。恳请收回成命,遇有紧要事件,皇太后总揽宏纲,虚衷咨访,以收实效。醇亲王仍可于召对时随事纳忠,正不必枢臣商办之名始为有益"云云。

太后阅奏降谕如下:

钦奉慈禧端佑康颐昭豫庄诚皇太后懿旨:本日据左庶子盛昱、右庶子锡钧、御史赵尔巽等奏,醇亲王不宜参预军机事务各一折。并据盛昱奏称:嘉庆四年十月仁宗睿皇帝圣训,本朝自设立军机处以来，向无诸王在军机处行走等因，钦此。圣谟深远，允宜永遵。惟自垂帘以来，揆度时势，不能不用亲藩进参机务，此不得已之深衷，当为在廷诸臣所共谅。本月十四日，醇亲王奕谭与诸军机会商事件，本为军机处现办紧要事件而言，并非寻常诸事，概令与闻，亦断不能另派差使。醇亲王奕谭再四坚辞，碰头恳恩，当经曲加勉励，并谕俟皇帝亲政后再降懿旨，始暂时奉命。此中委折，尔诸臣岂能尽知耶？至军机处政事，委任枢臣，不准推诿，希图卸肩，以专责成。经此次剀切晓谕，在廷诸臣，自当仰体上意，毋得多渎。盛昱等所奏，应毋庸议。

观于此谕，使吾人不能不忆及英后衣利色白批其臣下禀帖之言[1]。天下事竟有如此巧合者，殊可奇异也。

---

1 衣利色白（Elizabeth），今译伊丽莎白。

第十一章　慈禧归政

光绪十三年，帝年十七岁，已及执政之年。定例如此，不能改易。凡太后所用之人，皆有不安之意，恐帝亲政之后，不能保其权位也。以是之故，太后下谕归政，而上奏请延长垂帘之期者甚众。直至1889年2月即光绪十五年，皇帝大婚之后（娶太后弟桂公之女为后），乃撤帘荐焉。

太后此时年已五十有五，三十年来执中国之政权，为实际之皇帝。一旦退闲，自非所愿，然以时势艰难，交涉棘手，握大权者，劳苦已甚，亦思息肩以乐余年，遂修理颐和园为归政后退居之地，将一变其一日万几之身，以娱萧闲之日月矣。且光绪帝已过亲政之年，自不能久不撤帘，以来天下之讥议也。有人谓太后此时，表面上虽不预闻国政，实则未尝一日离去大权，身虽在颐和园，而精神实贯注于紫禁城也。此说或亦有几分可信，然大概言之，慈禧退居颐和园，约有十年。此十年之中，除增加其私蓄之外，未曾干预国政也。但亦非全不闻问，当其优游于颐和园之中，仍时时监察皇帝之所为，保护其任用之人。而向之由李莲英起身者，仍得保存其地位。

太后以己之侄女，选为皇后，亦具有深意。前此为同治帝选择有德有勇之阿鲁特皇后，其后常与太后反对，至其死而后已。太后惩于前事，故此次为光绪帝选后，其意重在为己心腹，以监察皇帝之行为，而报告之。皇后实能如太后之旨，观其外似若淡泊无所为，实则具有叶赫那拉遗传性之一端也。帝与后常不睦，此为著明之事，凡有

光绪皇后朝服像

争执,后每得胜,故皇帝宠爱珍妃、瑾妃。皇帝亲政之时,叶赫那拉族中之有势力者,提议当乘机以巩固其族之权位,因请尊醇王以更为崇高之名,即不啻请尊以皇帝之号也。然太后不准其请,实欲顾全醇王。以此事观之,可知中国政界之暗潮矣。

又有河督吴大澂上奏,先言醇王管理海军之功绩,称美其忠诚谦下之德。继言王为帝父,应尊崇之,用副国家以孝治天下之意,引孟子"圣人人伦之至"之言。又历引史事,谓宋之濮议[1],王珪、司马光等与欧阳修所议不合,高宗御批,以欧阳修之说为是;又明之世宗,欲追

---

[1] 宋仁宗生前无子嗣,死后以濮王赵允让之子赵曙入承大统,是为英宗。英宗即位后,宰相韩琦等提议讨论其生父名分问题,由此引发了一场朝中党派的论战,这就是北宋历史上有名的"濮议"。

尊兴献王以皇帝之号，群臣争执，御批斥之，谓宜加以徽称。清高宗之言，后代奉为神圣，故上奏者引之，以自重其说。其结尾言："本年二月初三日，恭逢皇太后归政之期，拟请懿旨饬下廷臣会议醇亲王称号礼节，详细奏明，出自皇太后特旨，宣示天下，以遂我皇上孝敬之怀，以塞薄海臣民之望"云云。此奏乃有所授意者，无疑也。因有此奏，太后遂可藉以宣布其意，又可赐醇王以荣典，于是降谕于下：

> 钦奉慈禧端佑康颐昭豫庄诚皇太后懿旨：本日据吴大澂奏请饬议尊崇醇亲王典礼一折。皇帝入嗣文宗显皇帝，寅承大统。醇亲王奕谦卑谨慎，翼翼小心，十余年来，深宫派办事宜，靡不殚竭心力，恪恭尽职。每遇优加异数，皆再四涕泣恳辞，前赏杏黄轿，至今不敢乘坐。其秉心忠赤，严畏殊常，非徒深宫知之最深，实天下臣民所共谅。自光绪元年正月初八日，醇亲王即有豫杜妄论一奏，内称历代继统之君，推崇本生父母者，以宋孝宗不改子偁秀王之封为至当。虑皇帝亲政后，佥壬幸进，援引治平[1]、嘉靖之说，肆其奸邪，豫具封章，请俟亲政时，宣示天下，俾千秋万载，勿再更张。其披沥之诚，自古纯臣居心，何以过此！此深宫不能不嘉许感叹，勉从所请者也。兹当归政伊始，吴大澂果有此奏，若不将醇亲王原奏及时宣示，则后此邪说竞进，妄希议礼梯荣，其患何堪设想？用特明白晓谕，并将醇亲王原奏发钞，俾中外臣民，咸知我朝隆轨，超越古今。即贤王心事，亦从此可以共白，嗣后阚名希宠之徒，更何所容其觊觎乎？将此通谕中外知之。

醇王原奏上于1875年，即光绪元年。乃言承继问题之事，又申明己志，不愿领受殊荣，使谄媚无耻之人及心怀觊觎之辈，结纳私党，以相

---

[1] "治平"即宋英宗年号。

托附。且言他日或有奸佞之徒，曲意献媚，以欺皇帝而猎高位者，则猜忌攻讦之事以起，不可不预防云云。此醇王原奏之大意也。但此问题，今尚不能谓其已结，此后监国摄政王归政之时，或又重新提起，未可知也。

慈禧归政未久，醇王即得病，渐至沉重，1891年1月1号即光绪十六年，遂薨。其前一年，有御史上奏以孝道为言，请太后、皇帝亲临视疾，太后批斥之。观于此，又使吾人记忆依里色白处理同此进言之方法矣。然太后虽斥之，于1890年之夏日，即光绪十六年，亦时时往醇王邸视疾，盖醇王始终为太后亲任之人，待之优于他王。及其薨，太后极为悲惜。醇王在时，常为太后之参谋，故太后尤思其忠诚之心与其才识之优也。醇王具有刚毅性质，当中法之役后，朝廷会议，醇王曾发言曰："宁可把天下送与洋鬼子，不愿使汉人得之。"其言将永留于人之脑中，而不能忘。广东人闻之，甚为愤激，排满之心愈炽矣。太后降谕，称醇王前管理水陆军之尽职（醇王管理水陆军之效果，于三年后见之，即中日之战是也）。其丧事应当如何办理，均详细规画于谕旨之中。又以太后之名，赏赐陀罗经被，并赐以帝父之尊号。葬礼从崇，以全皇帝之孝思，并谓不可过事奢侈，以伤王生时谦恭俭约之德。太后此谕，亦如其平日所持之执中主义，可以杜僭越之端，又使皇室中人，皆知醇王家中不至有非分之尊荣也。又仿行乾隆朝之故事，谕令将醇王邸分为二处：一以崇祀醇王之祖宗，一以为光绪帝发祥之地。

1894年即光绪二十年，太后六十万寿，中国礼俗视为最大之事。太后权势既极巩固，又得国人之爱戴，居颐和园中，以闲暇之日月，专意预备此最大之庆典。今岁既为整寿，则一切典礼及装饰，自应比往年更为隆重。以帝之命，已将颐和园修理一新，自1889年即光绪十五年，以海军经费及其他政费挪作修理颐和园之用，至此时乃完全修毕也。各省大吏多奉召入都，参预万寿典礼。荣禄复起用，受步军统领之职。近三年荣禄在西安为将军，系闲散之任，此时乃入都，复受宠任。国中内外大员，皆捐俸银二十五成以送太后寿礼，其总数颇不鲜。预备一切，极其繁盛，已下令于北京颐和园中建大牌楼，以为纪念。不意中日战事起，中国军数败，太后遂不得不降谕罢除庆贺，用皇帝名降激动人心之上谕如下：

> 朕钦奉慈禧端佑康颐昭豫庄诚寿恭钦献崇熙皇太后懿旨：本年十月予六旬庆辰，率土胪欢，同深忭祝。届时皇帝率中外臣工，诣万寿山行庆贺礼，自大内至颐和园，沿途跸路所经，臣民报效点缀景物，建设经坛。予因康熙、乾隆年间，历届盛典崇隆，垂为成宪，又值民康物阜，海宇乂安，不能过为矫情，特允皇帝之请，在颐和园受贺。讵意自六月后，倭人肇衅，变乱藩封，寻复毁我舟船，不得已兴师致讨。刻下干戈未戢，征调频仍，两国生灵，均罹锋镝，每一思及，悯悼何穷？前因念士卒战阵之苦，特颁内帑三百万金，俾资腾饱。兹者庆辰将届，予亦何心侈耳目之观，受台莱之祝耶？所有庆辰典礼，著仍在官中举行，其颐和园受贺事宜，即行停办，钦此。朕仰承懿旨，孺怀实有未安，惟再三吁请，未蒙慈允，敬维盛德所关，不敢不钦遵宣示。各该衙门即遵谕行。

中国既大败于日本，受非常之耻辱，遂激起变法维新之议，因此而成为戊戌之政变。因戊戌政变，而有庚子年拳匪之乱，其因果递相衔接。若无此次战败之耻辱，或无以后之事，但中国若能隐忍，不知能免于开战否？此乃一疑问，不能决定者也。太后施其聪睿之方法，禁止皇帝发言，亦不听其负一分之责任。盖太后知连年以总管李莲英之进言，海军经费已多拨作修理颐和园之用，当时知此事者甚少，虽国中大员，亦多梦梦。

中日甲午海战图

　　李鸿章当时为直隶总督，人人皆望其以兵力维持中国在高丽之主权，群以主战责之。但据吾等之观察，李鸿章实为群议所劫，直至战机逼迫之时，乃为冒险之举，李知此举必将受其大害也。关于此事之一切文件，可以藉知中日战争始末详细之情形者，不幸于1901年即光绪二十七年拳匪之乱，天津督署被毁，北京税务署亦及于灾，此类文书皆毁弃无遗。因之战事最近之起因，遂永不能十分明悉。李鸿章深知日本曾两次侵辱中国，中国不得已而让之。第一次之事在1874年，以赔款而止；第二次之事在1885年，以许其在高丽得一部分之主权而止。两次退让，遂有此次之逼迫。李鸿章知即以高丽之主权让于日本（当时中国于高丽不过有藩属之虚名，实无真利益也），亦不过和好一时，不久满洲亦必危险。故其后1905年即光绪三十一年，日俄以东三省之命运，定于《朴资茅斯条约》，中国遂不得不听命矣。日本攻占中国之土地，其外交上之无理，亦如其起衅之方法。李鸿章深知日本预备多年，中国之海陆军不足与之敌，但处其四周之同僚，一如庚子年之满人一意主战，自恃中国之大，而藐视日本。李又得驻扎高丽袁世凯之报告言："日本苟起衅，英国必助我国，汉城英领事之态度，可以为证。"（1908年袁世凯曾派华特希惹至都，参预谋画。且日本兵进迫汉城时，袁世凯之出走，实由蓝衣兵一队护送之也）

历史家或言，当时李鸿章怂恿朝廷开战，执此说者甚多。实则李不过主张派兵往高丽助平叛乱，未主张与日本启衅，盖李知日本实久怀开战之意也。然李之主见，虽如上述，其后有一德人为李之军事参谋，热心战事，极力主张，李遂为其所动，以致其深稳之见，不克坚持到底，遂派"高升"及水师一队往高丽。盖先与政府商准而后行者，此举固为开战之计画也。及"高升"沉没，陆军败绩之报闻，李遂力诿其对于此事之责任焉。外人多责李不量己力，轻与日本开战；而中国人则责其为汉奸以助日本，其后则又责彼以满洲卖与俄人。慈禧虽知其才之大，而心不甚任之。然中日战后，言官争集矢于李，或牵及太后，太后乃极力护之。1895年即光绪二十一年，有一言官名安维峻者，上奏言太后及李鸿章之误，致中国受此大辱，其奏如下：

安维峻奏：李鸿章平日挟外洋以自重，今当倭贼犯顺，自恐寄顿倭国之私财，付之东流，其不欲战，因系隐情。及诏旨严切，一意主战，大拂李鸿章之心，于是倒行逆施，接济倭贼煤米军火，日夜望倭贼之来，以实其言，而于我军前敌粮饷火器，则有意勒扣之。有言战者，动遭呵斥，闻败则喜，闻胜则怒。淮军将领，望风希旨，未见贼先退避，偶遇贼即惊溃。李鸿章之丧心病狂，九卿科道亦屡言之，臣不复赘陈。惟叶志超、卫汝贵均以革职拿问之人，藏匿天津，以节署为逋逃薮，人言啧啧，恐非无因。而于拿问之丁汝昌，竟敢代为乞恩，并谓美国人有雾气者，必须丁汝昌驾驭。此

李鸿章与日本首相伊藤博文谈判图

等怪诞不经之说，竟敢直陈于君父之前，是以朝廷为儿戏也。而枢臣中竟无人敢为争论者，良由枢臣暮气已深，过劳则神昏，如在云雾之中，雾气之说入而俱化，故不觉其非耳。

张荫桓、劭友濂为全权大臣，尚未明奉谕旨，在枢臣亦明知和议之举，不可对人言，既不能以生死争，复不能以利害争，只得为掩耳盗铃之事，而不知通国之人，早已皆知也。倭贼与劭友濂有隙，竟敢索派李鸿章之子李经方为全权大臣，尚复成何国礼！李经方乃倭逆之婿，以张邦昌自命，臣前已劾之，若令此等悖逆之人前往，适中倭之计。倭贼之议和，诱我也。彼既外强中干，我不能激励将士，决计一战，而乃俯首听命于倭贼，然则此举非议和也，直纳款耳。不但误国，而且卖国，中外臣民，无不切齿痛恨，欲食李鸿章之肉。

而又谓和议出自皇太后,太监李连英实左右之,此等市井之谈,臣未敢深信。何者?皇太后既归政皇上,若仍遇事牵制,将何以上对祖宗,下对天下臣民?至李莲英是何人斯,敢干政事乎?如果属实,律以祖宗法制,李莲英岂复可容?惟是朝廷受李鸿章恫吓,不及详审,而枢臣中或系私党,甘心左袒,或恐李鸿章反叛,姑事调停,而不知李鸿章久有不臣之心,非不敢反,直不能反。彼之淮军将领,类皆贪利小人,绝无伎俩,其士卒横被克扣,皆已离心离德。曹克忠天津新募之卒,制李鸿章有余,此其不能反之实在情形也。若能反,则早反矣。既不能反,而犹事事挟制朝廷,抗违谕旨,彼其心目中,不复知有我皇上,并不复知有我皇太后,故敢以雾气之说戏侮之也。臣实耻之,惟冀皇上赫然震怒,明正李鸿章跋扈之罪,布告天下。如是而将士有不奋兴,倭贼有不破灭者,即请斩臣以正其妄言之罪。祖宗鉴临,臣实不惧,用是披肝胆,冒斧锧,痛哭直陈,不胜迫切待命之至。

皇帝下谕斥之,此谕一见而知为太后之意也。盖有人攻击太后宠任之太监李莲英,太后深滋不悦。当时太后极注意于帝之行事,凡章奏皆披览之,此无可疑者也。今录其谕如下:

近因时事多艰,凡遇言官论奏,无不虚衷容纳,即或措词失当,亦不加以谴责。其有军国紧要事件,必仰承皇太后懿训遵行,此皆朕恪恭求治之心,天下臣民,早应共谅。乃本日御史安维峻呈进封奏,托诸传闻,竟有皇太后遇事牵制,何以对祖宗天下之语。肆口妄言,毫无忌惮,若不严行惩办,恐开离间之端。安维峻著即革职,发往军台,效力赎罪,以示儆戒。

太后于中国之败于日本，甚以为辱。日本乃中国士大夫之所常言，其文化皆得之于中国者也。太后恐其兵侵入直隶，乃不得已而忍辱以议和，虽其条件甚为严酷，亦欲许之。李鸿章言于朝廷，俄国及欧洲大陆之强国，将有仗义执言，不许日本得满洲割让之地者，太后乃决意允之。太后知李鸿章所处地位甚为困难，此次之败亦非彼一人之罪，不欲使其一人受过，以快满人愤懑之心。然因有此战，而太后六十万寿之大典，亦不克举行，尤为愤恨，故大责皇帝不得太后之允许，轻开战衅，以致国家受兹大辱。由此太后与皇帝渐相疏远，以至嫌隙愈深，而有1898年即光绪二十四年之密谋，遂成为仇敌，至死方休。皇后与帝亦愈不睦，凡知内廷之事者，皆能言之。由1894年以至1896年，即光绪二十年至光绪二十二年，帝与太后虽外面不见嫌隙之迹，而其中则甚深。及帝之生母即太后之妹逝世，于是为太后与帝和爱之联系，及调停之居间者，逐失其人。而非常之变，生于是矣。

第十二章 戊戌维新之动机

当1898年即光绪二十四年之初，为军机大臣者，其人如下：恭王、礼王（其子娶荣禄之女）、刚毅（此人乃顽固之首，亦挑起拳乱之人也，彼有一言中国之青年永不忘之，其言曰："开学堂不过增长汉人之智识，以危我满洲之朝廷。凡读书能文者皆当摧抑之，拔其根株，勿令留遗"）、廖寿丰[1]、翁同龢。

此时太后仍静居颐和园，其相伴者二人：一荣禄之妻，一继嗣之大公主也。据闻，当时太后在颐和园中，或棹扁舟以游于湖，或听戏为乐，或以书画消遣，甚为恬逸。然宫中诸事，仍常由刚毅、礼亲王二人以传达于太后。太后亦偶往内城住一二日，皇帝则每月五六次到园请安。自表面观之，两宫固甚和睦，皇帝每遇国事之重要者，必先禀商太后，然后降谕。太后神色亦极和悦，但亦有时责帝性情暴躁，待下人不善，此皆李莲英唆其太监报告于太后，故甚其词，以便己之私者。皇帝历验之久，深知翦绒手套中之铁腕。太后回宫，帝必在宫门跪接，谨守礼法，不能稍误。若帝到园请安，不能直入太后之室，必跪于门外，候太后传见。此事归李莲英掌之，常令帝久候于外，不为传达，有时候至半钟之久，始得入见。帝每次到园，亦如内外官员，必送太监以银两。此等狠毒之徒，蔑视皇帝，对于帝之敬礼，反不若其他满洲亲信之大员。外间视皇帝极其尊贵，不知帝在宫中，人

---

[1] 当时的军机大臣为廖寿恒（1839—1903年），江苏嘉定人，历任翰林院侍读学士、内阁学士，兼兵、礼、吏、户等部侍郎及尚书等职。廖寿丰为其胞兄，时任浙江巡抚。

皆不觉其为天子也。故当1898年即光绪二十四年变法之时，皇帝志意之坚定勇锐，宫中诸人极为惊骇，乃知帝非巽懦之性，亦带有其母叶赫那拉之血系也。

大员中最为帝所倚任者，乃翁同龢。翁本帝之师傅，当中日战事正亟之时，罢除军机诸人，以翁补入，时在1894年即光绪二十年。翁以为帝师傅之故，自帝五龄时即常入宫，其在都中，为南方党派之领袖。翁本江苏人，江苏乃近代文学最盛之地，翁之学问为一时之泰斗，甚轻视满大员之浅陋顽固。汉大员中之迂滞守旧者，翁亦轻之。当时朝中颇分南北二派，北派之领袖二人：一为徐桐，学问甚好，虽为汉人，其思想

翁同龢

则近于满人，曾为同治帝之师傅；一为李鸿藻，乃直隶人，系与翁同入军机者。南派之领袖二人：一即翁；一为潘祖荫，亦江苏人，文学与翁齐名。此二派之消长，关系至为重要。盖此为戊戌变法之主因，亦为太后复权之由也。即后来拳匪之乱，推其根源，亦基于此。

二十年来，四人在都，均居高位，时相过从，彼此互相讥弹，常为都中士大夫之谈锋。四人皆操守廉洁，负一时之重名，故后进多拜列门下。惟两相比较，以归附于翁、潘者居多，徐、李忌之。1898年即光绪二十五年，殿试时，李为大总裁，潘为副总裁。潘赏一江苏人之卷，欲拔置第一；李不可，以一直隶人置之首。潘谓李心怀私念，衔之甚深。

当1880年即光绪六年，俄国强占伊犁时，徐、翁同居尚书之职，翁主战，徐亦附和之，及朝廷开大会议之时，翁伸主战之议，谓徐必助之，乃徐竟背其前议，使翁以孤立而败，由是意见更深，至其后则成为仇敌。翁与荣禄亦不和，盖1880年即光绪六年，翁举发荣禄之私事，以致罢职，故荣禄怨之。且荣禄为满人，自与北派相合。

两党积仇已久，至1894年即光绪二十年，李、翁同入军机，于是争斗愈烈，以至牵引宫廷。盖太后袒北派，而皇帝袒南派也。当时之人，皆称"李党"、"翁党"，其后则竟名为"后党"、"帝党"。"后党"又浑名"老母班"，"帝党"又浑名"小孩班"。潘、李皆于1897年即光绪二十三年病故。李既殁，徐遂阴谋抵制皇帝，尝呼皇帝为汉奸。徐既曾为同治帝师傅，自于太后前少有势力，皇帝则不欲其在军机，恨之甚深，自1887年至1898年即光绪十三年至光绪二十四年之间，只召见过一次。徐与刚毅亦颇相善，刚毅则凡汉人皆恨之，不论其为北人、南人也。宫廷之不和，刚毅实播构于其间。1897年，刚毅请帝降谕练满洲军，帝答之曰："我看你似乎觉得满洲兵能彀打仗，我告诉你罢，他们简直不中用。"刚毅碰此大钉，遂以此语奏闻太后，并告诸王公贝勒等，言皇帝乃满人之敌，将以要职悉简汉人。满人之闻此言者，自然皆怀反对皇帝之意。

此等内部之争,不独关系于内政,即外交亦受其影响。自太后以及亲贵满人等,皆主联俄,皇帝、翁同龢以及南派之人则主联日。以日本变法之后国势蒸蒸日强,欲中国亦效法之也。李鸿章前本为外交界之主持者,至此时则人不甚注重,以自中日战后,彼之言论,为国人所不信也,但李亦主张联俄者。恭王为亲贵中之领袖,识见老练,虽太后有时亦不得不听其言,惟彼一人在满人中,能联络汉人,与南派感情融洽。其学问亦甚好,颇重翁同龢之文学,前已闲居十四年,故与中日之战,不相关涉,后与翁同时入军机。当时有一事。外间不甚知者,翁以己见恶于太后,心不自安,欲借一事出外以避其咎,极谋往俄恭贺加冕之差。盖1895年即光绪二十一年,有谕责翁不许再在毓庆宫行走,由是翁遂不能密进言于帝,而其仇敌则可随时中伤之也。中日战后,恭王为军机大臣领袖,于1898年即光绪二十四年,得心肺病颇重,皇帝侍太后亲往王邸视疾三次,又命御医往诊,但病已不救,至四月初十日遂薨。太后降谕如下:

谕,朕钦奉慈禧端佑康颐昭豫庄诚寿恭钦献崇颐皇太后懿旨:恭亲王奕䜣,谊笃亲贤,久襄密勿。溯自同治初元,予与孝贞显皇后垂帘听政,其时东南未靖,国事多艰,恭亲王翊赞谟猷,削平大难,论功行赏,特命以亲王世袭罔替。三十余年,恪恭奉职,殚竭忠忱。其间养疾家居,旋复起膺机要,朝夕从事,力任其难。二月之杪,旧疾举发,予率皇帝节次亲临看视,方冀安心调理,可即就痊。不意本月初十日,遽尔长逝。时事方殷,失此良弼。予怀震悼,曷可胜言!本日临邸奠酹,追维畴昔,眷念成劳,恭亲王著赐谥曰"忠",入祀贤良祠,守卫园寝,添设丁户,四时祭祀,官为经理。伊孙溥伟著即日承袭亲王,用示笃念宗亲,怆怀览辅至意。

读此谕，可见太后虽已撤帘，仍可随时执国之主权也。皇帝亦下一谕，但不过为前谕之附属，后又降一谕，命臣下皆效法恭王之忠诚，谕尾有一极要之言，云恭王遗折，劝帝"凡事皆谨遵太后之意旨而行"，又言"当澄清仕途，整练陆军"等语。恭王之死，极关重要。在亲贵满人中，则失其老成稳练之指导者，此犹就其私事言之。若就国事而言，则彼辈昏昧无知，排汉排外之政策，唯恭王能以其威望权力，阻遏而压服之。当时道光皇帝之子，唯恭王仅存，其所处之地位既尊，而才独首出，有功于国。唯彼一人，能抗太后之意，与其余之王公不同也。苟王在世，则庚子年拳匪之乱，必不至于发生矣。皇帝凡事皆与恭王商酌而行，及王薨，乃冒昧听信康有为之言，致成戊戌之变。王亦非顽固守旧之流，但康党所欲行之政策，必多为王所不取，且深恶之也。翁同龢尤失其所倚，盖王在时，实护持之。王既薨未久，翁同龢遂荐康有为于帝，言康才胜彼十倍，意康得帝信任，助南派以制满人，而抵抗其仇敌刚毅、徐桐二人，翁之意实止于此。不谓康既得志，乃设谋以图太后，亦翁所未料也。盖翁不过欲巩固其权位，而扩张其党势耳。

皇帝纳翁之言，遂于四月二十八日召见康有为，即西历1898年之6月14号也。翁告其友廖寿丰[1]。言"当以此召见之结果，定己之出处。若康召对称旨，则当留任，否则辞职而去矣"。又言"若午节仍有例赏，则己尚无危险之虞"。盖翁知己见恶于太后，深恐如侍郎张荫棠[2]之情形。当时张亦因得罪于太后，殆将不免于革职也。康既召对，帝大悦之。康力请帝留张荫棠之职，其后变法时，张遂为帝所倚信，然太后深恶其人，正欲乘机以去之。四月二十日，翁请病假七日，盖翁知此数

---

[1] 应为廖寿恒。
[2] 应为张荫桓。张荫桓（1837—1900年），广东南海人，历任清朝驻欧美多国公使，官至户部左侍郎，因赞襄戊戌维新被革职流戍新疆，义和团运动时在戍所被杀。张荫棠为其堂弟，也是晚清时期的著名外交家。

日内必有变动，故先请假以避之。二十三日，帝降决意变法之谕。未降谕之先，帝曾往颐和园禀商于太后，又特召见荣禄一次。太后告帝："凡所施行之新政，但不违背祖宗大法，无损满洲权势，即不阻止。"同时又言"必去翁同龢"，不可迟疑，谓"彼近日煽动排满，恐其危及朝廷也"。荣禄力荐一维新之人物于帝，乃湖南巡抚陈宝箴之子。此事言之极有趣味，盖欧人皆谓荣禄始终反对变法也。关于此，则知荣禄初亦非坚持反对者，其后情势所迫，乃成势不两立之势，虽其前日所力荐者，亦不得不反而为仇矣。此非荣禄忽然变其政见，乃当时维新党人，自超于危险之地，且其所行太出人意料之外也。今录变法之谕如下：

谕：数年以来，中外臣工，讲求时务，多主变法自强。迩者诏书数下，如开特科、裁冗兵、改武科制度、立大小学堂，皆经再三审定，筹之至熟，甫议施行。惟是风气尚未大开，论说莫衷一是，或托于老成忧国，以为旧章必应墨守，新法必当摈除，众喙哓哓，空言无补。试问时局如此，国势如此，若仍以不练之兵，有限之饷，士无实学，工无良师，强弱相形，贫富悬绝，岂真能制梃以挞坚甲利兵乎？朕惟国是不定，则号令不行，极其流弊，必至门户纷

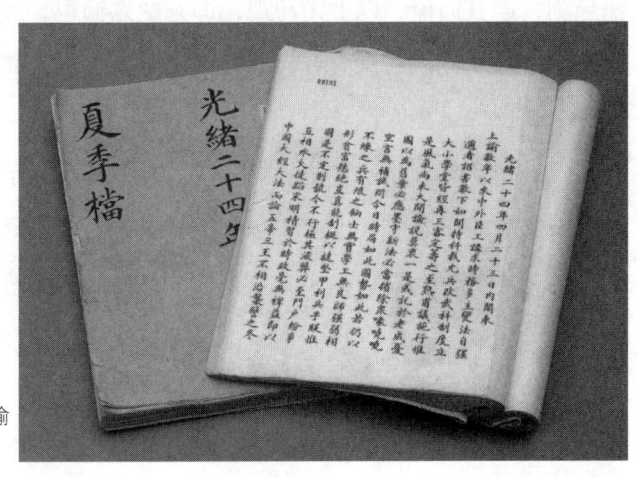

光绪帝的变法上谕
（即"明定国是诏"）

争,互相火水,徒蹈宋明积习,于时政毫无裨益。即以中国大经大法而论,五帝在王,不相沿袭,譬之冬裘夏葛,势不两存。用特明白宣示,嗣后中外大小诸臣,自王公以及士庶,各宜努力向上,发愤为雄,以圣贤义理之学植其根本,又须博采西学之切于时务者,实力讲求,以救空疏迂谬之弊,专心致志,精益求精,毋徒袭其皮毛,毋竞腾其口说,总期化无用为有用,以成通经济变之才。京师大学堂为各行省之倡,尤应首先举办。著军机大臣、总理各国事务王大臣会同妥速议奏,所有翰林院编检、各部院司员、大门侍卫,候补候选道府州县以下官、大员子弟、八旗世职、各武职后裔,其愿入学堂者,均准入学肄习,以期人才辈出,共济时艰,不得敷衍因循,徇私援引,致负朝廷谆谆告诫之至意,将此通谕知之。

次日殿试揭晓,此乃帝所视为旧制考试之末次者。先所定第一名,又为一江苏人,太后移置之,以一贵州人居首,可见太后之恨翁,遂及其乡矣。同时又下一谕,劝免亲贵子弟出洋留学,即亲王、贝勒等,亦鼓励其出洋游历,考察政治。满人见之,大为震动,谓"为破坏中国之礼法,且使满洲之权势,处于危险之域"。此谕既降之次日,翁同龢假满趋朝,遇其同僚,以上谕与观,即开缺之谕也。此乃太后归政后第一次章明之举动,以助满人者,亦所以保全皇帝也。其谕如下:

谕协办大学士、户部尚书翁同龢,近来办事都未允洽,以致众情不服,屡经有人参奏。且每于召对时,咨询之事,任意可否,喜怒无常,词色渐露,实属狂妄任性,断难胜枢机之任。本应查明究办,予以重惩,姑念其在毓庆宫行走有年,不加严谴。翁同龢著即开缺回籍,以示保全,特谕。

又有一谕，显见皇帝处于太后权力之下。谕令："凡二品以上官授任之初，当亲往太后处谢恩。"此谕甚为新奇，盖自中日战后，太后除万寿日及有特别重要之国事外，从未召见臣工也。同日又有一谕，简荣禄为直隶总督。次日召见荣禄及康有为，皇帝命荣禄整练直隶陆军，又曰："朕望汝忠心同办新政。"荣禄退，接连召见康有为，至数小时之久。以后常有类此之召见，此其第一次，惟官书只登一次耳。

康深恶太后，亦甚畏之，在帝前尽力诋毁太后，言"太后于新政，非真心主持，不过外面佯许耳"，又言"太后之滥费，只知娱乐，不顾国家。南方民心之所以渐变，皆由太后致之"。又攻及太后阴私，比于唐之武则天。多劝帝贬太后于冷宫，言"太后若在，实为新政之第一阻碍"。帝闻之，为其所动。当时变法之旨多出康手，论者谓康亦非真忠于帝，乃欲博帝之信任，以猎大权。太后既去，帝柔弱易制，而己可以为所欲为矣。故康之诋毁太后及荣禄，非发于爱国之念，实为一种之野心。盖康深知太后一日有权，则己之野心必不能达，而其地位且不能固也。

第十三章　百日变法

自康有为召见之后，变法维新之谕，连翩而下。中国考试之制，自宋中叶以来，皆以经义取士，相沿不改，除康熙时短期停止外，已行之数百年矣。今则废弃之，而代以新制之考试。凡入仕途者，皆须广求各国历史，以及政治、法律之学。有两御史，一名宋伯鲁，一名杨深秀，上奏参劾礼部尚书许应骙阻挠新政。许虽广东人，而颇守旧者也。今录其参折于下：

宋伯鲁等奏：

臣伏读四月二十三日上谕，仰见皇上赫然发奋图新自强，而尤垂意于学校、外交两事。此诚储才之急务，保邦之远猷也。臣维礼部为学校总汇之区，总署乃外交铃键之地，必得人以为理，始措置之得宜。窃见礼部尚书、总理各国事务大臣许应骙，品行平常，识见庸谬，妄自尊大，刚愎凌人。礼部为文学之官，关系极为重大，国家学校贡举之制，多由核议。皇上既深维穷变通久之义，为鼓舞人才起见，特开经济特科、岁举两途，以广登进。而许应骙庸妄狂悖，腹诽朝旨，在礼部堂上倡言经济科之无益，务欲裁减其额，使得之极难，就之者寡，然后其心始快。此外见有诏书关乎新政，下礼部议者，其多方阻挠，亦大率类是。接见门生后辈，辄痛诋西学，遇有通达时务之士，则疾之如仇。皇上日患经济之才少，而思所以养之；许应骙日患经济之才多，而思所以遏之。臣不解其何心

光绪皇帝读书像

也!总理衙门为交涉要区,一话一言,动易招衅,非深通洋务,洞悉敌情,岂能胜任?许应骙于中国学问,尚未能十分讲求,何论西学?而犹鄙夷一切,妄自尊大,其于伤邦交而损国体,所关非细故也。臣以为许应骙既深恶洋务,使之承乏总署,于交涉事件,一毫无所赞益。而语言举动,随在可以贻误,宜令即行退出总理衙门,实为慎重邦交之道。礼都总持天下学术,皇上方谆谆诚谕,会天下讲求时务,以救空疏迂谬之弊。而许应骙厕乎其间,日以窒塞风气,禁抑人才为事,致圣意不能宣达,天下无所适从,宜解去部职,以为守旧误国者戒。伏请皇上天威特振,可否将礼部尚书许应骙以三四品京堂降调，撤去总理衙门行走，庶几内可以去新政之壅蔽，外可以免邻邦之笑柄，所系似非浅鲜。

皇帝阅后，命许应骙明白回奏。下所录者即许之回奏，阅之可见康之所为，及当时都中人士满意之辞矣。许应骙奏：

本月初二日，内阁奉上谕，御史宋伯鲁、杨深秀奏礼臣守旧迂谬，阻挠新政一折，著许应骙按照所参各节，明白回奏，钦此。并军机处抄录原奏交出到臣。俯思憨直之招尤，仰荷圣明之洞察，许自陈达，良深感悚。谨将被参各节，为皇上缕晰陈之。如原奏谓臣腹诽朝旨，务使裁减其额，使得之极难，就之者寡一节，查严修请设经济科一折，系下总署核议，臣与李鸿章等以其因延揽人才，转移风气起见，当经议准复陈。若臣意见参差，可不随同画稿，何至朝旨既下，忽生腹诽？夫诽存于腹，该御史奚从知之？任意捏诬，已可概见。至岁举中额，应由臣部妥议具奏，恭候钦定。臣维事关创始，当求详慎，自古名臣著论，斤斤以珍惜名器为要图。况乡举一阶，胶庠所重，倘过为宽取，恐滥竽充选。鄙夫之所喜，即志士之所羞，人才何由鼓励？是以与同部诸臣熟商，定额期于协中，既不敢存刻核之见以从苛，更不敢博宽大之名以要誉。且现未定稿，该御史竟谓臣务欲裁减，不知何据而言？向来交议事件，未经复奏以前言，官不得搀越条奏，今该御史隐挟存见，逞臆遽陈，殊非体例。原奏又称诏书关乎新政，下礼部议者，臣率多方阻挠一节。近来迭奉明谕，如汰冗兵、改武科诸政事，均不隶臣部，岂能越俎代谋？此外惟杨深秀厘正文体一折，系奉旨交议，按之西学时务，无甚关涉，且未拟稿，何得云多方阻挠耶？原奏又称臣接见门生后辈，辄痛诋西学，遇有通达时务之士，则疾之如仇一节。窃臣世居粤峤，洋务夙所习闻，数十年讲求西法，物色通才，如熟习洋务之华廷春、精练枪队之方槭、善制火器之赖长，均经先后奏保。及东中事起，三员业早凋谢，未展其才，臣深惜之。方今时事多艰，需才愈亟，凡有偏长片技，堪资实用者，臣断不肯失之交臂。即平日接见门生后辈，无不虚衷咨访，冀有所益，并勖以务求实际，无尚虚华，初何尝痛诋西学？该御史谓臣仇视通达时务之士，似指工部主事康有为而言。康有为与臣同乡，稔知其少即无行，迫通籍旋里，屡次构讼，为众论所不容。始行晋京，意图幸进，终日联络台谏，夤缘要津，托词西学，以耸观听。即臣寓已干谒再三，臣鄙其为人，概予谢绝。嗣在臣省会馆，私行立会，聚众至二百余人，臣恐其滋事，复为禁止。此臣修怨于康有为之所由来也。比者饬令入对，即以大用自负，向乡人扬言，乃奉旨充总理衙门章京，不无觖望。臣在总署，有堂属之分，亟思中伤，捏造浮辞，讽言官弹劾，势所不免。前协办大学士李鸿藻尝论今之以西学自炫者，绝无心得，不过藉端牟利，借径弋名。臣素服膺其论，今康有为逞厥横议，广通声气，袭西报之陈说，轻中朝之典章，其建言既不可行，其居心尤不可测。若非罢斥，驱逐回籍，将久居总署，必刺探机密，漏言生事。长住京师，必勾结朋党，快意排挤，摇惑人心，混淆国事，关系非浅。臣疾恶如仇，诚有如该御史所言者。原奏又称臣深恶洋务一节。臣自承乏总署，已逾一载，平日仰蒙召对，辄以商务、矿务、制船、制械等事，皆属当务之急，屡陈天听，请次第施行。臣是否窒塞风气，应亦难逃圣鉴。窃自胶事定议后，总署交涉事件，益难措手。倘徒争以口舌，断不能弭隐患。臣望浅才庸，自揣万难胜任，惟有仰恳天恩，开去总署差使，俾息谗谤而免陨越，实为厚幸。

《钦定大学堂章程》

皇帝见许回奏,揭康之短,心颇不悦,但不能毅然即革其职。盖许乃太后之所任,不敢以此犯太后之怒也。太后取两奏阅之,见许奏中所言康党势盛,恐有不测之语,大为激动。自此太后虽不明阻新政,而颇怀疑于康,恐其荧惑帝听矣。但仍不动声色,以候其机,且料帝必去许之职,此太后所言也。荣禄既到任,王文韶交卸后即入都,太后特召见一次。王文韶于许奏中所言,推行新政当详慎审议云云,颇表赞成。皇帝乃下一谕,许应骙仍留原任,但戒其在礼部及总理衙门,皆须勤慎尽职。许知己之留任,乃太后之保护,其后于新政反对尤力。又有其同部之满员名怀塔布者,亦表同情于许,于是新政阻力大生。怀塔布乃太后之表亲,于是守旧党得一有力之助矣。

帝下谕命整顿都中满营,以前腐败之情状,皆须振刷一新。又命各省广开学堂,以习新学。有一侍御名文悌者,上奏参劾其同僚宋伯鲁、杨深秀二人,言二人因与许应骙不合,乃上奏欺罔皇帝,启两宫嫌隙之端。帝大怒，立革其职，斥其莠言乱政，挑动党争。文悌求怀塔布往颐和园求救于太后，太后不允，盖不欲以此小事责帝也。太后默观新党之所为，纵令骄恣，以自取败，但使裕禄入军机。此人乃太后之亲信，既入军机，于是政局之内情。太后尽知之矣。裕禄结连刚毅，极力与新党为敌。其后1900年，裕禄为直督，亦赞助刚毅灭尽洋人之策，盖拳党之一也。当时军机中既有守旧党三人，一刚毅，一王文韶，一裕禄，于是维新之业，大生阻挠。然此等守旧党人，欲抗帝之所为，必先求得太后之助，更须与荣禄联合。

帝又责一侍御攀桂奏中有一误字（帝初颇注重于此，有多数新进之员甚为惴惴然），数日后复下一谕，废去殿试朝考中大卷白折之制，此显系感于康有为之言也。六月初八日下谕，命全国设立官报局，任康有为为上海总局之总办。此等官报皆为政府所办，其用意在使国人知政治情形，以为开通民智之助。开办经费及常年经费，均受之于政府。每期出版，皆上呈御览，国家政事，可以自由评论，无所顾忌。命康有为草拟官报章程。至六月二十三日，又降严谕一道，命"官吏实心办理新政，不得如前之因循敷衍"，其谕中有曰："总之中国现在病在痿痹。积弊太深，诸臣所宜力戒，即如陈宝箴自简任湖南巡抚以来，锐意整顿，即不免指摘纷乘。此等悠悠之口，属在缙绅，倘仍随声附和，则是有意阻挠，不顾大局，必当予以严惩，断难宽贷。"又曰："当此时事孔棘，惩后毖前，深维穷变通久之义。创办一切，实具万不得已之苦衷，用再明白申谕，尔诸臣其各精白乃心，力除壅蔽，上下以一诚相感，庶国事以定，治理蒸蒸日上，朕实有厚望焉。"

又有一谕，命筹设水师学堂，为重兴海军之基。设立铁路局、矿务局于京师，以筹办全国之路矿。又立译书局，以康之门徒梁启超领其事，每月开支一千金。另有一谕，尤惊动都人之耳目者，即"允荣禄之请，将于九月初五日坐火车，侍太后往天津阅操"是也。荣禄虽不甚赞成新政，而于改良陆军之举，则极主持。都中之顽固者，闻太后、皇帝竟欲冒险以坐火车，大非帝王尊贵之道，相顾惊骇。但太后则甚以为乐，谓己从未坐过火车，今初次乘坐，视为有趣之事。又有一谕"裁撤一切闲冗之官"。但费廪禄而实无职事者，此等积弊相沿已久，有数千万人皆衣食利赖于是。一旦裁去，群情大震，谓"大背祖宗制度"，皆请太后保全，收回成命，极为迫切。然二日后，又有一更为惊人之上谕，即将礼部尚书许应骙及太后亲属怀塔布一并革职。因有王照上书，而为彼等所格之故。王所上之书中，请帝侍太后出洋游历，先往日本，以次继往欧美各国，皆守旧党人闻之而震骇失次者也。变法之诏，雷厉风行，于是守旧之大员，群往颐和园求救于太后，请太后重执朝政。太后命彼等暂且忍耐，不必急迫。于是机兆已动，但尚未预备实行耳。

康有为知前途危险，见太后毫无举动，误谓太后意旨不定，可以利用此机。遂说皇帝，谓"太后之允许变法，非其诚意，实暗处反对之

康有为

地。中国自强第一之阻碍，即在太后，政治之腐败昏迷，皆太后致之。且国家何以每年必须以巨额之款项，供太后之滥费娱乐乎"。劝皇帝"大胆无惧，直以兵围颐和园，取太后入城，禁于西苑之小岛中，以尽其余年。随降一谕，数太后之罪恶，以后永不许太后秉政"。以上康有为之言，皆在宫中一密室内陈之，但有一太监微闻其语，报告于太后。此太监乃李莲英所用，专任此事者。当时有太监报密一说，有各种之证据可信也。愚稚之皇帝，竟听信康有为之密谋，但立意先不举发，俟往天津一事定后再办。帝知欲行此事，必须先使军队听令，而直隶之新军，则操于荣禄之手。荣禄为太后最所信任之人，兵权一日在其掌握，则康之密谋一日不能行矣。太后之为人，何等机警沉毅，其势力之伟大，由来已久，而帝乃昧昧然欲与二三新进图之。太后在暗中严密布置，丝毫不露，而帝误以为太后主意未定，有机可乘，其危险可知矣。此时维新之诏，仍连翩而下：一令都中筑新马路；二命办理国防；三命八旗人丁如愿出京谋生计者，任其自由。至七月二十七日所下一谕，则为变法最末次之诏矣。谕曰：

国家振兴庶政，兼采西法。牧民之政，中外所同，而西人考究较勤，故可补我所未及。今士大夫囿于成见者，谓彼中全无条教，不知西国政令教学，千端万绪，主于为民开其智慧，裕其身家。其精乃能美人性质，延人寿命，凡生人应得之利益，务令推扩无遗。朕夙夜孜孜，改图新法，岂为崇尚新奇，乃眷怀赤子，皆上天之所畀，祖宗之所遗，非悉令其康乐和亲。朕躬未为尽职，另以各国交迫，尤非取人之所长，不能全我之所有。朕用心至苦，而黎庶犹有未知，咎在不肖官吏与守旧之士夫，不能广宣朕意，乃至胥动浮言，使小民摇惑惊恐。山陬海澨之民，有不获闻新政者，朕实为饮恨。今将改行新法之意，布告天下，使百姓咸喻朕意，共知其法之可恃，上下同心，以成新政，以强中国，朕不胜厚望。著查照四月二十三日以后，所有关乎新政之谕旨，各省督抚均迅速照录，刊刻誊黄，切实开导。著各省州县教官详切宣讲，务令家喻户晓。各省藩臬道府，饬令上书言事，毋得隐默顾忌。其州县官应由督抚代递者，即由督抚将原封呈递，不得稍有阻格。总期民隐尽得上达，督抚无从营私作弊为要。此次谕旨，并著悬挂各省督抚衙门大堂，俾众共观，庶无壅隔。

自是以后，则太后之手段复出，而皇帝当阳之短促时期，已成过去之事实矣。

第十四章　戊戌政变

西历1898年之8月，即中历七月之末，太后与守旧党已联成一气，但深密而未发表，欲俟九月同帝到天津后始行之。此等宫廷内情，知者甚鲜，盖太后欲先往天津与荣禄商议，然后重出当国。以南方诸省对于太后之感情，不甚稳固，故太后欲先设法消遏之。布置未定以前，决不轻于发表也。八月初一日，皇帝在颐和园召见袁世凯，为时颇久，所言皆系国政腐败，必须极力推行新政之语。袁当时为直隶按察使，因得李鸿章之赏拔，升迁甚速。然忌之者，则谓甲午之役，袁驻扎朝鲜，促成战端焉。皇帝见袁极力赞扬新政，逐大信之，以为得一有力之助矣。此时已成骑虎之势。太后又严责帝，言国事当自己主持，勿专信康有为之言。帝知荣禄必倾心以忠于太后，苟太后宣言复政，则北京满大员中无一人敢抗者，即汉人中亦无其人。所可望其赞助于己者只有二人，一广东人张荫桓，一贵州人李端棻。帝欲命令北洋之新军，必须先去荣禄，以新军在其手也。而此一著，尤不能使太后知之，乃定意杀荣禄于天津督署内。既杀之后，即调新军一万人星夜入都，围颐和园，同时拿刚毅、裕禄、怀塔布、许应骙诸人入刑部监狱。此即康有为与侍御杨深秀、军机章京谭嗣同、林旭、杨锐、刘光第诸人之谋也。帝召见袁时，问以"苟付汝以统领军队之任，能矢忠于朕否？"答曰："臣当竭力以答皇上之恩。一息尚存，必思效忱"云云。帝见其忠恳之色，溢于眉宇，心大慰，遂直下一谕云：

现在练兵紧要，直隶按察使袁世凯，办事勤奋，校练认真，著开缺以侍郎候补，责成专办练兵事务，所有应办事宜，著随时具奏。当此时局艰难，修明武备，实为第一要务。袁世凯惟当勉益加勉，切实讲求训练，俾成劲旅，用副朝廷整饬戎行之至意。

第一次召见袁时，并未言及去荣禄之谋。袁由仁寿殿退下，太后即召见，细问帝召对时语，向袁曰："整顿陆军本是应办之事，此谕甚为通达，但是皇帝行之太觉匆忙，我疑心他别有深意。你俟皇帝第二次召见，再请我的训令。"于是命人请帝至，谓康有为在外昌言无忌，诋毁太后，乃大不敬，命帝即拿办。太后已微知康欲去己之权，但未向帝明言耳。若杀荣禄、围颐和园之计划，则太后尚在梦中也。太后仍以平日责帝之言责之，谓帝近日对己，愈觉改变，于孝道有亏。帝乃不得不允从太后，即捉拿康。此日下午，太后仍游于昆明湖内为乐。帝自草一谕，派亲信之孙太监往城中。今录于下，可见帝幼稚之手笔也。

谕：工部主事康有为，前命其督办官报局，此时闻尚未出京，实堪诧异。朕深念时艰，思得通达时务之人，与商治法。康有为素日讲求，是以召见一次。令其督办官报，诚以报馆为开民智之本，职任不为不重，现筹有的款，著康有为迅速前往上海，毋得迁延断望。

康得帝密旨，知事机已迫，遂于翌日坐第一次火车出京。抵塘沽，遂搭轮往上海（其后康得英国保护逃往外国，1899年之第一号蓝皮书第四百一十号书函曾载其事）。太后知康已逃脱，大怒，电荣禄命即拿之。但荣禄接电后并未有所举动，不知何故（太后之电到津，在康抵津之前）。时荣禄尚不知康设谋杀之，否则恐不能任其免脱也。康有为极恶荣禄，谓其与太后同恶相济，乃维新之仇敌。其实荣禄亦荐康于帝之一人，后荣禄直至临终，常自呼"康党"，以为笑谈。老佛闻之，亦笑常戏问荣禄曰："你得了你的好朋友什么新闻？那个奸臣没有良心，反叛了你。"

月之初二日清晨，召见维新党人林旭，又召见袁世凯。袁在帝前，极输诚悃。召见既毕，帝即入城，欲在内城施行其计划，不欲于颐和园行之。盖园内太监，皆太后之侦探也。此时帝犹未失望，冀其谋之成功。观于翌日之两谕可见：一命各学堂以外国语教授学生，一严饬地方官澄清仕途，尤以知县为要。

初五日晨，袁请训往天津，帝召见于乾清宫，极其慎密，用尽方法不使其言外闻。殿古旧黑暗，晨光透入颇微，皇帝末次坐于金龙宝座，即不久将为太后所占据者，告袁以所定机密之谋，命袁往津，即于督署

袁世凯

乾清宫宝座旧影

内捉杀荣禄，随带兵星夜入都，围执太后。付以小箭一支，为执行帝谕之据。又付以上谕一道，言办理钦差事竣，即任袁为直隶总督，来京陛见。袁唯唯退朝，未与一人言及，即坐一次火车出京。此时太后由颐和园移居西苑，晨八钟来宫祀蚕神，帝往瀛秀门跪接。

袁到津，荣禄即乘专车，于下午五钟后抵京，直入西苑，往太后宫。照例外省官员入京，苟非奉有召见之旨不得入宫，且宫廷门禁甚严，不能随意出入。荣禄不顾禁令，亦不用人引道，直至太后前，叩首曰："老佛爷救命！"太后曰："禁城之内，你有什么事要我救命？这里没有甚么危险，宫里也不是你避难的地方。"荣禄遂将帝之密谋，一一陈奏。太后闻之，立即发展其阳刚勇毅之性质，乘机而起，此性质乃太后历来所以能战胜一切之源也。太后命荣禄立即传信旧党首领，命彼辈即来西苑陛见，时皇帝仍在大内也。既而军机大臣满亲贵数人（庆王请病假未到，此乃彼凡遇危急时之惯技），各部尚书中有二人为皇帝所革职者，一许应骙，一怀塔布，皆会于太后前跪地叩头，请太后重执朝政以救中国，勿受用夷变夏之害。当即定计，禁城之侍卫以荣禄之兵代之，命荣禄仍回天津以俟召命，会议至夜半而散。帝于翌日早五钟半入中和殿，阅礼部所上之祭文，盖秋季致祭于社稷坛之典礼也。帝甫出殿，即有侍卫太监称奉太后之命，引入西苑内之瀛台，乃湖中一小岛也，告帝太后即来。此时太后以帝名降谕如下，谕曰：

> 现在国事艰难，庶务待理。朕勤劳宵旰，日综万几，兢业之余，时虞丛脞。恭溯同治年间以来，慈禧端佑康颐昭豫庄诚寿恭钦献崇熙皇太后两次垂帘听政，办理朝政，宏济时艰，无不尽美尽善。因念宗社为重，再三吁恳慈恩训政，仰蒙俯如所请，此乃天下臣民之福。由今日始，在便殿办事。本月初八日，朕率王大臣在勤政殿行礼，一切应行礼仪，著各该衙门敬谨豫备。

后又接下一谕，"革去侍御宋伯鲁之职"，谓"其声名恶劣，引荐康党梁启超"。太后恨之甚深，以宋近上一奏，胆敢参劾太后也。但彼未参与密谋，故太后赦其生命。太后到瀛台，李莲英随之。太后命李以其手下之太监，换帝原有之太监。帝之太监或处死，或发往军台。有一满人曾由太后幼弟桂祥处，得闻当时之情事，今述之于下：

太后以严厉之色向帝，谓"已决意赦帝一命，暂时仍许留位，但此后将严密防守"，一言一动皆有人监察报告于太后。又言"帝之变法维新，本所允许。但不料帝如此昏昧糊涂，胆大妄为，一至于此"。问帝"何敢忘太后之大恩？自五岁时接入宫中，立之为帝，抚养成人，以至归政，皆太后之恩也"。谓帝"命苦，不能承受。听人唆弄，如木偶然。昧于事理，暗于利害，亲贵重臣，无一人向汝者，皆请余训政。汉大臣中，虽有向汝之人，皆系奸臣，余自有法处治之"。珍妃（妃嫔中

珍妃

似只珍妃一人为帝所宠爱）跪于太后前，请太后宽恕帝罪，勿加斥责，并胆敢言"帝乃国人之共主，即太后亦不能任意废黜"。太后大怒，命"牵至宫中一别室内圈禁之"，后至1900年即光绪二十六年拳匪之乱，遂乘机毙之，以报平时之怨恨焉（联军入京朝廷预备出走时太后命将珍妃推于井中）。命皇后留于帝处，以监视其言动而报告之。除皇后及太监侍从外，不许帝见一人，若当太后之面，则可见人。于是皇帝一生之事业，及其所谋画之政策，概成泡影。而在瀛台受二十三月之幽禁，最后之遗言，仅嘱其弟"记忆己一生之冤苦，为己报仇而已"。至于荣禄，则帝反宽恕之，谓彼"自应尽忠于太后，此乃其职分所当然。己既欲杀之，则自然不能责其忠于己也"。太后之待帝虽酷，帝亦不甚怨之，谓"己既欲图谋太后，则太后固应发怒也"。此即戊戌年政变之情形也。

第十五章　慈禧再训政

光绪帝愤慨国事，锐意革新，求治之心甚急。自政变后，大权悉归太后，皇帝但拥空名，一切新政悉行罢免，改革之事遂如泡影。初，太后因帝年长，已撤帘归政，不幸帝登用新进，改革太锐，颇有致国家于扰乱之虞，大臣乃复请太后垂帘，此亦天意也。太后当此时，复起雄心，将重演同治宾天时之故事。但天意既凑成此机，以复归政柄于太后，则太后之所以助成此举者，亦不必深求矣。追溯同治帝之早殂，亦半由太后专政之故。则此次之再垂帘，更何足异？

皇帝既无寸柄，但留一忧患之身，情同幽囚。而太后意犹未已，日谋所以废立者，欲于宗室中选一冲幼平庸之子，继登大位。然南方督抚中有抗争者，欧洲各国亦将干涉，太后乃不得不出以审慎。其时中外盛传，帝将不保，其令终焉。帝在宫中，虽不啻幽囚，而仍须日日临朝，召见臣工，为木偶之皇帝。八月初八日，大集朝臣，帝向太后行三跪九叩礼，恳请太后训政。至下午，由荣禄之兵一队送帝祷于月坛，自是之后皇帝遂成一最高之祭司。当是时，皇帝一旦尽去其尊荣与威柄，而幽居于寂寞之瀛台，其心情为何如耶？

慈禧处分皇帝既毕，遂理政事，虽退政数年重执朝纲，而意兴毫不减于昔日，思欲刷新政治。以变易国内之耳目，首罢附和皇帝之人，而擢用忠于己者。下谕告诫宗室"如有怀异心者，则削其爵位"，以载垣之案例之。太后实有能力以镇定变乱，此次之事亦足显其才，未几遂处载澍以永远监禁之罪（至宣统朝，摄政王乃起用载澍，且同日罢袁世凯

瀛台旧影

官），因载澍曾助皇帝变法之故。载澍之妇本太后侄女，当变法之始，载澍即劝帝断绝太后预政，其妇乃报告于太后，故结果如此。

  政变以后，京中舆论对于皇帝之维新改革，各异其感情。但官吏中大半皆嗜利无耻者，视国事与己无干，依违模棱，但知趋势热中，故大概仍以偏向太后者为多。且太后尤有毕士马克转移舆论之手段[1]，先于太监茶店中创为一种风说，传于士大夫，竟言"皇帝设谋倾害太后，实为不孝。且帝引外人助己，尤为无道"，此节虽极开通之士大夫，亦不能为帝辨护。当时舆论，遂均以为帝实无统治之能力，太后理当重执朝政。此种舆论，即外国使馆中人亦听受之。当光绪帝急切改革之时，外人皆称颂不止，以为新中国即将出现。及事败，莫不悲悯感叹者。然不久而情势即已大变，当时外交界之转换无定，亦可异也。帝之变法，本外人盼望已久者，即太后亦已默许之，然今则何如？转瞬之间，而前后判然矣。当1898年6月即光绪二十四年，英使读皇帝革新之谕旨，以为

  1　毕士马克(Otto Von Bismarck)，今译俾斯麦，德国近代杰出的政治家、外交家，有"铁血宰相"之称。

中国醒悟之期已至；至十月事败，康有为逃至上海，由英国领事以兵轮护送至英殖民地。不料曾未几时，而议论又变，谓"太后实以自保其生命之故，不得不出于此，且其视西法与祖制不合耳"。仅逾二月，克老得麦克当罗得告沙礼士侯言[1]："中国慈禧太后六十四岁万寿之日，召见外交团夫人七人于大殿，以极妙之言辞感动之。"又引诸夫人入宫，以隆礼款待，皇帝亦出，与诸人握手，以饰外观。于是，外人皆翕然无异辞。

当时外交界之态度，虽如上述，然传闻皇帝将不能保，英使及他国使臣遂示意中国政府，勿为已甚，以激动欧洲之舆论。当时京中传言"欧洲各国若忽闻皇帝薨逝，必将干涉"。英使之言传于民间，人多愤恨，以为此乃中国内政，前代多有，外国何能干涉？光绪帝之喜新法，尚唯满洲人反对，谓"背祖制"；若其得外人之助，则无论满汉，皆不谓然也。政变既定，仍复旧时风味。人民闻太后重执政权，皆安之。然新闻则甚多，竞言"帝谋杀太后，故仅仅退政，实为至轻之处分"。此种新闻，盖有所自来者也（当时上海道请各国领事捉拿革党首领康有为，甚至言光绪帝已被害，即为康所谋杀，见蓝皮书1899年之一章书函第四百零一）。士大夫论及此事，或以光绪帝与唐朝一帝相比，盖亦曾谋杀其太后也。皆传皇帝殆将不久，昌言无忌，虽南方情形稍异，然北方实不因之而受影响。人民似皆预备光绪帝之薨逝，而不以为异。一日，太后又以皇帝名义下一谕旨，言"帝得病甚深"，其中有云："自四月以来（即维新百日之始），朕即觉违和，至今日病势亦未轻减。"此等逼迫之谕旨，人民亦认其为皇帝之言而安受之，毫不惊惧。各省皆送名医至都，以诊上病。诸医中有一人名陈莲舫，在中国驰名已久，此下所述即彼在京诊病之情形，由彼送《泰晤士报》宣布者。

---

[1] 克老得麦克当罗得（Claude McDonald），今译克劳德·麦克唐纳；沙礼士（Salisbury），今译索尔兹伯里，英国侯爵，曾三度出任首相。

当上谕命各省送名医入都诊帝病，江苏巡抚以陈应诏。陈自知迈年遇此差，实一困难之事，然亦无法逃避。巡抚送银六千两为盘费，又送赆仪若干，遂入都报到。其先到者已有名医三人，法国使馆都色夫亦曾诊视。其开出之病状，外人颇引为笑谈。陈莲肪不以都色夫所开之病案及其治法为然。陈所开之病案，颇如历史小说家所述欧洲中世纪之医士，其案中先言："帝之气体热度等，吾等西人阅之不甚明了，但其所述呼吸器病颇清晰。"彼言"此器官有病已十余年"，又言"发热由于身虚心劳之故"。11月中旬，陈未出都之先，帝热已略减，病势渐转。但据陈意，经病甚难，遂定意出京，他医仍留京诊视。陈之得出，亦以贿免也。有人问帝病状，彼含糊答之曰："若能延至次年春间，则可渐渐回复，或能望其痊愈。"

今略述看病情形：陈到京后数日，由军机处带领至殿，叩头毕，跪于下。太后与皇帝对坐，中置一矮桌。皇帝面白无色，有倦容，头似发热，喉间有疮，形容瘦弱，鼻如鹰钩，据陈意颇似一西人。太后威仪严整，一望而知为极聪慧之人，似极以皇帝病为虑，小心看护之。向例医官不能问皇帝病，太后遂代述病状。皇帝时时颔首，或说一二字，以证实之。殿庭之上，唯闻太后语音，陈则以目视地，不敢仰视。闻太后命诊脉，陈始举手切帝脉，身仍跪。据言实茫然未知脉象，虚以手按之而已。诊毕，太后又接述病情，言帝舌胎若何、口中喉中生疮若何，但既不能亲视，仅能含糊意会之。盖皇帝之尊严，使人并上视而不敢也。太后语毕，陈遂退，以帝病案及其治理调护之法上呈军机处，转奏于帝。陈所开方系中国药数种，及调养身心之法。以上皆陈之言也。

此老医生含糊之言，恰为所中，至次岁春间，帝病遂渐痊愈。此由太后畏列强干涉，亦见南方舆论激烈，不能拂逆也。当时广东人见杀其同乡维新党，遂起排满之意，昌言无忌，攻击政府，但尚不至激成乱事。全国闻皇帝濒于危险，其事即在年终，多以文电力争，或达于部，或直达御前。中有一电，为上海人经元善率全体绅商所发，据宣布帝病之谕旨，立言"请太后仍归政于皇帝，不必以小病为妨，更不必有让位之举"，又言"江苏民情愤激，若不速定大计，或有不测之事，则外人必将干涉"。太后阅之大怒，非独怒其诋毁，尤怒其后幅恐吓之语也，立罢其职。此人恐更有后罪，遂逃避于澳门，但其敢言之电，实有助于帝也。大臣之中勇敢忠直、力持大局、反对废立之谋者，唯有一人，即两江总督刘坤一。当国家危疑之时，独持正议，光明皎洁，峙立不摇，太后虽不悦，亦深重之。若资望相同，博学盛名之湖广总督张之洞，则其态度暗昧不明，诡谲无定，与刘相较判若天渊矣。当帝锐意改革时，张颇赞助。六月以前沿保荐新党数人入京，其门生杨锐即在其内，帝亦拟召张入军机以主持新政。及帝事败，太后复出，新政亦停罢，张乃电京转助太后，并请重惩维新党人，此举可谓多事。盖太后既已出手，自必穷竟其事，岂肯中止，如寻常妇人之为，何必为此赘语也。

八月十一日，太后召荣禄入都，压治新党。刑部上奏请派会审新党之人，太后朱批"著与军机处会审详慎施行"，同时捉拿张荫桓入刑部监。此人为帝维新之参谋，名重一时，太后恶之，故及此难（张荫桓后充军至新疆，拳乱初起，端王命地方官杀之。又有一人亦维新党，名徐致靖，亦定永远监禁之罪，后于1900年光绪二十六年为联军释放。徐至太原行在仍请监禁，盖不愿受外人之释放，尊重中国皇帝之谕旨也）。此谕中又言："朝廷知内外臣工牵连于维新党者甚多，但朕仁慈为怀，除首要外，其余一概不究。"荣禄又劝太后以皇帝名义下一谕旨，说明训政之义，阅此谕即可见太后操纵臣下之才。皇帝前既认罪，此谕则说明凡维新党人所为，因而致今日之恐惧者，皆朝廷未能防患未然之故。此谕既下，人心皆安矣。今将罢免新政之谕书于下，其言甚有趣味，清政府今言立宪，阅此谕亦颇有关也。

谕：朝廷振兴庶务，一切新政，原为当此时局，冀为国家图富强，为吾民筹生计，并非好为变法，弃旧如遗。此朕不得已之苦衷，当为天下臣民所共谅。乃体察近日民情，颇觉惶惑，总缘有司奉行不善，未能仰体朕意，以致无识之徒，妄相揣测，议论纷腾。即如裁并官缺一事，本为淘汰冗员，而外间不察，遂有以大更制度为请者。举此类推，将以讹传讹。伊于胡底，若不开诚宣示，诚恐胥动浮言，民气因之不靖，殊失朕力图自强之本意。所有现行新政中裁撤之詹事府等衙门，原议将应办之事，分别归并，以省繁冗。现在详察情形，此减彼增，转多周折，不若悉仍其旧。著将詹事府、通政使、大理寺、光禄寺、太仆寺、鸿胪寺等衙门，照常设立，毋庸裁并。其各省应行裁并局所冗员，仍著各该督抚认真裁汰。至开办时务官报，及准令士民上书，原以寓明目达聪之用，惟现在朝廷广开言路，内外臣工条陈时政者，言苟可采，无不立见施行。而疏章竞进，辄多掇拾浮词，雷同附和，甚至语涉荒诞，殊多庞杂。嗣后凡有言责之员，自当各抒谠论，以达民隐而宣国是。其余不应奏事人员，概不准擅递封章，以符定制。时务官报，无裨治体，徒惑人心，并著即行裁撤。大学堂为培植人才之地，除京师及各省会业已次第兴办外，其余各府州县议设之小学堂，著该地方官察酌情形，听民自便。其各省祠庙不在祀典者，苟非淫祀，著一仍其旧，毋庸改为学堂，致于民情不便。此外业经议行及现在交议各事，如通商惠工、重农育材，以及修武备、浚利源，实系有关国计民生者，即当切实次第举行。其无裨时政而有碍治体者，均毋庸置议。著六部及总理各国事务衙门详加核议，据实奏明，分别办理。方今时势艰难，一切兴革事宜，总须斟酌尽善，期于毫无流弊。朕执两用中，不存成见，尔大小臣工等，务当善体朕心，共矢公忠，实事求是，以副朝廷厉精图治、不厌求详之至意。将此通谕知之。

第十五章 慈禧再训政

荣禄入都，授军机大臣、兵部尚书，节制北洋军队，兼握全国政治、兵队之权，为清代绝无仅有之事。荣禄亦尽忠于太后，得受殊荣。荣禄之治新党颇受外人恶评，此自局外人之心理，无足异者。若据中国士大夫之见，则以为荣禄所为，实人臣职分所当尽者。且荣禄颇有大臣风度，通达治理，可任大事。当拳匪乱时，中外皆集矢于荣禄一人之身，此实康党之谣言，当时无为之辨白者，亦半因使馆中人之偏见，与不能得真实之报告也。彼实以全力阻止举国若狂之拳乱，用尽方法，以劝阻皇族，免铸大错。慈禧听政五十余年，有治世之能，而又赤心报国者，仅曾国藩一人。自此以下，则不得不推荣禄。当满洲皇族盲于大计、倒行逆施、既暴且弱之时，荣禄之先见及勇毅，实大有补救于国家也。由其柄国之日，以至辞世之时（1903年），吾等观其所为，实乃慈禧最忠之臣，亦为其最有识之参谋。而慈禧之知人亦可见也。读者阅此书之下章可以知之，当1900年即光绪二十六年拳匪乱时，太后惑于其声势之盛及诸亲贵之附和，又以自己之迷信及希望，允端王等人之请，侵犯荣禄之权职。然观《景善日记》，可知太后当时虽铸此大错，其后仍听荣禄之言，以挽救危局。当国事大败之日，朝廷已陷于危难之境，太后此时所倚侍者唯荣禄一人。荣禄亦尽忠以事太后，不怀贰心。太后先虽未听其言，后亦服其先见。故中国事势，现虽无定，而有一事则毫无疑者，即吾人当永远纪念荣禄之言行。无论中外之人，皆当一致。以前所纪念此明决勇敢之人者，尚嫌过薄，不足称其功也。

当两宫西巡时，群集矢于荣禄一人之身。回銮后，使馆中人颇冷视之。彼不知外间之误会，甚以为怒，曾语其近亲曰："余当日竭全力以抵压拳匪，余毫不悔恨，但甚不解使馆仇视冷遇之故。此事余不能无忿忿也。"有人曾记载其言曰："吾庚子年之所为，非出于爱西人之故，实尽忠于太后及朝廷之故。"言虽如此，然其所为，既大有益于西人，则吾人称誉之，亦不为过也。太后与荣禄商议处置维新党之事既久，荣

谭嗣同等六君子被杀时的新闻报道

禄主严办，谓"非如此，则不足保存满洲之国运及名誉"，于是谭嗣同等六人遂由刑部审问，荣禄亦承审，凡康党预谋太后之事，审问极详。在康有为寓中抄出文件甚多，凡其党之所谋，皆详载无遗，军机处遂据此以定党人之死罪。彼等谋害太后已无疑义，群主速办，盖当时满汉意见极深，若不速办则其事愈不佳也。太后准军机处之请，遂于月之十三日斩六人于市，彼等从容就死，观刑之人极众。于杨锐处抄出皇帝与彼之信件，皆攻讦太后之语。又有杨锐一折，参太后罪恶数端，并言及太后私事，罗列多人，荣禄亦在内，其余皆显要之人，折后有帝朱批。此事南方广州等处有人编为歌谣以为嘲笑。太后见帝朱批，知帝参预隐谋，遂决计断绝帝与新党之关系。据太后之人所言如此，其事亦可异也。杀六人之旨乃太后自己之手笔，荣禄助之，但其名仍出于皇帝，此谕以朱笔书之，以示重要。今录于下：

谕：近因时事多艰，朝廷孜孜图治，力求变法自强，凡所设施，无非为宗社生民之计。朕忧勤宵旰，每切兢兢，乃不意主事康有为，首倡邪说，惑世诬民，而宵小之徒，群相附和，乘变法之际，隐行其乱法之谋，包藏祸心，潜图不轨。前日竟有纠约乱党，谋围颐和园，劫制皇太后，陷害朕躬之事，幸经觉察，立破奸谋。又闻该乱党私立保国会，言保中国不保大清，其悖逆情形，实堪发指。朕恭奉慈闱，力崇孝治，此中外臣民之所共知。康有为学术乖僻，其平日著述，无非离经叛道，非圣无法之言。前因其素讲时务，令在总理各国事务衙门章京上行走，旋令赴上海办官报局，乃竟逗留辇下，构煽阴谋，若非仰赖祖宗默佑，洞烛几先，其事何堪设想？康有为实为叛逆之首，现已在逃，著各直省督抚，一体严密查拿，极刑惩治。举人梁启超，与康有为狼狈为奸，所著文字，语多狂谬，著一并严拿惩办。康有为之弟康广仁，及御史杨深秀，军机章京谭嗣同、林旭、杨锐、刘光第等，实系与康有为结党，隐图煽惑。杨锐等每于召见时，欺蒙狂悖，密保匪人，实属同恶相济，罪大恶极，前经将各该犯革职，拿交刑部讯究。旋有人奏，稽延日久，恐有中变。朕熟思审处，该犯等情节较重，难逃法网，倘语多牵涉，恐致株连，是以未俟复奏，于昨日谕令将该犯等即行正法。此事为非常之变，附和奸党，均已明正典刑。康有为首创逆谋，罪恶贯盈，谅亦难逃显戮。现在罪案已定，允宜宣示天下，俾众咸知。我朝以礼教立国，如康有为之大逆不道，人神所共愤，即为覆载所不容。鹰鹯之逐，人有同心，至被其诱惑，甘心附从者，党类尚繁，朝廷亦皆察悉。朕心存宽大，业经明降谕旨，概不深究株连。嗣后大小臣工，务当以康有为为炯戒，力扶名教，共济时艰。所有一切自强新政，胥关国计民生，不特已有者即应实力举行，即尚未兴办者，亦当次第推广，于以挽回积习，渐臻上理，朕实有厚

望焉。将此通谕知之。（后光绪三十年太后七十万寿，下诏大赦党人，唯康有为、梁启超及孙逸仙三人不在赦内）

前虽有旨，言朝廷仁慈为怀，六人之外，不事株连，但太后怒仍未已，时有谴责。不久又下一旨："张荫桓发往新疆。"张曾攻太后用度奢侈，且英公使曾有救张之意，故太后尤恶之。太后先拟行幸天津，视察租界情形，兼事游览。荣禄力谏，言"党事初定，不宜轻动，恐有危险"。太后允之，下谕收回前旨，并颁赏于北洋军队。盖当时直隶正极力整顿陆军，训练颇勤也。荣禄入京后，直隶总督以裕禄补授，其人极顽固，太后甚信任之，昏庸乖戾，不明事理，其后天津拳匪之乱，实所酿成。当其时，朝廷不甚信任汉人，太后之意，以为直隶总督乃最要之职，必用满人乃可倚恃。凡预于维新之事而未受谴责者，京中仅有一人，即礼部尚书李端棻。李初以为必及于罪，数日后未见处分之旨，遂上奏言："臣曾保荐康党于朝，未赐罪责，天恩高厚，感激莫名。但臣心不安，仍请太后降罪，以为大臣妄荐匪人者戒。"辞甚佳妙，太后批谕亦甚有趣，仍以皇帝名下之。其谕如下：

上谕：李端棻奏滥保匪人，自请惩治一折。该尚书受恩深重，竟将大逆不道之康有为等滥行保荐，并于召对时一再面陈。今据事后检举，实属有意取巧，未便以寻常滥保之例，稍从末减。礼部尚书李端棻著即行革职，发往新疆，交地方官严加管束，以示惩儆。（李端棻后于光绪三十年由新疆赦回）

太后反对维新之政，风行雷动，致动南方之愤怒。有保皇会出，以扶助皇帝为名。上海租界报纸，日日著论，诋毁太后，肆无忌惮，荣禄尤为集矢之的。此等论说，显为在逃党人之所鼓动。且言朝廷举动，意在排汉，不久势必全国要职悉用满人，以挑动国内之感情。此时各省起有排外之动机，倡此议者，见太后力斥新政，愤恨西人，遂为此说以取媚。凡此情形，皆呈极险之状。

满御史会章上一折，先颂朝廷严办新党之得计，此举足为太后永久之名誉。继言现在南方之情形。后言"据臣之意，应择汉人之忠直者加以殊赏"，则人心自平，舆谕自变。盖有罪者，既加以刑罚，则忠心不变者，自应加赏。前数月中上奏诋斥党人、反对新政者，应加官升级。结尾言臣以忠爱之性出于汉臣，较之出于满臣者，尤为难得。其有益于国家，实非浅鲜等语。太后批其奏曰：

> 谕：会章奏敬陈管见一折，据称逆犯康有为结党煽乱，外间浮言，颇有以诛乱皆属汉人，遂疑朝廷有内满外汉之意等语。前杨深秀等党附康有为，同恶相济，情真罪当，特明正典刑，并谕以此外概不株连。朝廷执法，岂有满汉歧视之理？今会章妄以私意揣测，果何所据而云然？尔大小臣工，通达事理，自不致为浮言所惑。总之有犯则惩，国家一秉大公，毫无成见也。

但批语虽加申饬，此人不久即得升擢。同日，太后又罢免大员五六人，中有一满人，以示公平。又以荣禄亦曾保荐新党，交吏部议处，此则顾全体面之举也。太后见当时情形，遂连下数谕：一言内地西人及都中使馆妥为保护；一为警告各省大员妥择属官；一令各省督抚条陈政事，以便朝廷选择施行，但不许涉及党事；一为诰戒之谕，令择要录之于下："从来制治未乱，保邦未危，我朝圣圣相承，宪度修明，尽善尽美。至于深仁厚泽，难以枚举。水旱偏灾，无不立施蠲赈；江河漫溢，深恐累及穷黎；遇有军务，并未抽派丁役；宫中使女，亦未选及民间。仁民之政又如此，宜其上下一德，朝野相安，以期共享升平之福。乃有大逆不道之徒，聚党密谋，辩言乱政。而士大夫中竟有不明大义者，援引匪人，心怀叵测。言念及此，能勿愤懑？朝廷屡示宽大，姑免株连"等语。

谕末诰诫各官，以名教纲常为己任，共矢公忠，勤修职业，敦崇节俭，力戒奢靡。凡皇帝前所免黜之官，太后皆复其职。其最著者为许应骙，盖许曾参维新党人王照也。皇帝所用之人，则罢黜殆尽。无一人敢上书营救者，唯甘肃藩司增厚保救翁同龢。太后大怒，立免其官，自后遂无有进言者矣。都中诸事既定，太后乃注意于各省。时江督刘坤一告病，请开缺。太后严旨申饬，言朝廷待遇深厚，不得以小故自图卸责，仍当尽心职守，慎选属吏，以答国恩。翁同龢之强顶，太后恨之尤深，仅予休致回籍，犹以为未蔽其辜。且荣禄向与翁有隙，亦不肯为之解缓，乃又以帝名下一谕严饬之，今录于下，亦可以之见太后之性情焉。

谕：翁同龢授读以来，辅导无方，从未以经史大义，剀切敷陈。但以怡情适性之书画、古玩等物，不时陈说，往往巧借事端，刺探朕意。自甲午中东之役，主战主和，甚至议及迁避，信口怂陈，任意怂恿，办理诸务，种种乖谬，以致不可收拾。今春力陈变法，密保康有为，谓其才胜伊百倍，意在举国以听。朕以时局艰难，亟图自强，于变法一事，不惮屈己以从。乃康有为乘变法之际，阴行其悖逆之谋。是翁同龢滥保匪人，已属罪无可逭。其余陈奏重大事件，朕间有驳诘，翁同龢辄怫然不悦，恫喝要挟，无所不至，词色甚为狂悖。其任性跋扈情形，事后追维，深堪痛恨。前令其开缺回籍，实不足以蔽辜。翁同龢著即行革职，永不叙用，交地方官严加管束，不准滋生事端，以为大臣居心险诈者戒。

翁住原籍江苏常熟县，直至光绪三十年，乃以病死。凡识其人者，靡不敬爱之。翁之为人，颇不同于常流。中国之为高官者，既退职，则置国事于不问，但求一己之安乐。翁则坚毅不屈，虽退职闲居，而为国之心仍不少变，犹冀日后得复原职，以助帝重行新政。翁系命地方官严加管束之人，以故多听烦扰。每月拜知县三次，外示谦畏，内实窘之。常跪谓县官曰："老父台奉朝廷谕旨秘密看管同龢之行为，故特来署听候处分，以便父台奉行诏旨。"县官窘极。盖翁曾为军机大臣，掌握重机，尊为帝师，今虽削官回籍，后日之事难逆料也。翁除每月拜县官之外，则以文字自乐。其家居信札，曾刻行于世，襟怀淡雅，书辞卓绝，士林悦服。虽罢官幸未动其家产，足以娱老，以视居政府勤劳国事，苦乐悬殊矣。死后道德文章，流传于世，敬慕者愈广，片纸只字，珍若拱璧焉。

太后以国中士子因皇帝行新政，变科举法，怨者甚众，乃下谕仍复旧制。于是守旧之士，皆歌颂太后之德。旧科举法关防严密，试卷悉用弥封，新法免之，今则一切仍旧。其谕旨录于下：

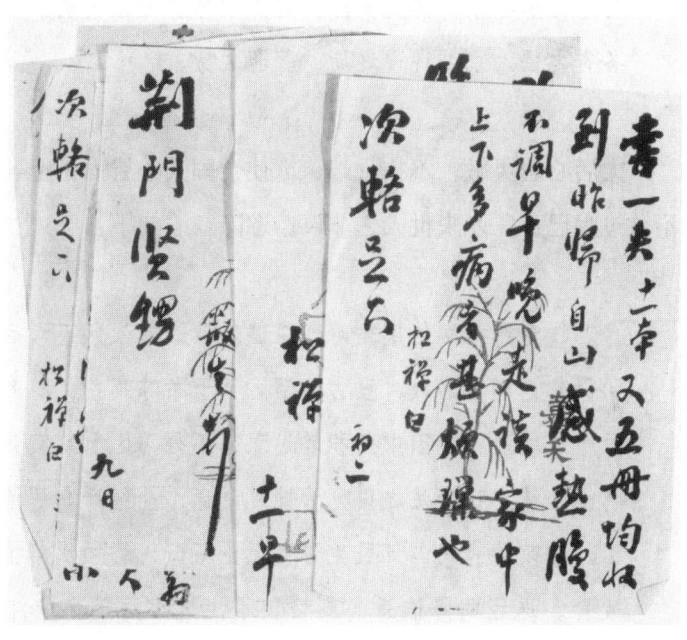

翁同龢书札

钦奉慈禧端佑康颐昭豫庄诚寿恭钦献崇熙皇太后懿旨,国家以四书文取士,原本先儒传注,阐发圣贤精义,二百年来得人为盛。近来文化日陋,各省士子往往剿袭雷同,毫无根柢。此非时文之弊,乃典试诸臣不能厘正文体之弊。乃论者不揣其本,辄以所学非所用,归咎于立法之未善。殊不知试场献艺,不过为士子进身之阶,苟其人怀奇抱伟,虽沿用唐宋旧制,试以诗赋,未尝不可得人。设论说徒工,心术不正,虽日策以时务,亦适足长嚣竞之风。用特明白宣示:嗣后乡试、会试及岁考、科考等,悉照旧制,仍以四书文试帖、经文策问等项,分别考试。经济特科易滋流弊,并著即行停罢。朝廷于抡才大典,斟酌至再,实求细详。嗣后典试诸臣及应试士子,务当屏斥浮华,力崇正学,毋负朝廷作育人才之至意。至富强之术,固当讲求,惟必须地方官认真举办,方不至有名无实。所有农工商诸务,亟宜实力整顿。惟总局设在京城,文牍往还,事多隔膜,一切未能灵通,仍应责成各督抚在省设局,分门别类,详加考核,俾有实际。著直隶总督选派妥员,督率办理,以为各省之倡。京城现设之局,著即裁撤。

太后心思灵敏,不执一端,欲使全国人心皆向于己。虽恶新党,亦不欲过为已甚,以来世人之非议。遂降一谕如下:

钦奉慈禧端佑康颐昭豫庄诚寿恭钦献崇熙皇太后懿旨:国家制治保邦,纲常名教,亘古为昭。至于条陈损益,随时变通尽利,本无一成之法。前因中外积弊过深,不得不因时制宜,力加整顿。而宵小之徒,窃变法之说,为煽乱之谋,业经严拿惩治,以遏横流。至一切政治有关国计民生者,无论新旧,均须次第推行,不得因噎废食。迭经明降谕旨,剀切宣示,大小臣工当能仰体此意。惟言事诸臣，往往胸无定识，即如乱谋方张之日，内外章奏，能灼见先几、防微杜渐者，并不多见。迨至事后，或且仰窥意旨，揣合希荣。岂知朝廷用人行政，一秉大公，执两用中，不偏不倚。用特再为申谕：嗣后内外臣工，务当精白乃心，一化新旧之见。凡所建白，但期有裨时局，不得妄意揣摩。甚或挟私攻讦，是非所在，亦自难逃洞鉴也。将此通谕知之。

太后又注念民间之困苦，以山东黄河时时决口，损及人民生命财产，命妥筹防范。中国黄河工程丛弊极多，河员侵冒公帑，已成惯例，诰诫之旨视同具文。太后知之甚深，故谕中揭示其弊，言黄河工程，每岁费巨帑修理，何以毫无功效，仍为灾患？著军机处会同各部大臣、都察院等妥商善策，然仍无切实办法。太后又命李鸿章查看黄河工程，其后亦无结果。朝廷之德意，终不能宣达于下，使民受其实惠也。此次太后垂帘，一如同治初年载垣阴谋败后情形，思虑周密，措施灵敏，观其时之上谕可见。黄河事毕，太后又思及讼狱之弊，下谕诰戒，言近闻地方官于小民词讼，多有延宕展缓，至数月之久不为清理者。以致无辜良民，羁留拖累，受审无期，殊可怜悯。谕中指示积弊，极为明切细密。但系通谕全国，未指实何人何事，此则中国谕旨之积习也。其谕旨录下：

> 钦奉慈禧端佑康颐昭豫庄诚寿恭钦献崇熙皇太后懿旨：词讼为吏治最为之端，必须随到随结，毫不拖累，方足以恤民命而清讼源。近闻内外问刑衙门，于应办案件，往往经旬累月，延不审结，甚有创设候审待质各所，以避班馆名目，滥押无辜。其间丁役之需索，胥吏之留难，种种弊端，不可枚举。试思一人坐狱，阖家不安，小民各有生计，苟非含冤负屈，岂肯轻涉讼庭，委身法吏？乃

有司各官，因循疲玩，习为故常，全不以民瘼为念，殊堪痛恨。著刑部、都察院及各省督抚，详定清讼章程，严核官吏功过。所有月报各册，务须实力奉行。如有不肖官吏，仍前玩泄，视为具文，即著严参惩办，毋稍徇纵。将此通谕知之。

由是太后之仁慈，广面于世，皆此等谕旨之功。当时乡里之小民，皆以为太后心太慈善，故不能绝止乱源。此等心理，北人尤甚，谓以太后之仁惠。故庚子年联军未到京前，旅京西人及教士，未得全体杀戮焉。又下一谕以著圣母之仁慈。此谕可见太后调和人心之微意也，今书于下：

钦奉慈禧端佑康颐昭豫庄诚寿恭钦献崇熙皇太后懿旨：近来各省奏到就地正法之案，以盗犯为最多。此等凶徒，其情可恶，其愚可悯。凡为盗贼之人，每借口于饥寒所迫，流而为匪，殊不思犯法干刑，断无生理。况若辈类非懦弱无能，倘使伏处务农，本有营生之路；投营效力，亦有进身之阶。与囚禁囹圄，身首异处，孰得孰失？且一经事发，累及父母妻子，扪心自问，其何以安？深宫轸念民生，无日不以尚德缓刑为念，用是特颁训谕：凡我赤子，尚其仰体朝廷痌瘝在抱之怀，勉为盛世良民，毋得徒逞强梁，自罹法网。著各省督抚督饬地方有司，通行晓示，务使遐陬僻壤，咸共周知，用副爱养黎元至意。

当时英公使及其他外交团员，有时表同情于皇帝，欧洲舆论亦有助之者。太后最恶之，欲设法挽回其意，乃请使馆夫人等入宫拜见，待以殊礼，结以隆情，遂咸得其欢心，此法太后盖得之于中国经书中者也。太后既收人心，遂渐任满人刚毅。刚毅乘荣禄离京之时，力请太后通饬全国,训练乡兵,谓唯此一事为最要。教会西人在山东目击此事,皆知其用意,乃在抵制外人,他省亦然。其主意则出于刚毅,而太后听信之也。观于下载之上谕,可为拳匪发生之根由,此皆刚毅等人所为,无可疑者。今节录谕旨如下:

> 从来君民一体,上下同心。凡属地方应办事宜,虽在官为之倡,尤赖绅民共为襄理,方克相与有成。即如积谷、保甲、团练各事,似属故常,若能实力奉行,有利无弊。积谷则歉岁足以救荒,保甲则常年足以弭盗,团练则更番训练,久之民尽知兵,自足为缓急之恃。著自直隶、奉天、山东三省为始,以及各省将军、督抚,务当晓谕绅民,将以上各项认真兴办。其旧有章程者,重加厘订;其未有章程者,妥议举行。先从省会办起,推之通省,行之各邑,

地方官员

速即照章举办，以期逐渐扩充。

其余上谕，皆系寻常诰戒之文，无甚关系。后日乡勇之生患，及拳匪乱时太后之游移无定，使人谓"太后智识短浅，听刚毅之言，率意而行"。此二事虽无确据，而但观其外，则使吾人生此推测，不能断言太后明知之而故为之也。此谕虽不能知其真意，而其后则极有关系。逾数日，又下一谕，观此可知以乡勇备国防，太后颇为注意，隐藏报复外人之心。其谕如下：

从来君民一体，上以诚求，下以诚应，郅治之隆，罔不由此。近因时事多艰，深宫宵旰忧劳，无日不以教兵养民为念，迭次所颁谕旨，如训练兵勇，劝课水利蚕桑，兴办保甲、团练、积谷各事宜，无非为海宇策富强，为闾阎谋乐业。至于避邪教，则禁奸徒之私立会盟。清庶狱，则戒愚民之轻罹刑辟。所为训俗型方者，尤属无微不至。各封疆大吏等，果能诚心宣布，实力奉行，何难朝野一心，日臻上理？乃闻向来各省于奉旨饬办之件，并不认真遵办，不过由院发司，由司交府发县，一行了事。以致恩膏不能下逮，明诏皆若具文，积习相沿，所宜切戒。著各省将军、督抚等，通饬各府州县地方官，即将以上所奉谕旨，一律刊刻誊黄，颁行晓谕，遐陬僻壤，务使周知。以后诏旨中凡兴利除弊，有关于民生休戚者，俱著照此办理。学政有教化之责，并著督率教官，会集绅耆，随时宣讲。各营弁勇，由该管将领勤加训练，传宣德意，勉以忠义。经此次申谕之后，大小臣工均宜振制精神，以实心行实政，毋蹈因循欺饰之习。其绅衿士庶，亦当激发天良，申明大义，父诏兄勉，乐事功。平时勿怀畏难苟安之私，临事自获众志成城之效，于以固邦本而振国威，庶不负予谆谆诰诫之至意。将此通谕知之。

又特谕军士，勉尽忠心，以扶国家。但此等空文，实无大益，有记述家某某言：观于当时谕旨之恳切申戒，足知太后整顿国事之诚意。但自西人之眼光观之，欲以简要之语，说明此等上谕之真意，殊非易易。不独西人，即中国人亦然。且上谕中又有不发抄者，则外间尤不能知之也。吾人所知者，太后欲宣示其盛德诚心于世界，而未能达其志，且皇族中之暗斗，亦未能平息而安定之。太后之种种措施。其意仍在康，康乃有为，盖图谋太后之首犯，而未明正典刑，逃走海外，此乃太后最痛心疾首之事也。太后恐国中人民，尚未尽明康有为之罪状，乃又下一谕如后：

> 昨据两广总督谭钟麟奏，康有为本籍抄出逆党来往信函多件，并石印呈览。查阅原信，悖逆之词，连篇累牍，甚至推谭嗣同为伯里玺之选[1]。谓本朝为不足辅，各函均不用光绪年号，但以孔子后几千几百几十年大书特书，迹其种种狂悖情形，实为乱臣贼子之尤。其信件往还，牵涉多人，朝廷政存宽大，不欲深究株连，已将原信悉数焚毁矣。前因康有为首创邪说，互相煽惑，不得不明揭其罪，以遏乱萌。嗣闻无知之徒，浮议纷纭，有谓该逆仅止意在变法者，试证以抄出函件，当知康有为大逆不道，确凿可据。凡属本朝臣子，以及食毛践土之伦，应晓然于大义之所在，毋为该逆邪说所惑，以定是非而正人心。将此通谕知之。

于是太后措置已定，而庚子年非常之事，遂种因于是矣。

---

[1] 伯里玺，当时"总统"（president）之音译。

第十六章　拳乱发生之源

拳乱之历史，及其发生之由、当时助乱之人物，均于《景善日记》中详述，可不再赘。以下所录，乃荣禄与其友福建总督许应骙之书。阅之不独可明直隶拳乱发生之源，亦可见荣禄当时之态度及其政见也。书系光绪二十六年者，今录如下。

荣禄致许应骙书（由洋文转译）：

义和拳者，起自山东某县（译音为"光县"，但山东无光县，只有寿光县。袁太常日记言拳匪起自曹州府之某县，按曹州所属有单县，或此所指即单县耶）之十八村中，本名梅花拳。李秉衡任山东巡抚之时，不加禁阻，而许其团练。去年春，兵拳交哄，李将带兵官革除，所执拳民皆令赦之。当此之时，拳团首领自称明后，其中女子则名为红灯罩，既经李之奖许，其势渐为蔓延，遂至直隶。某州（译音为"荆州"，但直隶无荆州，只有景州、晋州音略近之，不知究系何地）知县出示，言义和拳乃白莲教之别名，禁止百姓信奉。此知县与法国教会颇为交好，直督闻之，乃革其职。仆甚以为冤，盖仆及仁和王公督直之时，皆知此人做官甚好也。

去年九月底，直隶拳民竟竖旗大书受玉皇大帝差遣，除灭洋人，劝百姓皆入其团。某地拳民奉一和尚为首，带领乱民焚毁教堂，并烧留坝（音译）教民之居屋。知县出兵弹压，枪毙拳民三四十人，生擒其首领，余皆骇散。观于此事，人当知拳民不畏枪炮之言，实不足信矣。拳民虽有符咒，而官兵捉拿之时如擒小儿，毫无法术，其虚妄可知。所擒得之拳民，均即正法。藩司廷雍于此事之肇始，颇有关系。仆闻其十日以前，曾命署中之人信奉拳团，宣化知府入见廷雍，言嘉庆年间上谕，即有匪徒设立八卦教义和拳等名目之事，曾奉严旨密拿惩办。廷雍言："此时情形不同，汝何故牵涉往事？"知府言："时虽不同，祖宗谕旨必当尊奉。"廷雍无词以对，乃顾而言他。

某日（西历6月21号）奉上谕，命收集拳民为团练，奖其义勇，命各省一体照办。仆读之，夜不成寐，数起彷徨，不觉忧喜交集。盖收集百姓之义勇者编成团练，以为国防之助，用意至善。若果办理得宜，裨益良非浅鲜，然办理不得其人，则贻祸亦至巨也。足下与仆相知有素，必以仆言为然。拳民之起，亦系激于义愤。今日民教互仇，已成不两立之势，谓政府引虎入室，奋起相斗，虽粉骨碎身而不惧。其忠勇之气，固可嘉尚。然观其初起，不敢聚众太

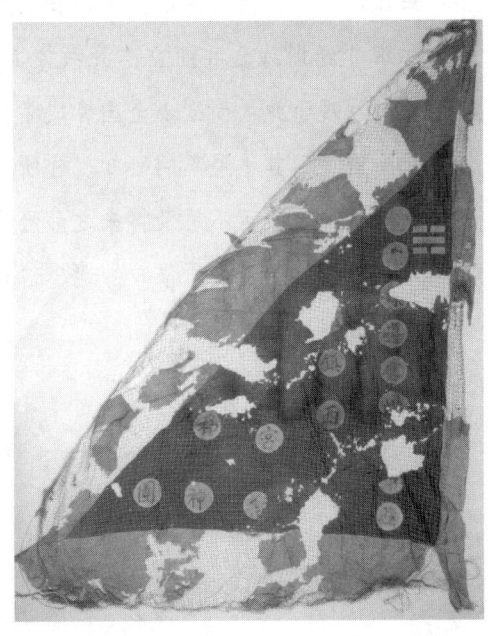

义和团旗帜

盛,以动官兵之剿灭,则亦未尝无畏惧之心也。若欲任拳民以敌外人,实仍大误。故仆之意,但能利用其一时之狂热,以作兵气。至于临阵,则决不足恃也!其所谓法术,亦但可作为虚声,以寒敌胆。若深信其种种可笑之举动,谓真有神奇之术,足以制胜,则愚矣。即使其法术偶有灵验,亦系邪术。足下试观前史,凡有邪术者,其后来有不为谋反叛逆之事者也?顷接电嘱仆勿忧虑过度,谓拳民在天津大沽,颇获胜利。但仆实不信之,恐系诬妄耳。

中国南北人民性质不同,此乃人所共见者。南方会党林立,群思蠢动,如厝火积薪之上,稍触即发。若一有变故,均将乘之而起矣。况南人大抵嗜博,不安本业,无忠愤之气,若以此编成团练,望其御敌,是犹驱群羊与虎斗,将尽膏其吻耳。北方之义和拳,初非以抢劫为志,乃迷信其教,而成为疯狂之状,尚非南方会党之比。北人朴野而愚蛮,南人则圆滑而奸巧,尤不可恃,足下当深知之。南北情形既不相同,难执同一之政策以御之也。当甲午年与倭寇开仗之时,南勇闻风奔溃,畏敌如虎,非至今念之而切齿乎?义和拳非经训练之兵而立志死敌,其义勇之心,敌忾之气,至可惊喜。然观于此,而欲令全国皆成拳民,恃之以灭敌,则大误矣。果执此策,则其结果不问可知。仆所以奉劝足下者,非欲足下背朝廷之谕旨,但不可不思及将来之危险耳。千万慎重,最要者不可使朝廷之谕旨,为乱民所借口。忧思迫切,辞不达意,尚祈鉴谅为幸,并盼赐复。

第十七章　景善日记

景善者，满洲正白旗人，生于1823年，于1863年即同治二年为翰林院学士，尤以理学著名于世。次年转内务府官，1869年即同治八年升内务副大臣，1879年即光绪五年升内务正大臣。其父桂顺在道光朝为都统，甚得信任。景善之家与叶赫那拉有戚谊，与满洲各贵族皆有关连。因之景善于朝廷钜巨之事，皆详悉无遗。凡都中势要各官，无论满汉，景善皆能知其意向与行事。在内务府数年，1894年即光绪二十年，退职家居。

景善曾为端王、澜公及惇王子之师，故与主持拳匪首领皆甚亲切，而能知其详。渠颇不以拳匪之骚扰京都为然，其本身之境遇极为悲苦。开战之动机、拳匪之暴乱、甘兵之野蛮、洋军之侵入，及其家庭之苦楚、妇女之诟谇、其子不孝之状，皆详载于日记之中。阅之酸辛，视其他倾家败产者，尤不同也。至西历8月15号联军入京，太后出走，景善之妻妾及子媳皆自尽死，景善亦为其长子恩珠推入井中。恩珠后为英兵枪毙，因其收藏身带兵器之拳匪故也。

日记之首载1900年正月至八月之事，皆无大关系者。予所择录者，乃当年夏间如痴如狂之惨剧，及太后之意向，宗室王公极愚至拙，茫然不知世事之情形。此日记译者于8月18号得于景善家中，当正骚乱之时，几为色克斯所没烧，幸而得存，可以考当时之实情焉。

《景善日记》（由洋文转译）[1]：

---

[1] 据考证，此日记有伪作之嫌。

载澜（中）

光绪二十五年十二月二十五日。澜公来坐，谈义和团事甚详，言义和团起于山东，今巡抚毓贤奖劝之。又谈昨日召见事，言昨日除召见军机大臣、各部尚书、内务大臣外，又召恭王、瀛贝勒、濂贝勒、端王等入见，议废立之事。

老佛曰："今上之立，国人颇有责言，谓不合于继嗣之正。况我立之为帝，自幼抚养，以至于今，不知感恩，反对我种种不孝，甚至与南方奸人同谋陷我，故我起意废之，选立新帝。此事于明年正月元旦举行，汝等今日可议皇帝废后，应加以何等封号？明朝景泰帝当其兄复位之后，降封为王，此事可以为例。"

太后语毕，诸人相顾无言。良久，徐桐奏曰："可封为昏德公，昔金封宋帝，曾用此号。"太后意可。

太后又曰："新帝已择定端王之长子。端王秉性忠诚，众所共知，此后可常来宫中，监视新帝读书。"

军机大臣孙家鼐廷争，请太后勿行废立之事，言："若行此事，恐南方有变，选择新帝之意，常在太后心中，当俟诸万几后，方可举行。"

太后闻之甚为不怿，谓孙曰："这是我们一家人会议，兼召汉大臣，不过是为体面，此事我已告知皇帝，帝亦无言。"

太后命诸大臣皆至勤政殿恭候，俟太后、皇帝驾到，阅视立嗣之谕。其礼节则定于新年元旦日举行，于是众大臣皆遵旨至勤政殿。数分钟后，太后乘轿而至，诸人跪接，有太监数人随驾。太后命在外边等候，使李莲英往请皇帝，帝亦乘轿至外门下轿，向太后拜叩。太后坐殿内宝座之上，召皇帝入殿，帝复跪下，诸王公大臣仍跪于外。

太后曰："进来，不用跪下。"令皇帝坐，又召诸王公大臣皆入，共约三十人。太后重述前意。

皇帝曰："太后所说极是，我意亦同。"

此时军机大臣荣禄以所拟谕旨呈太后阅看，太后看过即发下，亦未与皇帝一言，但商议选择嗣子事。议既定，诸王公皆退，唯军机留俟后旨，故以后之事澜公不知。澜公言："观皇帝神情，如在梦中。"

三十日除夕。刘顺为予剃头。渠今晚归家过年，大儿恩珠（译音）向予索银五十两买银鼠外褂。此子性情悖逆，甚为不孝。是日齐秀成（译音）来拜，言其岳父毓贤将简放山西巡抚，太后前日召见，甚赞其在山东任内之治绩。毓贤时往端邸密议，端王言："我若得总理衙门差使，与洋人交涉，必无困难之事。"端王性情暴躁举止粗鄙。

光绪二十六年正月元旦，予今年七十八岁。诸子欺予耳聋，无所不为，皆不肯向上学好，予家风堕矣！余年二十余岁时，文学即已有名,曾蒙道光皇帝称奖,赏予御书一轴,上写朱子语类。

今年有闰八月,人人皆谓不祥之兆,盖以前每逢闰八月,则是年必有变故也。

新帝本定于今日即位,但不果行。余子恩铃告予,新年大高殿、奉先殿致祭,皆系大阿哥恭代。大阿哥年十四岁,人甚聪俊,性情粗暴,致祭时由煤山步行至殿。

五月五日龙舟节。予六钟起床,在小书房内洗脸,看门家人何贵进来,持刚毅名片,送予猪肉数斤,为节礼。彼同赵舒翘往涿州查看义和团情形,予不知其已回京也,来使言彼主人稍停即来拜会。

予子恩珠、恩铃往朋友家看戏,幼子恩铭在颐和园当差。四日内太后传戏,予未见刚毅,想彼昨日甫自涿州归,尚未到差也。下午三钟时,刚毅来拜,予留在家晚饭。渠为人甚佳,少余二十岁,甚为聪明,告予昨晚有外国鬼子兵队数百人入城。彼同赵舒翘于午后四点半钟到京,急草奏,预备明日复命,言"天降义和团以灭洋人"。

此时端王请假五天,刚毅曾往见之,告予正在端邸谈论,庆王差侍卫送信与王,言有三百洋兵于昨日午后由天津来,护卫使馆。并言洋兵甚少,无所妨碍,请端王知会虎神营,勿阻洋兵入城,太后已许之矣。端王详询侍卫各事,侍卫又言庆王曾接直隶总督来电,言洋兵未带大炮。端王笑曰:"几百个洋鬼子,怕他什么"。刚毅则力劝端王下令步兵统领崇礼,阻止洋兵入城,但荣禄似已命其入城。刚毅因此事甚怒荣禄,言不明白他是甚么意思。

大约去年底,端王与荣禄二人,已合谋废帝立大阿哥。端邸知荣禄为太后最信任之人,苟无荣禄之助,则彼子未必能立。但现在荣禄力言义和团之无用,劝太后勿信之。荣禄一日不赞成,则端

第十七章 景善日记

王、刚毅不能望太后以全力助义和团也。举一事以明太后近日之意向。有一日大阿哥同太监数人，在颐和园空地穿拳民衣服练习拳术，为太后所见，立即传谕命大阿哥入房责之，并责大学士徐桐不用心教导，以致扮成这难看的样子。此事为端王告知刚毅者。

渠言由端邸出前门，见洋兵入地，旁观之百姓有骂者，但都不敢出头。其实有甚么要紧，若群起攻之，一个也不能逃走。渠到涿州一次，深信直隶一省百姓，皆同心合力扶清灭洋，即小孩子亦皆练习拳术，曰这回一定把洋人赶走了，一点也不用疑虑。涿州县官姓康，曾捉拿拳党首领数人，刚毅、赵舒翘皆命放之，为予述在涿州时，观其操练，口喷白沫，甚觉奇异。初不甚信，后有人以枪击之，连放数次，拳民毫无所伤。此次试验，即在县衙门大院内行之，观者极众。赵舒翘言："从前在陕西乡中曾见人练习。与此相同"。

东汉末年黄巾作乱，其首领张角奉五斗米道，亦有法术，从者数十万人，自言归玉皇保佑，刀剑所不能伤。

刚毅、赵舒翘明日入朝复命，将以查看之情形奏明太后，请太后信任义和团，用为军队，以敌洋人，即以端王、刚毅统率之。盖北洋陆军统领荣禄，深不信之也。总管太监李莲英亦为热心赞助义和团之人，时以义和团之神奇，述于太后之前。然苟荣禄心怀反对，则终不能望太后之壹意信任也。况太后春秋已高，心乐和平，不愿开衅。予深知太后之性情，平日极为温蔼，好书画，喜观剧，但有时发怒，则甚为可怕。当同治六年予父为内务府大臣，有一日忽逢太后之怒，因太监小安为山东巡抚丁宝桢所杀，系出东宫太后旨意。太后闻之，大骂内务府大臣扶同背叛，以内务府未先奏闻也。太后言："恭王将谋我之命，凡我近侍皆所不容！"严刑拷问跟随小安之太监，何人走漏风声？其后查出，立命毙于杖下。此事太后蕴怒至深，经历多年，始渐忘之。但现在太后暮年，心肠已软，即对于洋人亦然。若得太后一言，则洋人之在中国者，将立刻戮尽无余，各处洋房亦必立成焦土矣。

刚毅约坐二时许别去，渠今日尚须往端邸，冀见总管太监李莲英也。

是日工部侍郎堃岫亦来拜，言庆王于谈论间时讥笑义和团，谓不值智者一笑，但在朝堂则发言极为谨慎。数日之前，太后曾问庆王对于义和团之意见如何，庆王答言义和团可用，可以保卫国家。

夜九钟，恩珠自齐秀成家中观剧归，言人人皆讥荣禄，不应许洋兵入城。齐之岳父毓贤近日写信来，言山西百姓入团者甚少，但彼极力提倡，使北方各省联成一气，以灭除洋人。外间传言袁世凯已吃洋教，若彼在山东果压服忠勇之义和团，则虽死不足以蔽其辜也。

珠媳甚为不孝，是晚与予妾口角，几至相打。孔子曰："惟女子与小人为难养也，近之则不逊，远之则怨。"予年已七十有八，时因家事烦恼，下人无礼，每使老人难堪。

五月十二日。恩铭午时来家，因昨日太后由颐和园回宫，故亦随侍而归也。言昨日早晨，荣禄在园召见，奏拳民烧毁铁路之事甚详。太后闻之大惊，立即命驾回宫。观太后心中似乎迟疑不决者。荣禄又请开缺，苟彼出军机，则刚毅、启秀必大得志矣。又言一路进城时，太后催轿夫快走，心中甚急。至西苑瀛秀门，皇帝、大阿哥跪接入宫，立即召端王入对，良久始出。太后主意不定，皇帝则总不开口，虽太后常问帝意如何，帝亦不言。董福祥亦来京，今日在殿上参劾荣禄，言京中外国使馆，五日之内即可攻毁净尽。但荣禄从中为梗，乃朝廷之奸臣。若不乘此时机除灭洋人，则国家危矣。董乃一粗豪之人，平日对于吾满人感情甚恶，刚毅深恨之，但今日则利用之。

五月十四日。军机大臣启秀来拜，示予所拟上谕一道，乃与各国开战者，彼豫拟以待太后盖玺。然太后尚未决定与外国开战。

下午予往澜公家，今日为其夫人之生辰，予往拜寿。有义和团百余人在彼家中，半皆乡民，有一团长温顺统带之。又有小孩五六人，约十三四岁，状若昏迷，口中喷沫，起而奋跳，执近前之物，乱跳乱舞，口出怪声，如疯狂然。澜公信以为神，言其夫人时入宫中，告太后以义和团神奇之术。大公主邸亦有义和团二百五十余人，但彼不敢奏闻，其弟载瀛亦学此术。甘勇均已入城，人民预备出京者甚多。

五月十六日。荣禄今日入朝。军机首领礼亲王不敢以甘勇昨日在永定门外杀死洋人之事奏闻。礼王既退，叫荣禄起。刚毅言："荣禄必请太后，命董福祥带兵出京，并以殊荣赐与杀死之洋人。"荣禄奏对时无一人在侧，退出后直回其家，亦未与同僚一言。传闻又到洋兵不少，太后将不许其入城，荣禄亦赞成之，并劝太后许京中洋人一体出城。言若攻外国使馆，实与公法不合。

五月十八日。昨晚恩珠回家，告予有义团数百人，已入海岱门。予患腿疾，不能出视，甚觉怅怅，遂差何庆定出观，报予知之。予老矣，今日得亲逢此盛事，真幸福也。除使馆外，京中洋房皆烧成平地。一夜火光四起，殊为奇观。刚毅信来，言彼与澜公往顺治门，于三钟时指挥义和团烧法国教堂。其中教民数百，无论男妇老幼，均被焚死，臭味难闻，二人为之掩鼻。天明刚毅入宫，李莲英告之曰："老佛爷在南海西小山上望见火光，看烧顺治门法国教堂，甚为清楚。我说因洋人先在海岱门对众放枪，激怒义和团，故杀教民以报复之。又告诉老佛，徐相在家为洋鬼子所阻，不能出来。老佛闻之甚为惦念，命庆王向使馆言，让徐相出来。老佛见义

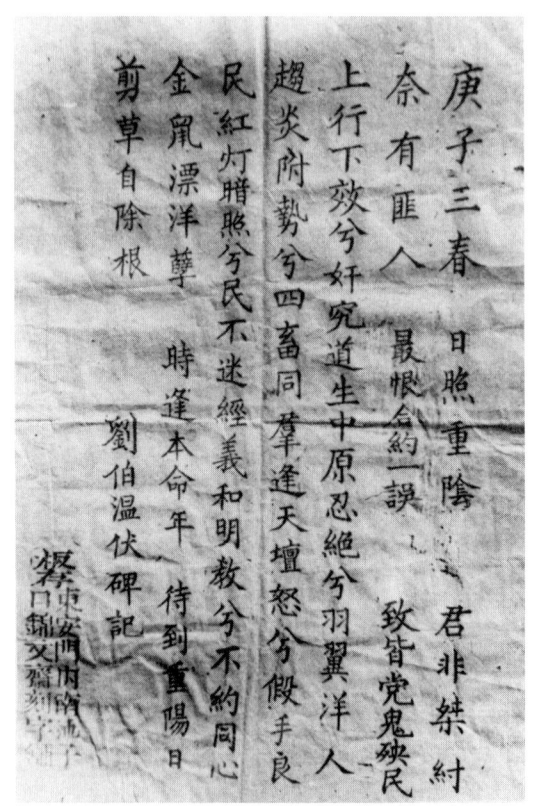

北京义和团的传单

和团如此奋勇,甚为惊异。"

刚毅谓:"老佛现在虽未明下上谕围攻使馆,然不久必允许矣。"

李莲英又告刚毅,不可称赞义和团过甚,致起太后之疑。除荣相外,无一人敢在太后前反对者。太后现移居宁寿宫,因外间喧嚣之声时达西苑,不能安睡也。

五月二十一日。南城大火延烧一日,因义和团放火,烧大栅栏外国药店,遂致延烧甚广,附近一带银号银炉均成焦土。书云"火炎昆冈,玉石俱焚",此之谓矣。义和团自谓有法术,只烧洋房,决不波及居民,今竟如此。义和团本是好人,但其中亦有坏人搀杂于内,希图趁火抢劫。此等流棍,冒穿义和团衣服,以污真义和团之名誉。前门外之塔亦被火，太后命荣禄派兵把守城门，以防乱人混入内城。

下午，予之侄女来家省视。此女业已出嫁，其家在外城，因街市中放火杀人，离其所居甚近，甚为惊恐，遂移居北城。

闻端王请太后派彼为总理衙门大臣，太后命将城中洋人，皆护送出京，勿令拳民攻杀。

予老友启秀及那相均派为总理衙门大臣。那相近曾上奏，请朝廷速向各国宣战，勿待其援军之至。太后特派入总理衙门，命其帮助端王、启秀护送洋人出城，庆王乃模棱无所可否。荣禄请送外国使臣至天津，但必先免直督裕禄之职，以防生变。

是晚内子病重，口出谵语，转侧不宁，予请杨大夫来打针。

五月二十四日。昨午裕禄有奏到京，言洋人索大沽炮台，请朝廷即与宣战。太后怒甚，立即召见军机，定于今日集群臣会议。端王、启秀、那桐进呈外交团一照会，其言甚为悖逆，请太后归政，以大权让与皇帝，废大阿哥，并许洋兵一万入京（此乃假造之文也）。太后阅之怒极。刚毅告予，从未见太后如此次之发怒者，即前闻康有为之逆谋，亦未如此之甚。太后曰："他们怎么敢干涉我的大权？此能忍，孰不能忍！外国人无礼至此，予誓必报之。"

太后盛怒之下，无论何人不能劝谏，虽荣禄亦无能为力矣。太后告荣禄曰："你要愿意，乃可以自己去告诉外国公使，教他们前往天津，但他们既有此出奇之言，要我归政，我不能保他们途中平安。我本不要他们的命，前并允许洋兵入城，保护使馆。我一人违拂众人的意思，压服义和团，都是为他们。他们竟这样报我！"又曰拼死一战，强于受他们的欺侮。

太后虽为女人，其勇气智力，迥非寻常男子所及。

五月二十四日。予在刚毅家中，闻彼告予今晨召见事。是日召见在銮仪殿，军机大臣礼亲王、荣禄、刚毅、王文韶、启秀、赵舒翘皆到，惟皇帝未曾御殿。此次与寻常召见不同，乃会议国家重大之事也。

荣禄舍泪跪奏曰："中国与各国开战，非由我启衅，乃各国自取。但围攻使馆之事，决不可行，若如端王等所主张，则宗庙社稷实为危险。且即杀死使臣数人，亦不足以显扬国威，徒费气力，毫无益处。"

太后曰："你若执定这个意见，最好是劝洋人赶快出京，免至围攻，我不能再压制义和团了。你要是除这话之外，再没有别的好主意，可即退出，不必在此多话。"荣禄乃叩头退出。启秀遂由靴中取出所拟宣战之谕进呈御览。太后曰："很好，我的意思就是这样。"又问各军机大臣意见如何，皆主张决裂。

此时已至平常召见之时矣，太后入宫稍息，复御勤政殿召见各王公，如恭王、醇王、端王、贝勒载濂、载滢、澜公及其弟瀛贝勒、庆王、庄王、肃王，以及军机大臣、六部满汉尚书、九卿、内务府大臣、各旗都统。皇帝先到，候太后轿至，跪接而入。李莲英侍于侧，皇帝面色灰白，入座之时战栗不已。

太后厉声言曰："洋人此次欺侮太甚，我不能再为容忍！我始终压制义和团，不欲开衅。直至昨日，看了外交团致总理衙门的照会，竟敢要我归政，始知此事不能平和解决。皇帝自己承认，不克执掌政权，岂外国所能干预！天津法国领事，索大沽炮台，业已无礼至极。若此次各公使之照会，凌辱中国主权，其为悖谬尤甚。"太后主意坚决，向来诸事取决于荣禄者，至此亦无力回太后之意。

太后又谓诸汉大臣曰："本朝二百余年，深仁厚泽，凡为吾赤子，皆视同一体，无分南北。自予执政以来，谨守成宪，罔敢废堕，租税之轻，历代所无，偶有偏灾，立发内帑赈济。前此发逆作乱，朝廷指授方略，克平大难，重睹升平。今日予等受外国欺侮，正吾全国臣民，合力同心，以报国家之时，奋勉杀敌，永杜外侮。果能全国一心，何难制胜夷人？朝廷平日以怀柔远人为心，不与深校，彼等乃误解以为懦弱，横肆欺侮，今当使彼醒悟矣。本朝政尚宽大，康熙皇帝应许洋人自由传教，此乃过于仁厚，为后来忧患之源。夷狄不知圣人之教，遇事恒多无礼，至于其他细微之事，足以败坏吾之风俗，自恃兵力，肆无忌惮。但今日中国人已全体发奋，数千万之义和拳民，皆奋起以卫国家。予总觉咸丰十年，英法联军走得太容易了，彼时若有一得力之军截而杀之，即可转败为胜。但至今日，予等报复之期已至矣！"语毕又问皇帝之意如何。

皇帝迟疑良久，乃请太后听荣禄之言，勿攻使馆，护送各公使平安至天津，又言此大事不敢决断，乃请太后作主。赵舒翘奏请明发上谕，将内地洋人灭除尽净，以免其为外国间谍，泄露国内之事。太后命军机斟酌此议奏闻。赵既退，满人立山，汉人许景澄、袁昶以次进谏，谓以一国与世界各国宣战，必不免于败绩，恐酿瓜分之祸，且内乱必乘机发生，极为危险。袁昶并言："臣在总理衙门当差二年，见外国人皆和平讲礼，不信有请太后归政之照会。据臣愚见，各使必不致干涉中国内政。"

端王闻之大怒，斥袁为汉奸。问："太后肯听此汉奸之言吗？"太后责端王言语暴躁，命袁昶退出，自此无人敢进一言者。

太后即命军机宣布开战之谕，传达各省，又言当先致祭太庙，派庄王、澜公为团练大臣。又命明白通知各使：有愿今晚离京者，即由荣禄保护送至天津。命军机勿散，以待后命。于是除端王、澜公二人外，余皆退下。二人尚须独班召见也。

此次会议，徐相亦到。渠由公使馆地方逃出，太后贺其平安。澜公奏闻太后言，彼观义和团练习时，忽见玉皇降临，称奖拳民之

德国公使克林德

忠勇。太后言唐武后当国之时,玉皇亦曾降临,与今日之事同。既有神明护佑,不难灭尽洋人也。

未时,刚毅入宫,见庆王在军机处,神色惊惶。问之,乃知有一满洲兵丁名安海者,至庆王处报告,言有二洋鬼子坐轿在东单牌楼经过,彼击杀之。盖端王、启秀出有告示,令各兵如遇洋人,即杀之。此次所杀二洋人之中,有一人为德国公使。安海报告庆王,冀有不次之赏也。端王闻知此事大乐。庆王与刚毅商议,欲将此事奏闻太后。刚毅言:"杀一两个洋鬼子算甚么大事?不日即将各使馆扫灭净尽。现杀死一个公使,什么要紧?"但庆王意见不同,反复言杀死外国公使之重要,谓此事关系极大,以前所杀洋人不过是传教的,今系使臣,必动各国之怒。观咸丰十年拘执英国议和使臣之事可见也。

军机入见,礼王将此事奏闻。又言此系洋人自取,彼先以枪击人，人乃还击之也。

太后闻之，急召荣禄入见。刚毅因供应拳民甚忙，未俟荣禄之到，即先行。故以后之事，彼未知也。

予正写日记时，家人告予枪子飞轰于头上，予耳聋，竟不之闻。恩珠言甘勇已在围攻使馆，荣禄护送使臣至天津之举，已完全失败矣。

予仆刘顺请假七日回家，官民纷纷出京者甚多。

五月二十四日戌时。恩铭来家，言董福祥手下之兵，捉一洋鬼子，以刀向之，洋人口中咭咭呱呱，不知所说何语。此兵以刀伤之，带至庄邸，将处以死刑。此兵将获上赏。其余之洋人鉴之，此人即彼等之榜样也。荣禄前已预备护送各使至津，其手下有满兵二千人，均已布置妥贴。但太后不肯阻止甘勇围攻使馆，言各使如愿同荣禄出京，可听其便。若留京不去，则是自己讨死，无谓未先通知也。

澜公差人来，请予明日至其家中早饭。渠近日公务甚忙，但彼兄弟二人，尊敬其师，未尝失礼。虽性情暴烈，好勇斗狠，而有时亦甚温雅也。

齐秀成差人来，问余等愿迁居彼家否？因予所居离开仗处颇近，枪炮之声甚大也。但予耳聋，尚不觉之。齐秀成曾写信与其岳父毓贤，告知近日召见之事。

澜公写信来，言今日下午某人（原书无名）告端王、启秀，前所杀德国公使，以汉奸袁昶之命，已经棺殓。某人请端王戮其尸，悬首于东安门。袁昶争之，言在总理衙门亲识德使，不忍其暴尸于外，引孟子"人皆有不忍之心"云云。此等汉奸，竟表同情于吾上国之仇敌，可谓奇矣。

五月二十五日申时。予欲往澜公处，轿夫逃走，不得已坐车而往。端王、刚毅、载濂及军机皆在座，又有崇礼新派为步军统领者。端王今早曾蒙太后召见。两宫由西苑搬入大内，从西苑门至西华门，沿路有拳民排列护卫圣驾，太后赏银二千两，亲封庄王，称拳民之忠勇。又谓端王曰："洋人命运该绝，如鱼在釜中。予四十年来，忍辱含垢，卧薪尝胆，以谋报复，如越王勾践之心，未尝一日忘之。予待洋人，不可谓不宽大，从前我不是请公使夫人到西苑游玩吗？现在全国一心，敌忾同仇，必能战胜无疑矣！"

予知端王急盼太后立其子大阿哥为帝，不幸两江总督刘坤一极力反对。此人在太后前势力颇大。今年二月，刘在京曾力斥义和团之妖妄，并敢谏阻立大阿哥为同治皇帝之嗣子。苟无刘坤一之反对，则大阿哥久即帝位矣。故端王深恨之。刘在京于第二次召见时，曾对太后言："若有废立之事，则两江士民必起义愤。"然此亦何碍？皇帝在位中，已致国家于危难之域，端王何不启奏太后，速立其子为帝耶？若然则董福祥之兵，及端王所统之满兵，必皆拥戴之。但荣禄亦怀反对，太后甚信其言，荣禄之妻亦为太后所悦，常在宫中。

五月二十六日。往礼邸。予之轿夫非回乡即入拳民之伙，不得已坐小车而往。恩珠、恩铭欲招拳民百人来家中练习，但彼等既来，则须供应其火食，费用颇为不赀。虽今日举国之人皆当加入义团，然当此艰难之会，即供应拳民，予亦不能不加以吝惜，盖今已至米珠薪桂之时矣。昔梁太祖弟萧宏，性好蓄积，每积至百万钱则加以黄签，至于千万则标一紫签，亲戚皆怨其啬。予老矣，颇师萧宏之所为，诸子每欲动予所蓄，然不能如愿也。

予至礼邸，见礼王心颇烦闷。渠家蓄积甚富，既为军机领袖，又惧其责任太重，才具平庸，予不解太后何以选彼为军机领袖，使继恭王之任。彼告予，刘坤一有一电奏来京，极力攻击拳民。太后

遭到义和团重创的西什库教堂

见之,心颇不怿。刘又有一私电致荣禄,请其设法禁阻。荣禄复电如何,无人知之。其电奏由保定加紧递来,中言:"苟御外侮,则臣当立即带兵北上;若屠戮使馆中孤立之数洋人,则不愿以堂堂中国之兵队,作此用也。"太后朱批大致言:"南北相倚。不可歧贰。该督当粤寇之乱,久历兵间,自必探明此义。"又引《左传》"唇亡齿寒"以为言。

庄王出示悬赏,以励杀敌:杀一男夷者,赏银五十两;杀一女夷者,赏银四十两;杀一稚子者,赏银二十两。予正与王谈论时,荣禄来拜,形容憔悴,步履蹒跚。既入座,大声斥责拳民,谓"必无好结果",又言:"予过后门时,拳民竟敢大声骂予为汉奸。"予口虽不言,心思此名实为相称。荣禄之为人,性极坚毅,乃满人中之至强者,在太后前势力极大,予深恐其败拳民之事也。回家后,闻端王、庄王派兵围攻法国礼拜堂,其处只洋兵数人守之,距礼邸不过一箭之远。由邸往西华门，必由堂前经过，礼王明知必有攻击之事，而不移避者，恐一移动，则邸中财物将被劫也。此礼拜堂不数日遂毁。予家中近日已住满拳民及甘勇，直不能更名此屋为予所有，祸皆起于洋鬼子，令予受此扰乱。思至此，曷胜愤恨！是日戌时，闻荣禄发一电由袁世凯转致江、鄂、广诸督，礼亲王抄稿送予，予将秘藏之。其文如下：

"尊电敬悉。以一弱国而抵十数强国，危亡立见。两国相战，不罪使臣，自古皆然。祖宗创业艰难，一旦为邪匪所惑，轻于一掷可乎？此均不待智者而后知也。上自九重，下至臣庶，均以受外欺凌，至于极处，今既出此，义团竟以天之所使为词。区区力陈利害，不能挽回一二。因病不能动转，假内上奏片七次，无以免，力疾出阵，势尤难挽。至诸王、贝勒、群臣、内侍，皆众口一词，谅亦有所闻，不敢赘述也。现两宫诸邸左右，半系拳会中人，满汉各营卒中，亦居大半，都中数万，来去如蝗，万难收拾。虽两宫圣明在上，亦难狃众，天实为之，谓之何哉！嗣再竭力设法转圜，以图万一之计。始定在总署会晤，冀可稍有转机。而是日又为虎神营兵将德国使臣击毙，从此事局又变。种种情形，千回万转，至难尽述。庆邸仁和，尚有同心，然亦无济于事。区区一死不足惜，是为万世罪人，此心唯天可表。恻恻本朝深恩厚泽，惟有仰列圣在天之灵耳。时局至此，无可如何。沿江沿海，势必戒严，尚希密为布置，各尽全心，禄泣电复。"

又闻张之洞亦有电奏来京，自矢忠诚，言"臣应否带兵北上御敌，恭候朝命"。张之为人，善观时势，立嗣之举彼亦赞成，其博征经史，以辨论统嗣之正，皆费辞也。看风转舵，并无胆力，迥非刘坤一之比。如刘坤一之反对拳民，予虽恶之，然其忠贞之操，无人不敬之也。（日记中于此处详述拳匪之源委，及其符咒、礼节

等，今皆略之。但录其一端如下）

义和团有一秘密之符号，交战时佩于身上。其符以黄纸一张，用朱砂画一像，非人非鬼，非神非妖，有头无足，面尖削，但有眉眼，顶上有四圆光，心下书秘字一行，其意若曰：我为冷云之佛，火神在予之前，太上老君在予之后。此外又有菩萨、龙、虎等字。上面左端书"请天兵天将"，其右端书"请瘟疫之神"。其咒语太后亦知之，一日讽诵数遍。每诵一遍，则李莲英在旁高呼曰："那里又有一洋鬼子！"义和团判断人罪之法，亦至奇异，对其人烧黄表，视其灰之升降，灰上升则免死，下降则立杀之。其实纸灰有薄有厚，薄者易升，厚者常降；亦视其缠之松紧，松者易升，紧者常降也。其放火亦言有神指导，用刀或枪向房屋门上指画，又向地上、土上指画，群呼曰"着"，立时火燃，实则皆暗中布置者也。

五月二十七日。予前所记被捉之洋人，于今日卯时杀之。洋人无辫子，乃以其头置于笼内，挂于东安门之正梁上，面目狰狞可怕。在吾国官门之上，挂一敌人之头，不可谓非盛事。观之令予回忆咸丰十年刑部监外所挂洋人之头矣。荣禄设法欲救此洋人之命，至欲以强力行之。但端邸、庄邸决意斩之，不令荣禄得知，已先处决。及荣禄派人至，则洋人已身首异处矣！昨日王爷令此洋人跪练，至数钟之久，呼声惨不忍闻。老佛知此事，命赏捉此洋人者以五百金，较之告示所开加十倍矣。住予家中之拳民，以予吸雪茄烟，初欲取之，后因予年老，特别许用。此时凡洋货均禁用，即洋火亦在禁止之列。义和团之首领，如张德诚、韩以礼，皆粗野未读书之人。今则受王公之尊礼，思之殊可异也。

澜公来坐，告予一新闻：今日嗣子大阿哥呼皇帝为"鬼子徒弟"，为帝所闻，奏知太后。太后大怒，立命将大阿哥抽二十鞭。端王甚为愤恨，但畏而不敢言。端王性虽暴烈，极畏太后，每太后与之言，辄震惧失次，汗流被体。

　　昨日董福祥奏言：使馆即将攻破。太后在宫中高石之上，见使馆附近火光甚大，以为使馆已毁。至下午，许景澄入见，上一封奏与袁昶会衔，参劾义和团，言火起之处，非使馆乃翰林院，甘勇放火焚院，冀火势延烧及于使馆耳。太后闻之大为不怿，斥责董福祥。立召荣禄入见，奏对良久始出，旁无一人，不知其为何语。今日裕禄自天津奏报，言我兵得胜，洋人攻大沽炮台，死者甚众，并击沉其兵轮两艘。天津洋人，几剿灭净尽矣。京中教民，今日所杀者有数百人之多。在庄邸外行刑，审问者为庄王、刚毅、芬车、桂春，甚为残忍，多有无辜枉杀者。老佛真乃仁慈，闻之恻然动念，下谕教民如果悔改，可即赦之。

　　五月二十九日。今日为内务大臣文年值日，告予有义和团约六十人，由端王、庄王、濂贝勒、瀛贝勒领带，于六钟入官，寻找二毛子。至宁寿宫门，太后尚未起床，彼等大声呼噪，请皇帝出来，说皇帝是洋鬼子的朋友。此言乃端王所说，其时端王粗莽之状，甚可骇异，或酒醉而发狂乎？老佛正吃早茶，闻外面喧嚣之声，群呼杀洋鬼子徒弟，急走出立阶上，诸王公及拳民聚于阶下。老佛大怒，斥端王曰："你自己觉得是皇帝吗？敢于这样胡闹！你要知道，只有我一人有废立的权柄！现在虽立汝子为大阿哥，顷刻就可以废之。你以为当国事纷乱的时候，可以随便胡闹，就错打主意了。赶快带人出走，没有奉旨召见不许随便进来，并须叩头请罪！"端王乃大惧，叩头不已。太后命罚俸一年，以示薄惩。其义和团之首领，胆敢在宫中叫嚣，立即斩首，命荣禄之兵在外官门驻扎者行刑。于是人人震惧，皆谓荣禄有此机会，必请老佛停止围攻使馆矣。皇帝当拳民噪呼之时，甚为吃惊。其后乃叩谢太后之仁慈，保其性命。

使馆区内被围困的外国人

午后九钟,老佛以怒端王乃义和团之故,下谕停止围攻使馆,并命荣禄赴各使馆商议和局。次日荣禄乃带队往使馆边界悬一牌,书:"奉太后谕旨,保护使馆"。洋人皆由馆中走出,与荣禄商议。于是有三点钟之久,不闻枪声。但其后恩铭来告予,言情势又变,老佛闻联军战败之消息,又变其意旨,复信任义和拳矣。

六月初四日。刚毅来拜,在予家晚饭,告予:董福祥今早亲往荣禄家中,借武卫军之大炮。荣禄所带之武卫军,军械甚富,若用其大炮攻击使馆,则数钟之内必成灰烬,但在荣禄掌握之中。董福祥等候一钟余,荣禄始出见。董盛气向荣禄索取,荣禄佯睡不理。董骂荣禄无礼,荣禄笑曰:"你要大炮,只有一个法子,可奏明老佛,把我的头取去,我一天不死。大炮一天不能得。"又曰:"你即刻去见老佛罢！你是好汉，老佛又信用你，你去求见，没有不答应的。"董福祥大怒，无言而出，立即入宫。其时召见之期已早过矣，董亦不顾。至皇极殿门，大声吩咐太监奏闻太后，言："甘军统领立请召见。"

老佛正在作画，闻之大为不悦，说叫他进来。董入内跪下，太后曰："好吗，我以为你来奏报使馆业已攻毁呢！从上月起，你已经奏过十次了。"

董答曰："臣求见乃参劾大学士荣禄为一奸臣，帮助洋人。他所带武卫军中有大炮，若攻使馆，立即片瓦不留，臣向之索取，荣禄立誓不肯借用，并言即老佛爷有旨意，亦是枉然。"

太后大怒，斥董曰："不许说话，你是强盗出身，朝廷用你，不过叫你将功赎罪。像你这狂妄的样子，目无朝廷，仍不脱强盗的行径，大约活得不耐烦了，去罢！以后非奉旨意，不许进来。"

刚毅言荣禄之势力一日不倒，则使馆一日不能攻克。又言立山亦为太后所信任，彼亦袒护洋人者，那桐曾参劾之。下所录之告示，遍贴街市，乃庄王所出。

庄王言：太后曾对彼言，此项赏银将由内帑颁用，其示略谓现在外国教堂，均已烧毁。洋人无处藏身，必四散避匿，为此特示仰军民人等，如有胆敢将洋人藏匿者，立斩无赦；如有活捉一男洋人者，赏银五十两；捉一女洋人者，赏银四十两；捉一小孩者，赏银三十两。均须活捉，不得冒混，一经验明，立即颁赏不延。其各奋勇遵行云云。

回忆咸丰十年，亦有此等示谕，且赏项较丰。盖其时洋人来者甚少，今则愈多。言至此，曷胜慨叹！今晨庄邸门外杀死教民九百余人，承审者为刚毅、芬车、桂春，多有无辜枉死者，即数岁之小孩亦不免，芬车直一刽子手，可谥之为屠伯，残忍极矣。闻老佛斥责庄王，不能约束拳民，任令横行。

六月初八日。十一时，齐秀成来谈甚久。闻枪炮声颇厉，予居之南近皇城处，有李秉衡之军队驻扎，并架炮于高处，皆恨荣禄不借大炮。荣禄所带之兵，颇忠其主，服从维谨，不能以贿赂动之。荣禄胆力绝巨，近与人谈，常引《孟子》"当纣之时，居北海之滨，以待天下之清"之语。纣，盖指端王也。有人告予，端王近盗得一皇玺，如有机会，即可径立其子为帝。此事若为老佛所知，极其危险，然不久必将查出也。齐秀成言：毓贤近上一封奏，言山西教会事。十日之前，太后曾寄一密谕，命其但遇洋人即杀之，勿使漏网。此旨似通谕各省者。然近闻陕西署抚端方、河南巡抚裕长，及蒙古各处，所奉谕旨乃大不同，凡杀字皆系保护字，恐有奸臣盗改，但无人敢以此奏闻太后者。毓贤最近之封奏，太后批曰："予命凡洋人，无论男女老幼皆杀之无赦，以清乱源而安民生。"此谕已加紧递往山西。齐秀成告予：毓贤极惧内，其痛杀洋人，皆由夫人主之。毓贤到山西不久，即得极好之声名，百姓皆颂其审案公平。有青天之号。

庄王见太后批谕，大乐。荣禄力谏言："杀戮妇孺，何足以扬国威？恐为全球所笑，且于老佛平日仁慈之名亦有损。"太后笑曰："是的，但洋人要我归政，我不过以此还他。自道光以来，洋人在吾国内欺虐吾民，反客为主。现在教他们看看，究竟谁是真主人！"

昨日下午，太后往西苑游于湖中，有宫妃数人随侍。日来城中围攻法国教堂，枪炮之声，继续不断，太后厌闻，令人传谕与西华门驻守军队，停止攻击，俟回宫后再行进攻。

六月十一日。裕禄近上一奏，甚可笑，言在天津捉得骆驼四只，杀死洋人多名。荣禄曾劝其勿攻租界。予闻荣禄言："董福祥近派一满兵暗杀荣禄，然此兵反以所谋告之。此兵乃安海（即杀死德使者）之弟，董以为彼必痛恶洋人，而恨及荣禄也。但此兵乃荣禄旗下之人，正如《孟子》所言："郑使子濯孺子侵卫，卫使善射者庾公之斯追之。而庾公之斯不忍以夫子之道，反害夫子，遂纵令生还也。"荣禄又上奏，引《春秋左传》之言："兵交，使在其间。"今日围攻使馆之举，实大悖于公理，且极愚拙，各国将永不能忘，视中国为野蛮无礼之国。太后谓："特兰斯不过非洲一小国，而能战胜强英，中国岂不能战胜列强？"荣禄言："今日之势，实非其比。若此时即与列强议和，国犹可以不亡，如使馆毁灭，则社稷危矣。" 荣禄极力开陈，太后之意渐转。义和拳言虽夸大，而实效绝少，天津战败之消息到京，太后甚为忧虑。

六月十五日。予邻居内廷当差大臣文年告予：老佛近发大怒，斥责大阿哥之粗莽。大阿哥曾请于太后，许其护送太后至热河，让皇帝在京中与其朋友外国讲和。有一小太监欲在太后前讨好，闻一枪声，言曰："又杀了一个洋鬼子。"太后曰："前几天枪炮的声音。足够杀尽中国洋人多次了，然而总没有那一回事。"

六月十七日。荣禄昨日入见，问太后："若拳民战败，北京为洋人所破，将如何办法？"太后引贾谊之言，建三表、设五饵云云。所谓"三表"者，以信谕、以爱谕、以好谕也；所谓"五饵"者，文绣以坏其目、美食以坏其口、声乐以坏其耳、高堂邃宇以坏其腹、隆礼厚爱以坏其心也。太后又述两年前，曾请公使夫人来宫游玩，受太后之招待，皆极欢乐。曰他们虽向着皇帝，不喜欢我，我有手段教他们意思转过来。

六月二十日。消息甚恶，天津已为洋兵所得，势将节节进逼，军机无一人敢以此消息奏闻者。端王仗胆入奏曰："天津已教洋鬼子占了，都是义和团不虔心遵守戒律，所以打败。但北京极其坚固，鬼子决不能来。"今晨荣禄上奏言："现已查出，前日外国公使之照会，请太后归政者，实系伪造，乃端王命军机章京连文冲所为。"故老佛近日对于端王甚为忿怒，告端王曰："设洋兵入京，你的头必不保。"老佛知端王心怀不轨，欲乘时取得监国摄政之位，乃明斥之曰："我一天在世，一天没有你做的。放小心点！再不安分，就赶出宫去，家产充公。像你的行为，真配你的狗名！"（以端王名载漪乃犬旁也）端王狼狈而出，告人曰："迅雷不及掩耳。"除董军外，荣禄已得各军统领之助，皆知围攻使馆之举势将停止。荣禄自言，所以不借大炮与董军者，因恐伤及宗庙。

老佛近送礼物与使馆，系西瓜、酒、蔬果、冰等物，并命庆王前往慰问。人言许景澄密与各使通言往来，今日捉得使馆信差一人，搜出电报十二张，送往庄邸。内有三张系密码，未能译出。观其余数电，知洋人死伤有二百余人，粮食已将罄竭。

齐秀成近往太原，闻毓贤上一奏，言彼设一巧计，将洋人尽数擒捉，以链锁之，均在抚署处决，无漏网者。惟有一洋女人，割乳后逃走，藏于城墙之下，其后查得已死。

大雨如注，刘大桥带来御膳房猪肉数斤，予送予妹一碗。傍晚有马兵一队，荷枪遇予之门，乃李秉衡之部下，带有炮，将架于禁城之上，以备洋人袭攻。夜间枪炮声甚厉，闻海岱门外有洋人出现。

六月二十一日。天气晴明，予步行至礼王及澜公家，闻裕禄之兵哗溃，四散抢劫，因欠饷数月未发之故。通州张家湾等处，皆抢掠一空。东城门皆闭，北门偶然一开，予仆杨升由京东宝坻县回京，言彼处尚安静，闻李秉衡得一胜仗，将洋人赶至海边。下午，东南方枪炮声复起，闻有教民多人藏匿日坛，澜公率义和团一大队往搜之。

六月二十七日。晨，袁昶、许景澄上第三奏，请杀主持义和团之大臣。昨日，李秉衡入见，极力主战，老佛又转其意旨，信任拳民。而袁、许竟敢于此时上奏，其识见虽误，而胆力亦可佩也。李秉衡由汉口而来，现已简为督师大臣，在太后前毅然自任，必能攻毁使馆，并力言宗庙社稷，决不至再受耻辱。

今日予至澜公家，端王、李秉衡皆在座，正筹划再攻使馆之事。李主张由翰林院埋地雷以轰毁之。李曾以此策进言于太后，请仿前毁法国教堂之法，用地雷轰之，洋人必然纷乱，即可乘机而克之。老佛阅袁许之奏，言曰："此皆有胆之人。许景澄且不说他，袁昶在戊戌年，曾以康有为之阴谋，奏予知之。此人甚好，但今不当执其固执之见，扰乱予怀，朝廷自有权衡，岂彼等所能越俎代谋耶？但予亦不罪之。"乃命传旨申饬，勿得再行渎奏，以扰圣衷。

七月初三日。自李秉衡到京，老佛甚为信任。昨日李与刚毅查出前擅改谕旨之人，即将太后寄各省谕旨之中，凡杀字皆改为保护字者，乃袁昶、许景澄二人所为。刚毅告予，太后闻知此事大怒曰："他们胆敢擅改谕旨，如赵高之所为，应治以车裂之刑！"命传谕立斩之。谕中未言及擅改谕旨之事，因关于朝廷之威信也。但言二人在廷抗争，袒庇外人，遂于今早处决。恩铭曾往观之。袁昶为人极好，予闻其结局如此，为之凄然。若许景澄，则予曾与彼在内阁同事，认识其人，向不重之，其声名亦颇劣。行刑之时，袁神色自若，言曰："予唯望不久重见天日，消灭僭妄。"盖谓端王专横凶僭，蒙闭太后之聪明也。澜公监刑，怒斥之曰："汝为奸臣，不许多言！"袁毫无畏惧，仍大言曰："予死而无罪！汝辈狂愚，乱谋祸国，罪乃当死也。予名将长留于天壤，受后人之爱敬。"又转谓许景澄曰："不久即相见于地下，人死如归家耳。"澜公欲前击之，行刑者立下其刃。

向北京进发英国军队

七月初八日。予与长男大闹。彼偷予银不少,予知而责之,其答言狂悖已极,谓予受国厚恩,今日国事危亟,理应自尽以报国。

李秉衡带兵赴前敌,以御夷人。李在京曾奏劾荣禄,老佛留中不发。皇帝对荣禄称其尽职,荣禄答言:"以二年前之事言之,已亏臣道,永不望邀帝之恩。"

七月十一日。老佛命荣禄筹划护送洋人至津,以阻联军之前进。数日之前,予曾闻某人令启秀函致使馆,请各使至总理衙门商议,勿带卫队。盖欲诱其离馆,尽杀之于路中也。启秀自谓得计,但连去数函,各使皆不敢轻身而来。且一面致函邀请,一面又数往攻击。有一洋人半露其体,在崇文门大街,逢人叩首,即对于挑脚之夫亦叩头请其饶命,讨钱数枚,自云不久即须被杀,但从未做坏事。荣禄所用之人,将其带归,荣禄不杀而放之,此洋人之所以难平也。

七月十五日。消息不佳,裕禄之兵大败,洋人节节逼近。老佛意欲巡幸热河，荣禄力谏，言即洋兵进城，亦不可离京。澜公不信洋兵能来，闻人言即讥笑之。但有一事尚好，即洋兵虽入城亦不致劫杀也。四十年前之事，予尚忆之甚清，其时都城虽破，予仍安居未动，亦无一洋人来予家骚扰者，但得粮食稍难。洋兵驻于城外，不甚入城，予等亦未受其害。

七月十六日。予老同事立山住屋邻于法国教堂，有人言彼挖一地道，以接济洋人之食物。端王将其拿交刑部，太后并不知之也。尚有徐用仪、联元二人，亦均送刑部监。徐用仪前不赞成立大阿哥，端王深恨之。联元被执之故，则由于某人谓其与袁昶交好也。此三人皆于今晨杀之。徐用仪年纪较予大，今年七十九岁，真可怜！彼虽闻太后不知此事，皆由端王矫擅，亦无怨叹之词。临刑之时，但曰："彼僭妄者，岂能久存！予死于洋人未入京之前，乃所甚愿也。"二满人之被杀，如为太后所知，必大怒。立山乃荣禄之老友。

山西有一刘将官来京，今晨入见。在太后前言：三日内必可将使馆攻克。使馆一破，联军闻之，必惊惧而不敢进矣。今正起手猛攻，义和团无用已极，予早言其不能作一事。

七月十八日。洋人愈逼愈近，裕禄之兵在北仓、杨村、蔡村等地，大败三次。裕禄逃匿一棺材店，既而自杀。李秉衡于十四日到河西，以务用尽心力，收集军队，而张春发、陈泽霖二人均不愿战，李遂仰药以死。

荣禄入宫，报此消息于太后，君臣相对而泣，皆诸王公及拳匪所酿之祸，使吾国家至于此也。荣禄乃极聪明之人，至此并不表曝己之先见。老佛言出走不如殉国，并令皇帝亦殉之。荣禄恳请太后听彼之言留京，下一上谕，将端王等斩首，以正其矫擅之罪，而明朝廷之本心。但太后仍希望拳民之法术可救北京，故仍猛攻使馆。

今日召见荣禄八次,召见端王五次,其余军机皆默然不发一言。

二十日。下午五钟,通州陷,洋兵将至京。今日召见军机五次于宁寿宫,老佛将避往张家口。申时,澜公匆匆入官,不俟通报,呼曰:"老佛,洋鬼子来了!"刚毅随至,言有兵一大队驻扎天坛附近。太后曰:"恐怕是我们的回勇,从甘肃来的。"刚毅曰:"不是,是外国鬼子。请老佛即刻出走,不然他们就要来杀了。"

夜半,复召见军机,唯刚毅、赵舒翘、王文韶三人在前。老佛曰:"他们到那里去了?想都跑回家去了!丢下我们母子二人不管,无论有甚么事,你们三人必要跟随我走。"又谓王文韶曰:"你年纪太大了,我不忍叫你受此辛苦,你随后赶来罢。"又谓刚毅、赵舒翘曰:"你们两人会骑马,应该随我走,沿路照顾,一刻也不能离开。"王文韶答曰:"臣当然尽力赶上。"皇帝忽若惊

八国联军进入大清门

醒，谓王曰："是的，你总快快尽力赶上罢！"

两宫究于何时离宫，则予不甚清悉。此时荣禄正极力收集军队，不及入见。

二十一日。文年告予，老佛寅时即起，只睡一个时辰耳。匆匆装饰，穿一蓝布衣服，如乡间农妇，盖太后先预备者。梳一汉头，此太后平生第一次也。太后曰："谁料今天到这样地步！"用三辆平常骡车带进宫中，车夫亦无官帽。妃嫔等皆于三点半钟齐集。太后先下一谕，此刻一人不令随行。珍妃向与太后反对者，此时亦随众来集，胆敢进言于太后，谓皇帝应该留京。太后不发一言，立即大声谓太监曰："把他扔在井里去！"皇帝哀痛已极，跪下恳求。太后怒曰："起来！这不是讲情的时候，让他就死罢，好惩戒那不孝的孩子们！并教那鸱枭看看，他到羽毛丰满的时候，就啄他母的眼睛。"李莲英等遂将珍妃推于宁寿宫外之大井中。皇帝悲愤之极，至于战栗。太后曰："上你的车子，把帘子放下，免得有人认识。"皇帝穿蓝纱长袍，蓝布裤。老佛又传谕溥伦曰："你挂皇帝车沿，好招呼。我坐的那辆车，教溥儁挂沿。"谓李莲英曰："我知道你不大会骑马，总要尽力赶上，跟我走。"当此危急之时，唯老佛一人心神不乱，指挥一切。又谓车夫曰："尽力赶，要有洋鬼子拦阻，你不要说话，我跟他说，我们是乡下苦人，逃回家去。我们此时先到颐和园。"

于是两宫遂启程，出宫北门（即神武门）而去。动身时，宫中妃嫔皆跪送，恭祝太后、皇上万寿。仅有军机大臣三人乘马随行，其余百官皆奉谕往颐和园会集。予邻居文年曾恭送一程，见圣驾至德胜门，但人山人海，致城门几拥挤不能行矣。申正，圣驾于辰正至湖，老佛用茶膳少坐。先由庆邸派员前往朝阳门，向倭寇悬止战之旗，后将城门辟开，由倭兵拥挤而入。圣驾幸湖之际，恩铭正

紫禁城神武门旧影

在彼值班，两宫蒙尘而至，致无人敢认，果然系老佛否？但一见慈颜，似有不悦之状，立时开辟左门，将车赶进，于用膳之后即行传谕："凡园中珍宝，悉送往热河。"又差一太监回京，告知皇后速即将宫中财物珍宝，均埋藏于宁寿宫院中。端王、庆王、那王、肃王皆于颐和园随驾。此外有公贝勒等数人，大员吴汝梅、溥兴二人，各部堂官约十二人，军机章京三人，由马玉昆提督带兵一千护送，往张家口。又有端王所带之虎神营旗兵数百人，乃曾攻使馆而无功者也。荣禄仍极力收集军队。

闻予老友军机大臣徐桐自缢而死，全家妇女十八人亦皆缢死，真忠臣也！此时耳中所闻，皆系悲惨之事。满洲之骄子，今落此可怜之结局。醇王聘妻，将于下月成婚者，亦全家自尽，可哀也。

老佛一生，此为第二次避敌出走，亦如周幽王被犬戎之难，蒙尘于外。此次之败，盖由南方诸省，不肯同心合力也。端王存排汉之见，最为悖谬。孔子曰："小不忍则乱大谋。"荣禄之识见，究竟不错。拳民法术，如小孩胡闹，毫无所用，嗟乎！回首往日，盛时难再矣。予妻及家中妇女，执其愚昧之见，欲吞烟自尽，予亦不能阻之，然予无此拙见。外国强盗，虽已在城中抢劫，必不能知予藏金之所在。予虽老耄，将留此不动。

恩珠自昨日起，即不知其何往。奴仆星散，至无人为予治晚餐。

景善日记，至此而止。此老人即于是夜为其长子所杀，其家中妇女，均吞烟自尽。

光绪帝朱笔上谕：立端王子大阿哥为继承皇位之人，下于光绪二十五年十二月二十五日。今录于下：

朕冲龄入承大统，仰承皇太后垂帘听政，殷勤教诲，巨细无遗。迨亲政后，复际时艰，亟思振奋图治，敬报慈恩，即以仰副穆宗毅皇帝付托之重。乃自上年以来，气体违和，庶政殷繁，时虞丛脞。惟念宗社至重，是已叩恳皇太后训政，一年有余，朕躬总未康复，郊坛宗庙诸大祀，弗克亲行。值兹时事艰难，仰见深宫宵旰忧劳，不遑暇逸，抚躬循省，寝馈难安。敬念祖宗缔造之艰难，深恐弗克负荷。且追维入继之初，恭奉皇太后懿旨，俟朕生有皇子，即承继穆宗毅皇帝为嗣，此天下臣民所共知者也。乃朕痼疾在躬，艰于诞育，以致穆宗毅皇帝嗣续无人。统系所关，至为重大，忧思及此，无地自容。诸病何能望愈，用是叩恳圣慈，于近支宗室中慎简贤良，为穆宗毅皇帝立嗣，以为将来大统之归。再四恳求，始蒙俯允，以多罗端郡王载漪之子溥儁继承穆宗毅皇帝之子。钦承懿旨，欣幸莫名。谨当仰遵慈训，封载漪之子溥儁为皇子，以绵统绪。将此通谕知之。

如此伤心之文，为历史所仅见。谕中不独甘心引退，且以其利明告于众也，而尤不得不谢圣母之恩。夫太后徒以一念之私，遂不惜加害于帝身，以期达其志，亦云忍矣。

下奏乃京中都察院上西安行在者，言安海被捉之事，即杀德使男爵克林德之人也。阅之可知京中权贵，当日对于拳民排外之感情，且彼等尊重太后之心，败犹不减。而中国官吏之所谓勇敢，亦可见焉。（此折留中未发抄，慈禧亦未加批，乃西安随扈之一官送登于上海报馆者）其奏略曰：

> 日本人所雇侦探，在日军领地当铺之内查得一表，有克林德图记。当铺主人言此乃满人名安海者所当。此人住内城车店内，侦探

《辛丑条约》签订后，在克林德被杀处建立的石牌坊。

名为得洛，本旗营定字第八队之书记，查得此事即报告于日人，立派人往车店内，以二三人先入内，立院中。问曰："安海在此住否？"有一人答曰："予即安海。"乃立时拘去。审问之时，安海神宇镇定，毫无畏惧，问官问曰："德国公使。是否为汝所杀？"安海答曰："我奉长官命令，遇外国人即杀之。我本一兵，只知服从长官命令。有一日，我带领二三十人，在街上见一外国人坐轿而来，我立于旁，对准外国人放一枪，轿夫立时逃走。我将外国人拖出，已死。其胸前有一表，我即取之。同事中有得其手枪者，有得其金戒者，我万不料因此表犯案。但我因杀国仇而死，心中甚乐，汝等即杀予以偿命可也。"

翻译又问曰："你那天是否醉了？"安海笑答曰："酒乃最好之物，我平常每次可饮四五斤，但那天实未饮一杯。你怕我要倚酒希图减罪吗？"

安海真一忠勇之人，侃侃不惧，观者皆为动容，觉中国军中尚有英雄也。次日即交于德人，在克林德被杀之地杀之。臣等思此事，理当奏闻，安海为国而死，当邀皇太后上之悯惜，加以荣典。谨此具奏。

第十八章　二勇士

吾上章所录都察院奏折，言捉杀一满兵之事。当德使克林德坐于轿中，毫无防卫，而此满兵乃杀之于途中。京中士大夫则奏贺太后，谓"国家得此勇敢之人焉"。

平心论之，此人虽杀人于毫无防卫之时，而其临命之顷，尚能从容就死，亦属可称。然当时士大夫中，尚有二人，乃真勇者，非匹夫之勇，乃道义之勇也。二人非他，即袁昶、许景澄是也。当国家有难，舍身救之，从容就义，视死如归，此固真奉孔子之教义者。

中国苟多生此等人数辈，而服行孔教者，皆能若此，则中国前途，其何忧乎！此二人实令吾人钦佩不置，且以其苦劝太后反对拳匪之奏折，录之于后，以表明敬心。二人者，中国人亦皆尊敬之，现摄政王已表彰其忠义，令入祀贤良祠。二人服刑后，袁昶子以节略哀告于亲友，今亦择录之。

不孝等窃念先公立志未伸，遽以身殉。海内有识，莫不心为之痛，不孝等何忍追述？谨最录藁草所存五月十九日上庆邸请严惩拳匪说帖，及先后疏陈邪教始末，乞责成荣禄剿抚兼施，又请保全使臣，免攻使馆，又劾酿祸诸大臣徐桐、刚毅等凡三疏，皆已传布海内者。犹忆六月二十七日，奏劾大臣之疏既上，公密谓家人曰："今日言亦死，不言亦死，与其死于乱民之手，曷若死于司寇！苟死而朝廷顿悟，吾无憾矣。"家人环泣，公坦然曰："吾以身许国，无复他顾。汝等留京回南，自主可耳！"谆谆以忠义诏不孝等。洎七月二日，下稷。有步军统领衙门弁役来宅，诡言："诸大臣在总署相候议事。"语门丁云："拳匪败事，其请诸大人斡旋乎。"及登车，乃云："王大臣皆在提督署。"遂由署送入刑部，家人始知祸作。次晨不孝等方拟入狱省视，中途闻耗折回刑部，则已不及，遄出顺治门，而遂不及见矣。

呜呼痛哉！时拳匪塞路，犹诘公以仇视义和团之故，公叱之曰："大臣谋议国事，岂尔等所应问？闻狱卒言："公与许公在狱中，犹从容索纸笔，手草数十币"，置诸怀袖，后悉为拳匪搜得焚弃，遗疏耶，遗嘱耶？不可知矣！呜呼痛哉。

正义直言，反受其祸；从容就义，无所逃刑。若二人者，可谓大勇也矣。求之吾欧，唯古苏格拉底、雪雷克、勃拉雷等同此风烈[1]。此精神乃近世欧洲文明之源，欧人坚毅诚挚之风，以为一切事业之根本者，皆由此精神之所遗传者也。即日本之强盛，亦由其国人有此精神所致。

观二人最后之一奏，其至诚恻怛之心，百折不回之气，真宇宙之至文也。许曾为俄、德二国钦使，外人皆知其名。其廉洁精忠，虽或不如袁，而大节炳然，足垂不朽。则其他小节，皆不足为累矣。今将三奏录下。

第一疏（庚子五月二十二日）：

奏为密陈目前局势危迫，亟图补救之法，以弭将来巨患，披沥直陈，仰祈圣鉴事。窃见自本月十六七日，拳匪倡乱京师，连日召

---

[1] 雪雷克（Lucius Annaeus Seneca），今译塞尼加，古罗马政治家；勃拉雷（Gaius Plinius Secundus），今译普林尼，古代罗马的百科全书式的作家，以所著《博物志》一书著称。

见王贝勒内外廷臣工，圣躬焦劳，为宗庙社稷，深维至计，广咨下问。臣等不能弭患事先，纾君父之忧劳，负罪无状，内愧且愤。

伏查嘉庆十三年七月上谕，即有山东、河南一带匪徒，设立八卦教、义和拳等名目之事，此项实系白莲教之余孽，曾奉仁宗睿皇帝严旨密拿惩办。去年吴桥县知县劳乃宣说帖，考之最详。前月东抚袁世凯遵旨复陈一折，言万无招抚编为营伍之理，言之最为切实明白。前东抚毓贤办理平原县邪匪一案，称匪首朱红灯自称明裔，妖言煽乱，各处响应。幸被官军掩捕擒获，就地正法，绝无能避枪炮刀斧之妖术，此其明证。上年臣询提督程文炳，该提督乙未年驻军近畿，有山东义和拳又自称"金钟罩"、"红灯照"名目，四五十人投效，以火枪利刃试其技俩，立时见血伤毙，是妖术全不

袁昶

可信，确凿无疑。而其匪首广树党羽，久蓄逆谋，妄称明裔煽乱，其为邪教乱民，实已明白昭著。臣于上年十月十三日蒙恩召见，其时东省拳匪，借仇教为名滋事。臣曾面奏，系邪教倡乱，应预为扑灭各情。旋经东抚袁世凯实力禁止，扑灭十余巨股，东省宴然。始而山东士绅，误信左道，腾谤谓该抚不应用剿，此皆不学无识之徒，以邪为正，近舆论亦渐帖服，以该抚办理为是。臣去年冬曾以劳乃宣说帖，商之总署诸臣，奏明请旨饬下东抚办理。旋因东抚办有头绪，遂寝未奏。不意东省渐次肃清，流入直隶，直隶督臣观望迁延，养痈贻患，听其蔓延，始谋不臧，咎实难辞。及涞水戕官，督臣裕禄见该邪匪借仇教为名，叛迹昭著，乃电奏力请剿办，而内外议有异同，迟延未决。涿州踞城不已，延及永清、霸州各处。涞水戕官尚未痛办，遂致匪胆愈张，甚且焚毁芦保铁路、京津铁路电杆，又毁京津至张家口电线。此皆国家派员出内帑，借洋款，集数十年之物力所经营。一旦焚毁，千数百万巨资，深堪惋惜。又焚杀教民数百处，将来议偿亦不赀。伏以民教互仇，积成愤毒，地方官禀承国家律令，自有平心谳狱办法。但凭案情曲直，不分是民是教，断不容匪徒自行报复。

乃自本月十六七日，该匪胆敢潜入京师，盗兵辇毂之下，焚毁教堂，攻击各使馆，纵横恣肆，放火杀人，震惊宫阙，实属罪大恶极，万不可赦。二十日焚烧前门外千余家，甚至灾及正阳门城楼，拳匪喝禁水会，不准救火。北城乃财产精华所聚，焚掠一空，官民搬徙，十室九逃，商贾尽行闭歇失业，饷项亦艰于汇兑给发。京都为万国所瞻仰，气象萧索，一至于此。自有乱民不治，任其焚杀叫喊，实贻邻国之耻笑。各洋公使因匪仇教，畏其凶锋，情急自卫，现兵只有四百十余人，各保性命，是其实情。十五日臣偕许景澄晤俄、英、法、美四公使。十六日枢臣启秀等传懿旨慰问各公使馆，并及公使之妻。该公使等感戴圣慈,论肌入髓,口称调洋兵为卫馆保命起见,绝不敢干预中国国家公事。匪平无事,即行撤回,指天誓日,其词决非虚伪。为今之计,惟有先清城内之匪,以抚定民心,慰安洋情,乃可阻其续调之兵。必中国自剿,乃可免洋兵助剿,情势显然。

臣伏思兵事,最忌多立统帅,意见参差,事权不一,以致互相观望,转误事机。现在历奉严旨:饬令步军统领、武卫中军与神机营、虎神营严拿首要各犯,刻即解散随从,将城内外设立坛棚,尽行拆去等因。钦此。乃官兵观望,拳匪横行如故,步军统领、顺天府五城前遵旨所拟十条章程,实止虚文搪塞,何曾实力做到。且拳匪所到之处,先喊令人磕头焚香,官兵竟随同礼拜。兵气衰疲不可用,一至于此,皆由无将统率,毫无赏罚,军律不严,此事权不一之故也。

拳匪麇聚京城,现闻城外添设无数拳坛,久且煽惑愈多,致生巨变。伏乞皇太后、皇上赫然震怒,恭行天讨,上安九庙,下靖兆民。专责成大学士荣禄,兼用且剿且抚之法,得以便宜从事,俾一事权。先肃清内城地面,遵旨立即出示,遍谕军民人等:凡遇头扎红巾,身系红带,持刀放火杀人之匪,准其格杀勿论!并悬重赏之格:缚献匪首所谓老祖师、大师兄者,赏银二万两,立即超擢官阶;擒斩该匪团长一名,赏银五百两;余匪计首一级,赏银一百两,均准报名候予奏奖。该大学士忠勇性成,见几明决,为国重臣,应扼要坐镇,不宜过劳细事,尤须差委得人襄助,乃可分理机宜。伏见武卫军幕僚记名道府樊增祥素有谋略,内阁学士桂春忠勇明决,编修王廷相、御史黄桂鋆皆素有清操,通达事理。府丞兼署府尹陈夔龙勇于任事,请旨交大学士荣禄差遣,专办此事,参赞方略。遴派武卫中军得力将弁,挑选劲兵,分为十余队,队长如得力,每队只枪手、刀斧手二三百人已足。请旨暂闭前三门,严禁游民,只准出,不准进,分路搜捕匪徒,务令各空庙废祠根株净尽。官兵有退缩不前者,立即正法。命提督衙门、刑部遴派明干司员多人,分驻各汛段官厅,随将所拿匪徒,略讯口供,禀明统师,即行就地正法,以儆凶顽。余者悉行解散,驱逐出外城之外,递解回籍。事平再行将正法若干匪,造册奏报。

或谓该匪人多势众,不可轻剿,不知只匪首倡乱,余多愚蠢村农,幼壮不一,随声附和,斩一悍匪,懦者必悔惧立散。或谓匪有邪术,臣愚以为汉末张角黄巾,元末破头播关先生,皆有妖术,卒归擒斩。该匪昼伏夜动,动言请神,口出妖言,面带阴气,此乃假托符咒扶鸾,请仙五鬼搬运之邪术,一遇声光并见之物,阳气炽烈如枪炮等物,立即破法轰毙。若云匪术能避枪炮,何以十七八等日,该匪连攻东交民巷使馆,洋兵放枪,立毙数匪。昨又击毙帅府胡同拳匪四十余名,拆毁其坛,毫无能避之验。或谓民心因旱饥骤变,臣料京师军民数百万,受朝廷深仁厚泽,实无一谋叛者,叛逆只拳匪首要数人耳,一经擒斩,申国法,儆人心,匪胆即寒,民心亦大定。外五城御史街道厅督同绿营练勇水会,一体归荣禄节制办理,不使稍有掣肘。御营则专宿卫禁城,以防不虞,各办各事。城匪既清,各公使馆蒙天恩保护,感激再生之恩,则续调之洋兵,自可阻其来京。即来亦可以城匪既清,无庸自行保护折之,令其撤回,我有词矣。总之《周礼》称治乱国,用重典,《康诰》称用其义刑义杀,内匪事在必剿,无可游移。若因循不剿,招抚之亦必不受命,各国势大怨深,并举报复,祸败不可胜言。与其外兵干预,代行剿办,必至拳匪洋兵,互相斗哄,喋血辇毂之下,转致玉石不分,杀害无数良民,大局糜烂,不可收拾。不如我自行剿办,尚可示以形势,杜彼族之口实,以维持大局,庙社不惊,万民幸甚。大学士荣禄公忠体国,如特奉明旨,责成既专,收效乃速,至交涉之艰,亦可审机因应。所有密筹目前急图补救之法,务一事权,以弭巨患缘由。披沥密陈,伏乞皇太后、皇上圣明裁断。谨奏。

第二奏(庚子年六月中):

奏为密陈内讧外侮,祸乱日亟,速谋保护使馆,维持大局,披沥愚忱,仰祈圣鉴事。窃自上月二十四日,德国使臣克林德途遇枪毙之后,该匪遂攻击各国使馆。提督董福祥所统甘军,尤与之声势相倚,狼狈为虐,使馆附近居民,遭池鱼之殃者,不可胜计,东城一带京官私宅,劫掠殆尽。该匪既以仇教为名,波及使馆;复以攻

许景澄

使馆之故，波及官民。辇毂之下，任令乱军乱民，纵横荡决，伊古伊今，实为罕见。当匪徒初攻使馆时，莫不谓旦夕间便可铲除，董福祥且屡以使馆尽毁告矣。今已二十余日，洋兵死者寥寥，而匪徒骸骼狼藉，遍于东交民巷口。平日妖言惑众，自诩能避枪炮之术，而今安在？夫以数万匪徒，攻四百余洋兵所守之使馆，至二十余日之久犹未能破，则其伎俩亦可概见。尚得恃血气之勇，收御侮之效哉！

若云真义和团确能为国宣力，其寻衅焚杀，皆依附其间之伪义和团所为。一类之中既分真伪，扰乱已极，且既容附入之伪者，无恶不作，则真者亦非善类可知。况历奉严旨，禁止持械寻仇，焚毁劫掠，并令解散出城。该匪竟置若罔闻，横行如故。无论真伪，总之藐视王法，均为冥顽不灵，罪在不赦，愈抚则愈众，愈纵则愈骄。臣等前次奏请专责成大学士荣禄，用且剿且抚之法，未蒙俞允施行。今祸乱日亟，愚妄之见，尤不敢不冒死凛陈于圣明之前。伏以春秋之义，两国构兵，不戮行人；泰西公法，尤以公使为国之重臣，蔑视其公使，即蔑视其国。兹若任令该匪攻毁使馆，尽杀使臣，各国引为大耻，联合一气，致死报复。在京之洋兵有限，续来之洋兵无穷，以一国而敌各国，臣愚以为不独胜负攸关，实存亡攸关也。

我国家与泰西各国通商，垂六十年，准其各省传教。平日教民倚势，鱼肉乡里，以洋教士为护符，地方官或者希图了事，抑制平民，亦所不免。民心怨怼，仇视教民，是皆臣等办理不善，贻害至今，负罪实甚。臣等何敢谓民教相仇，其曲全在于民，特任令自相报复，殊失国体。譬如乡里之间两家有隙，而子弟僮仆肆行斗狠，毁邻居之室，而杀其阍人。为家主者不能禁止，而邻居之诘问，必不向子弟僮仆，而向家主。为家主者，又安得以子弟僮仆不守约束，而置身事外？以小喻大，其理相同。且泰西各国之教，有宗天主者，有宗耶稣者，传天主教者曰神甫，传耶稣教者曰牧师，该匪亦不辨所传何教，统以洋教呼之。而俄国向宗希腊，日本向宗佛教，该国从无入内地传教之事，该匪更不知何国有传教之人，何国无传教之人，见异服异言，统呼之为毛子。锐以狝薙为快。无论势有所不能，理有所不直。且我出洋各使臣，非衔命而出者乎？若各国以我杀其使臣，而不胜忿忿，先杀我使臣以偿之，是直易刃而自杀其使臣也。朝廷方赐各使馆蔬果米麦，以示怀柔，该匪乃倚骄将为护符，肆行攻击。外人转疑朝廷阳款阴狙，谓非纵令恣意凌轹，其谁信之？夫使馆无恙，将来与各国复归于好，各使臣受皇太后、皇上厚恩，自当激发天良，剖言祸之肇自拳匪，猝不及防，非朝廷姑息所致，释其本国疑忌之心，事半功倍，转圜较易。若使馆尽毁，使臣尽戮，则我皇太后、皇上此时怀柔之恩，外人乌从而知之，欲释于各国，虽百喙亦无从解免。今各国纷纷调兵，以代剿匪为词，疑之者谓乘机窥窃，信之者谓其心无他，臣愚莫测其究竟。而拳匪种种无法，早当痛剿，已不待外人谆请，更何待外人代庖？臣愚请保全使馆，为将来转圜地步。一面严旨切责董福祥，节令甘军悉行退扎城外，不许重至东交民巷，比昵匪徒，向各使馆攻击，违者即行正法，使兵匪相离，匪势较弱，则剿除亦较易。一面仍请责成大学士荣禄，克期将拳匪一律驱逐出城，以救燃眉之急，再图剿洗，永杜后患。臣亦知飞蝗蔽天，言出祸随，愿念存亡呼吸，区区蝼蚁微忱，不忍言，亦不忍不言。是用冒死具奏，伏祈皇太后、皇上圣鉴。

第三奏（庚子六月二十七日）：

奏为密陈大臣信崇邪术，误国殃民，请旨严惩祸首，以遏乱源而救危局，仰祈圣鉴事。窃自拳匪肇乱，甫经月余，神京震动，四海响应，兵连祸结，牵制全球，为千古未有之奇事，必酿成千古未有之奇灾。昔咸丰年间之发匪、捻匪，负嵎十余年，蹂躏十数省；上溯嘉庆年间之川陕教匪，沦陷三四省，窃据三四载。当时兴师振旅，竭中原全力，仅乃克之。至今视之，则前数者皆手足之疾，未若拳匪为腹心之疾也。盖发匪、捻匪、教匪之乱，上自朝廷，下至闾阎，莫不知其为匪。而今之拳匪，竟有身为大员，谬视为义民，不肯以匪目之者，亦有知其为匪，不敢以匪加之者。无识至此，不特为各国所仇，且为各国所笑。

查拳匪揭竿之始，非枪炮之坚利，战阵之训练，徒以"扶清灭洋"四字，号召群不逞之徒，乌合肇事，若得一牧令将弁之能者，荡平之而有余。前山东抚臣毓贤养痈于先，直隶总督裕禄礼迎于后，给以战具，附虎以翼。夫"扶清灭洋"四字，试问何从解说？谓我国家二百余年，深恩厚泽，浃于人心，食毛践土者，思效力驰驱，以答载覆之德，斯可矣。若谓际兹国家多事，时局艰难，草野之民，具有大力，能扶危而为安。扶者倾之对，能扶之，即能倾之，其心不可问，其言尤可诛。臣等虽不肖，亦知洋人窟穴内地，诚非中国之利，然必修明内政，慎重邦交，观畔而动。择各国中之易与者，一震威棱，用雪积愤。设当外寇入犯时，有能奋发忠义，为灭此朝食之谋，臣等无论其力量何如，要不敢不服其气概。今朝廷方与各国讲信修睦，忽创灭洋之说，是谓横挑边衅，以天下为儿戏。且所灭之洋，指在中国之洋人而言，抑括五洲之洋人而言。仅灭在中国之洋人，不能禁其续至；若尽灭五洲各国之洋人，则洋人之多于华人，奚啻十倍，其能尽灭与否？不待智者知之。

不料毓贤、裕禄为封疆大吏，识不及此。裕禄且招揽拳匪头目，待如上宾，乡里无赖棍徒，聚千百人，持义和拳三字名帖，即可身入衙署，与该督分庭抗礼，不亦轻朝廷而羞当世之士耶？静海县之拳匪张德成、曹福田、韩以礼、文霸之、王德成等，皆平日武断乡曲，蔑视官长，聚众滋事之棍徒，为地方巨害，其名久著，土人莫不知之，即京师之人，亦莫不知之。该督公然入诸奏报，加以考语，为录用地步，欺罔君上，莫此为甚。又裕禄奏称，五月二十夜戌刻洋人索取大沽炮台屯兵，提督罗荣光坚却不允，相持至丑刻，洋人竟先开炮攻取。该提督竭力抵御，击坏洋人停泊轮船二艘。二十二日，紫竹林洋兵分路出战，我军随处截堵，义和团分起助战，合力痛击，焚毁租界洋房不少。臣询由津来京避难之人，佥谓击沉洋船、焚毁洋房，实属并无其事。而我军及拳匪被洋兵击毙者，不下数万人，异口同声，决非谣传之讹。甚有谓二十日洋人攻击大沽炮台，系裕禄令拳匪攻紫竹林，先行挑衅等语，此说或者众怨攸归，未可尽信。而诳报军情，竟与提督董福祥诈称使馆洋人焚杀净尽，如出一辙。董福祥本系甘肃土匪，穷迫投诚，随营效力，积有微劳，蒙朝廷不次之擢，得有今职。应何等束身自爱，仰答高厚鸿慈！乃比匪为奸，形同寇贼，迹其狂悖之状，不但辜负天恩，益恐狼子野心，或生他患。裕禄屡任兼圻，非董福祥武员可比，而竟愦愦乃尔，令人不可思议。要皆希合在廷诸臣谬见，误为我皇太后、皇上圣意所在，遂各倒行逆施，肆无忌惮，是皆在廷诸臣，欺饰锢蔽，有以召之也。大学士徐桐，素性糊涂，罔识利害。军机大臣、协办大学士刚毅，比奸阿匪，顽固性成。军机大臣、礼部尚书启秀，胶执己见，愚而自用。军机大臣、刑部尚书赵舒翘，居心狡狯，工于逢迎。当拳匪甫入京师之时，仰蒙召见王公以下内外臣工，垂询剿抚之策，臣等有以团民非义民，不可恃以御敌、无故不可轻与各国开衅之说进者，徐桐、刚毅等竟敢于皇太后、皇上之前，面斥为逆说。夫使十万横磨剑，果足制敌？臣等凡有血气，何尝不欲聚彼族而歼旃，否则自误以误国，其逆恐不在臣等也。五月间，刚毅、赵舒翘奉旨前往涿州解散拳匪，该匪勒令跪香，语多诬罔。赵舒翘明知其妄，语其随员人等，则太息痛恨，终以刚毅信有神术，不敢立异，仅出告示数百纸含糊了事，以业经解散复命。既解散矣，何以群匪如毛，不胜狝薙。似此任意妄奏，朝廷盍一诘责之乎！近日天津被陷，洋兵节节进逼，曾无拳匪能以邪术阻令前进，诚恐旬日之间，势将直扑京师。万一九庙震惊，兆民涂炭，尔时作何景象？臣等设想及之，悲来填膺。而徐桐、刚毅等，谈笑漏舟之中，晏然自得，一若仍以拳匪可作长城之恃，盈廷悯悯，如醉如疾。亲而天潢贵胄，尊而师保枢密，大半尊奉拳匪，神而明之，甚至王公府第，闻亦设有拳坛。拳匪愚矣，更以愚徐桐、刚毅等；徐桐、刚毅等愚矣，更以愚王公。是徐桐、刚毅等，实为酿祸之枢纽，若非皇太后、皇上立将首先袒护拳匪之大臣，明正其罪，上伸国法，恐廷臣佥为拳匪所惑。疆臣之希合者，接踵而起，又不止毓贤、裕禄数人。国朝数百年宗社，将任谬妄诸臣，轻信拳匪，为孤注之一掷，何以仰答列祖列宗在天之灵？臣等愚谓时至今日，间不容发，非痛剿拳匪，无词以止洋兵，非诛袒护拳匪之大臣，不足以剿拳匪。

方匪初起时，何尝敢抗旨辱官，毁坏官物？亦何敢持械焚劫，杀戮平民？自徐桐、刚毅等称为义民，拳匪之势益张，愚民之惑滋甚，无赖之聚愈众。使去岁毓贤能力剿该匪，断不至蔓延直隶；使今春裕禄能认真防堵，该匪亦不至阑入京师；使徐桐、刚毅等不加以义民之称，该匪尚不敢大肆焚掠杀戮之惨！推原祸首，罪有攸归。应请旨将徐桐、刚毅、赵舒翘、启秀、裕禄、董福祥、毓贤先治以重典，其余袒护拳匪，与徐桐、刚毅等谬妄相若者，一律治以应得之罪，不得援议亲议贵，为之末减。庶各国恍然于从前纵匪肇衅，皆谬妄诸臣所为，并非朝廷本意。弃仇寻好，宗社无恙，然后诛臣等以谢徐桐、刚毅诸臣。臣等虽死，当含笑入地，无任流涕具陈，不胜痛愤惶迫之至。伏乞皇太后、皇上圣鉴。

第十九章　庚子年对外之文牍

当庚子年太后迷信拳匪之失，大臣上奏争之者，不独袁昶、许景澄。在外尚有两江总督刘坤一，见太后所行，自招灭亡之政策，极为焦虑，发电力阻，又八百里加紧上一封奏，请太后立罢攻击使馆之兵。太后朱批，含糊其辞，无所决断。盖太后当时实无一定之宗旨，既欲报外人之仇，又恐招将来之祸，忽彼忽此，反复迷离。凡阅《景善日记》者，可知太后心中两端交战，转变无定之象。太后既得刘坤一之奏，批答后仍继续围攻使馆月余。刘坤一之忠诚，不减荣禄，太后亦深知而不疑。其坚毅之操，老练之识，不愧古大臣风度，夙为太后之所倚信。然其苦口力谏之言，竟不能胜太后一念报复之心，醒太后迷信拳匪之梦也。直至大沽炮台为联军所破，太后之意始转，然事已大坏，不得不仓皇出走矣。大势已去，太后乃以文书通告各国，又送水果蔬菜与被围之使臣，以为转圜之地，其后太后即执此为善意之证。其实太后当时至为窘苦，心中迷惑，已入黑暗之境，其希冀端王、拳匪杀尽洋人之心，终不绝望也。中国人以君主无过失为事君之敬，孔子之教孝亲敬祖，皆推极于忠君，士大夫以此为立身之大节，而朝廷即持之以为安。刘坤一等之奏，即可表明此心理，阅之殊有趣味，且甚重要也。朝廷举措之昏迷，奏中不言，但责诸臣不能仰体太后之意，且称朝廷之仁智。其奏曰：

窃查此次战事，由于匪徒借口仇教，肆行烧杀，致酿大患。各

刘坤一

国亦以保护商民教士为词，调舰增兵，合而谋我。军事既起，各省自宜力筹战守，臣等已将防务严密筹备。倘彼族前来侵犯，即当奋力抵拒，不敢稍涉疏虞。窃维中朝宽大，圣泽如天，怀柔远人，无不仁至义尽。目前办法，总须将朝廷万不得已之苦衷，即并行不悖之德意，切实宣谕，庶匪徒不敢借端滋扰，为害地方。臣等于战事初起之时，即行出示晓谕，务各相安，不必妄生疑虑，并接出洋华人电禀，请保护各国洋人，以免报复。情词极为迫切，臣等遂乘各领事等来商保护商教之时，会饬江海关道余联沅与之订定章程。长江一带及苏杭内地，各国如不侵犯，我当照常保护。经各领事电商外部，臣等亦电致各使臣，向各国切实声明。德因戕杀使臣，颇持异议，嗣因各国牵制，遂亦帖然就范。恭绎光绪二十六年五月二十九日谕旨，现在各使臣势甚危迫，我仍尽力保护，并饬臣等各尽职守所当为，相机审势，竭力办理。六月初三日，寄谕各使臣，现仍严饬带兵官照前保护各国使馆，惟力是视。各该大臣等在各国，遇有交涉事件，仍照常办理等因。是朝廷于天津开仗之洋人，则严加惩创，于未与战事之洋官商教，则曲为保全，威德并施，昭如日月。臣等屡次奏请保护各使臣，亦以圣虑之所重，时局之所系，首在此举，不容稍缓。迭准出使大臣杨儒等来电，总以保全使臣暨在省之各洋人为第一要义。拟恳天恩饬下在京得力各军，保护各国使臣，正所以自保使臣，并请饬令各省督抚保护在华洋人，正所以保在洋华民，不胜急迫之至。

上谕军机大臣等：

刘坤一等奏相机审势，妥筹办法一折。朝廷本意，原不欲轻开边衅，曾致书各国，并电谕各疆臣，复屡次明降谕旨，以保护使臣及各口岸商民，为尽其在我之责，与该督抚等意见正复相同。现幸各国使臣除克林德外，余俱平安无恙，日前并赐各使馆蔬果食物，以示体恤。如各国恃其兵力，进犯各省，自应保守疆土，竭力抵御。即使目前相安无事，亦必严密筹备，以防意外之变。惟总不欲兵衅自我而开，一面将坦怀相与之意，宣示各国，共筹补救之方，以维大局。不得轻信浮言，致多龃龉，是为至要。将此由六百里加紧，各谕令知之。

降此谕之前数日，即西历7月1号，太后自草一诏，详述时局破坏之由，以解列强之心。最有味者，前此十日，太后尚悬赏购京中洋人之头，且谕令毓贤杀尽山西之洋人，而毓贤即遵旨实行也。太后读古书，谓洋人易生内讧，必自相猜忌，以致分裂，寄谕各驻使云：

此次中外开衅,其间事机纷凑,处处不顺,均非意计所及。该大臣等远隔重洋,无由深悉情形,即不能向各外部切实声明,达知中国本意,特为该大臣等缕晰言之。先是直、东两省有一种乱民,各就村落,练习拳棒,杂以神怪。地方官失于觉察,遂致相煽成风,旬月之间,几于遍地皆是,甚至沿及京城,亦皆视若神奇,翕然附和,遂有桀黠之徒,倡为仇教之说。五月中旬,猝然发难,焚烧教堂,戕杀教民、阖城汹汹、势不可遏。当风声初起之时,各国请调洋兵到京,保护使馆,朝廷以时势颇迫,慨然破格许之,各国通计到京洋兵不下五百人,此中国慎重邦交之明证也。各国在京使馆,平日与地方官尚属无怨无德,而自洋兵入城以后,未能专事护馆,或有时上城放枪,或有时四出巡街,以致屡有放枪伤人之事。甚或任意游行,几欲阑入东华门,被阻始止。于是兵民交愤,异口同声,匪徒乘隙横行,烧杀教民,益无忌惮。各国遂添调洋兵,中途为乱党截杀,迄未能前。盖此时直东两省之乱党,已容成一片,不可开交矣。朝廷非不欲将此种乱民下令痛剿,而肘腋之间,操之太蹙,深恐各使馆保护不及,激成大祸。亦恐直东两省同时举事,将两省教士教民,使无遗类,所以不能不踌躇审顾者以此。尔时不得已,乃有令各使臣暂避至津之事。正在彼此商议间,突有德使克林德晨赴总署,途中被乱民伤害之案。德使盖先日函约赴署,该署因中途扰乱,未克如期候晤者也。自出此案,乱民益挟骑虎之势,并护送使臣赴津之举,亦不便轻率从事矣。惟有饬保护使馆之兵,严益加严,以防仓猝。不料五月二十日,即有大沽海口洋员,面见守台提督罗荣光索让炮台之事,谓如不允,便当于明日两点钟用力占据。罗荣光职守所在,岂肯允让?乃次日果先开炮击台,相持竟日,遂至不守。自此兵端已启,本非衅自我开,且中国即不自量,亦何至与各国同时开衅,并何至恃乱民与各国开衅?此意当为各国所深谅。以上委曲情形,及中国万不得已而作此因应之处,该大臣等各将此旨,详细向各外部切实声明,达知中国本意,现仍严饬带兵官照前保护使馆,惟力是视。此种乱民,设法相机自行剿办,各该大臣在各国遇有交涉事件,仍照常办理,不得稍涉观望,将此各电谕知之。

又以电致各国元首,盖徇军机大臣之请,以为此乘时取胜之举,欲列强猜忌离异也。实则此等外交之手段,有同儿戏,毫不知世界之大势。且此等书函,依体制固应由庆王及总理衙门照会使馆者也。大沽、天津既已失守,联军指日入都,太后畏惧狐疑,故有此等电报及致各国驻使之训条。列强当时以使馆在中国掌握,其与中国之外交不能无所顾忌。太后知之甚悉,欲利用之,预为后日地步。但宫廷蒙蔽,始终不绝拳匪大胜之希望,盼使馆之速下,其所攻击之使馆,即其所言小心以保护之者也。

北京使馆区旧影

吾于此略言他事，凡研究中国近事史者，莫不欲据往事心测将来，当知中国人建言于朝者，或主战，或主和，其人无分满汉，亦无论智愚勇怯，莫不怨恨西人，兼及西人所为之事。此种心理，士大夫与拳匪实无所异，但拳匪之思想，则单简而虚夸，士大夫则较为文雅而已。政府大僚如刘坤一、荣禄等亦然，其与外人交好者，非其本心，乃暂时不得已之行耳。然观其关系外交表面之交告及其情形，并吾人与某某大官私交之挚厚，则又令人疑惑而莫测其真。且此种怨恨之意，既久且深，其原因究从何而起？系西人所自招耶，抑华人之过耶？引吾人所当深思而详究之者也。苟考究近五十年来中国大官之奏牍，即可知对于西人不睦之意，时时存在而不除。其中亦有不尽然者，如袁昶等则颇重视西人，然亦非出于中心之诚也。西人历久经练尚不能悉中国之内情，且易受欺。此皆足使中国人轻视，且堕其诱惑之术。吾能言未来之拳乱，必由中国大官挑拨，一如庚子年，或尚不如当时之明白赞成耳。中国人仇视西人之心，无可解释。吾人私意推测，或如阿非辛之得麦曲耳司，外观似惧地缅之礼拜仪节，其实则恐扰乱彼等之生活也[1]。以下所录，乃太后致英、俄、日本各君主之电报。

电命出使俄国大臣杨儒呈递国书，其文曰：

大清国大皇帝问大俄国大皇帝好。中国与贵国邻邦接壤，二百数十年来，敦睦最先，交谊最笃。近因民教相仇，乱民乘机肆扰，各国致疑朝廷袒民嫉教，贵国使臣格尔思曾向总理衙门请速剿乱民，以解各国之疑。而其时京城内外，乱民蔓延已遍，风声煽播，自兵民以及王公府第，同声与洋教为仇，势不两立。若操之太促，

---

[1] 阿非辛（Ephesus），今译以弗所，古代小亚细亚爱奥尼亚城市，位于今土耳其境内；得麦曲耳司（Demetrius），今译德米特里厄斯，古代马其顿国王；地缅（Artemis），今译阿尔忒弥斯，即戴安娜女神。

既恐各使馆保护不及，激成大祸，又恐各海口同时举事，益复不可收拾，所以不能不踌躇审顾者以此。乃各国水师不能相谅，致有攻占大沽炮台之事，于是兵连祸结，时局益形纷扰。因思中外论交，贵国之与中国绝非寻常邻谊可比。前年曾授李鸿章为全权专使，立有密约，载在盟府。今中国为时势所迫，几致于犯众怒，排乱解纷，不得不惟贵国是赖。为此开诚布臆，肫切致书，惟望大皇帝设法筹维，执牛耳以挽回时局，并希惠示德音，不胜激切翘企之至。

电命出使英国大臣罗丰禄呈递国书，其文曰：

大清国大皇帝问大英国大君主兼任印度大后帝好。中国与各国通商以来，惟贵国始终以商务为重，并无觊觎疆土之意。近因民教相仇，乱民乘机肆横，各国致疑朝廷袒民嫉教，遂有攻占大沽炮台

日本明治天皇像

之事，从此兵连祸结，大局益形纷扰。因思中国商务，贵国实居十之七八，关税既轻于各国，例禁亦宽于他邦，是以数十年来，通商各口之于贵国商民，最相浃洽，几如中外一家。今以互相猜疑之故，时势一变至此，万一中国竟不能支，恐各国中必有思其地大物博，争雄逞志于其间者，于贵国以商立国之本意，其得失当可想而知。现在中国筹兵筹饷，应接不暇，排难解纷，不得不惟贵国是赖。为此开诚布臆，肫切致书，惟望大君主设法筹维，执牛耳以挽回时局，并希惠示德音，不胜激切翘盼之至。

电命出使日本国大臣李盛铎呈递国书，其文曰：

大清国大皇帝问大日本国大皇帝好。中国与贵国相依唇齿，敦睦无嫌。月前忽有使馆书记被戕之事，正深惋惜，一面拿凶惩办间，而各国因民教仇杀，致疑朝廷袒民嫉教，竟尔攻占大沽炮台，于是兵衅遂开，大局益形纷扰。因思中外大势，东西并峙，而东方只我两国，支柱其间。彼称雄西土，虎视眈眈者，其注意岂独在中国哉！万一中国不支，恐贵国亦难独立，彼此休戚相关，亟应暂置小嫌，共维全局。现在中国筹兵筹饷，应接不暇，排难解纷，不得不惟同洲是赖。为此开诚布臆，肫切致书，惟望大皇帝设法筹维，执牛耳以挽回时局，并希惠示德音，不胜激切翘企之至。

皆由皇帝出名。以上电报，皆明载国史中，乃太后之意也。若其他关于拳乱一切上谕，则不见于国史。吾欧外交家及官吏之无识者，每重视中国记述，以为实录，观此可以恍然悟矣！此等以意为详略之事，乃中国古史所常有者。其记载不以实，已习为固然矣。观以上电文，可见中国外交之浅陋。此等政策，西人莫明其所以然，则以为东方之人，深心难以测度。以此电文证当日政治之情形，实出人意料之外。然中国此等浅陋可笑之政策，乃当使欧洲神妙奇诡之外交家，为所颠倒，实屡见之事也。中国之主持外交者，有如童稚，欧人与之交涉，常不得其要领，不知所以为计。既得其髓，未尝不自笑向者之愚，乃以神妙奇诡之策，测彼童稚也。或犹未悟，视中国之外交，为有莫大之神秘，则谓其合马奇非立太、立兰德、梅特涅三人为一身[1]，亦未尝不可也。为英国之利益计，观于十年以来中国之大事，则吾英之外交政策，必须改变，而领事为最。然英公使之以改变政策请于恩多衙者[2]，已非一人，无如其不信何耳。

---

1 马奇非立太（Niccolo Machiavelli），今译马基雅维利，意大利文艺复兴时期著名政治思想家和哲学家；立兰德（Charles Maurice），今译塔利兰，19世纪法国外交家；梅特涅（Metternich），19世纪奥地利外交家。

2 恩多衙，即伦敦首相府。

第二十章　两宫西狩及行在之事实

《景善日记》述两宫仓皇出京之情形，已详细无遗。其出京之日，即西历8月15号天未明时也。军机大臣王文韶随驾西行，以书与其浙江友人，述路中情形。此书曾载上海某报中，阅之可与《景善日记》相印证，所记颇有趣味。

王文韶于8月18号追及乘舆于怀来。其前三日，两宫已备尝途中之困苦矣。15号两宫行至贯市，离京七十里，宿一回回教堂中，此地有一向光峪，为回回商务聚集之所，平日北行商队，于此取给驼马。太后在此，所食为粗麦粉、粟粥、蔬菜等，又备骡车，以为翌日旅行之需。护送兵队皆在后行，奉命如有联军追及，不言太后行踪，盖太后系微服以出也。于路备受苦难，伤心已极，下车时凡避难者及村居之民，皆环绕问讯。有当时目击之人云："曾闻皇帝言曰：所以使余等至此者，皆拳匪之赐。"太后闻之，命帝勿言。盖太后虽在极危之中，仍示镇定也。

翌日，知州觅得一蓝轿，进与太后，稍舒旅行之苦。日中在居庸关暂歇，总管太监李莲英在村居中，寻得茶少许，奉与太后饮之。行九十里，宿岔道口，其地当长城之后，甚为荒凉，毫无供给，太后睡一砖炕，并无被褥。次日由岔道启身，往怀来。行五十里，极苦，有都中官员会于此，共车十七辆，加以两宫之骡轿。是时两宫出走之信，已遍传于外。太后梳汉头，衣平民之衣，遂有疑为假冒两宫以惑众者，谣言蜂起。怀来县知县吴永，湖州人，其先未得报告，忽闻太后至，不及衣官服，即便服跪接之。市民环视者极众，县官欲驱散，太后不许曰："观

骡驮轿,慈禧西逃时曾乘坐这种交通工具。

此朴实之乡民,余心甚为欣悦!"县官进膳,有燕窝鱼翅。太后出行三日,皆粗粝,至是乃稍具珍羞也。又备衣物进御,太后奖之。在怀来休息一日,王文韶来,太后极喜,殷殷垂问路中之困苦,分燕窝汤赏之曰:"汝三日内所受之苦难,必与余同也!"又责皇帝,此老臣远道跋涉而至,足见忠爱之心,何不以温言慰劳之?命庆王回京与联军议和。庆王知此事极难,不得已而奉命,行时太后召见甚久曰:"知汝能肩此重任,先年英法联军入都,和议乃恭王所定,可追思其事也。"

以下系王文韶所记:

七月二十一日。皇太后、皇上均坐车出京,行至贯市地方,始由向光峪驼行孝敬驼轿三乘,皇上与伦贝子同坐一乘。至怀来县,二尹备大轿一乘,宣化县又备轿四顶,两宫、皇后、大阿哥始均有轿子。两宫均是便衣,太后穿蓝夏布衫,亦不梳头。皇上穿黑纱长衫,黑布战裙一条。铺盖行李,一概未带。出京三日均睡火炕,无被无褥,无替换衣服,亦无饭吃,以小米粥充饥。至怀来宣化,始由地方官络绎进奉,稍觉舒服。此次妃嫔及宫女等均未带出,太监亦不多，诸王贝勒等随行者亦不多，其余一概未来。礼王、荣相、启秀等人亦尚未来，所有随行者不过端王、庆王、那王、肃王、伦贝子、樟贝子及公爷几位而已。堂官有刚、赵、吴、王、溥兴五人，各部院司员共十一二人，满小军机二人，汉小军机一人，神机、虎神营八旗练军约千余人，马玉昆保驾及各营官弁兵丁约千余名。各兵到一处，空一处，因铺户均已闭户逃走，实在无处买物，亦无怪其然耳。

先是七月十一二日，裕帅由北仓兵败，退扎杨村，又退至蔡村，裕帅用手枪自尽。李鉴帅十四日抵河西务，所统张春发、陈泽霖两军，不战自溃，鉴帅亦服毒自尽，洋兵进逼通州。十六日即有西巡之旨，因车辆不齐，迟迟未行。至十九晚，城外大炮隆隆不绝。二十早，我所居喜雀胡同一带炮声渐近，炮子如雨，下午炮声尤甚。忽传天安门及西长安门失守，然不能得真消息。我在内值宿未归，禁门已严局，不能出入。至二十一早七钟，我坐小轿进城，始知两宫已黎明出城矣。我于上日即二十日共召见五次，至亥刻见面，仅刚、赵二人，太后云："只剩尔等三人在此，其余均各自回家去，丢我母子二人不管，尔三人务须随驾同行。"并谕我："汝年纪太大，尚要汝吃此辛苦，我心不安，汝可随后赶来。刚、赵素能骑马，必须随驾同行。"我复奏云："臣必赶来。"皇上亦云："汝务必要来。"云云。至夜半，犹说不即走，岂知天甫微明，两宫已仓猝出宫，狼狈凄惨情形，不堪言状。

是日我进城内，因后门、东华门均关闭，不能回宅，并知两宫出德胜门，我遂于巳刻冲出后门，至云鹫庵中小憩。庵在安定、德胜门之间，庵中和尚亦急极，缘洋兵进城逢庙必烧，以庙中皆设义和拳也。其时安定门至德胜门，城上均有洋兵、教民来往放枪，街上亦有洋兵。据闻洋兵进城，只杀溃兵，居民铺户，并不惊动。和尚万不肯留，不得已暂避隔壁韩姓家。韩系旗人，充内务府役，车夫轿夫，各自逃命。至下午闻西直门尚开，可以行走，遂将车马一切物件，一概丢在韩姓家，只带银钱并随身衣服。候至天黑，随众出城，由德胜门、十三海一带行走。近戛戛胡同，天复下雨，乃至景宅借住一宿。其时城内枪炮之声已停，但见后门外满天火光，通宵不绝。至寅初，探知西直门已开，洋兵未来，华兵已逃，无人盘问，逃难之人不少。我本拟坐车出城，沿途有兵勇抢车、抢牲口，以致车马等令刘弁等押出城外，几被抢去。我与次子均步行出西直门，至大桥外始坐轿车。次日骑驴，所带仅存五六人，均步行跑至海甸。饭铺已闭，勉强一饭，饭后即行。行七十里，至贯市住夜。二十三日，行四十五里，至居庸关住宿。二十四日，行八里到怀来，始知两宫先于二十二日到此，驻跸一日，故此赶到之后，即见面。

　　二十五日起，即随驾同行五十里，至河城住。二十六日，行四十里至鸡鸣驿住。二十七日，行六十里至宣化府城住。二十八、二十九、三十等日休息，拟初一日启跸往山西大同府。至山西省城，大约须中秋后也。此次出京，危险已极，沿途居民铺户，均被溃兵以随驾为名，其时驾尚未出，纷纷西行抢劫，室室皆空。及圣驾驻跸之时，万骑千乘，强买强取，更不堪寓目。迨圣驾既过之后，靡有孑遗矣。

以上为王文韶之信，系七月二十九在宣化县所发。

两宫由怀来往宣化府，路中行三日，在宣化休息四日，预备往山西太原。沙河镇之都统送绿轿一乘，由是行仗乃渐备。太后精神仍不稍减，事事皆欲亲睹，行至鸡鸣驿，旁近有一山，山顶有庙，圣祖巡幸至此，曾作诗刻石于庙中，太后欲往视之，群臣力阻始罢。宣化地方颇不靖，然太后在此则甚安舒，盖地方官程本（译音）办差甚好也。接庆王回都后第一电，述悲惨之情形。

8月25号，由宣化动身，扈从稍多，宿一军台，名愁卫（译音），供给缺少不备，足证其地之荒凉。台官已逃，官署亦焚，只余小屋二间，地既潮湿且有臭味，食物甚难得，唯有粗粉饽饽而已。太后住一小屋，其余一屋则皇帝及皇后居之，从官皆露坐院中。且多蚊，太后通宵不寐，语从者曰："不料竟至于此，诚可愧痛！唐元宗遭安史之乱，亦蒙尘于外，目视其宠妃之死而不能救。余今所处，殆尤过之。"其时又闻联军入宫，掠取财宝，太后甚为躁怒，从者皆栗栗。8月27号，入山西境，宿天镇县。县官乃一满人，闻京师及奉天被洋兵占据，遂殉节。城中无主，地方大乱，太后之膳为一狱官所进。既而岑春煊来，岑颇有胆识，见其来众心乃安。岑进呈鸡蛋及荷包带子等，太后大悦。

8月30号，到大同府，驻跸都统署内。凡四日，供张甚盛，异于前此之荒寒矣。9月4号，行三十五里，至台越镇（译音），住屋又甚潮湿，食物亦缺，但太后兴致尚佳。6号过雁门关，太后命暂停，言曰："观此风景，不禁思及热河。"又谓皇帝曰："他且勿论，此次出京得观世界，亦颇乐也。"皇帝答曰："人心当快乐时，自然如此"。岑春煊于此时进黄花一束，太后甚乐，赐岑奶茶一杯。7号至原平，寻觅驻跸之所，仅得泥屋一处，且停空棺数具。岑先往观，回奏请训，且祈赦罪。太后霁容答曰："棺木如能移则移之，若不在正室之内，亦无妨碍。"其后将棺木移出，又多派从人以护太后之居。

9月8号，忻州地方官进呈黄轿三乘，至是始符仪制矣。至太原，驻跸抚署。时巡抚为毓贤，太后至时在城外跪接。太后命毓贤近前，谕曰："去岁汝请训时，力言义和团之可靠，可惜你错了！今北京已破矣，但汝奉旨甚力。今山西境内已无洋人，人皆称汝之能，余亦知之。现洋人报仇，索汝甚亟，余或将革汝之职，如李秉衡。但汝不必因此伤

太原城墙旧影

感,此举不过遮外人之目而已。为国家计,不得不出于此,余等仍冀中国有强盛之日也。"毓贤九叩首答曰:"微臣之捉洋人,如网中取鱼,虽幼童及狗,亦末任其幸免。臣已预备革职受罪。义和团之败,乃由彼等不遵纪律,扰乱治安,虽不奉洋教者,亦杀掠之。"凡此问答之语,旁观者有数人听之甚悉。中一人遂记其语,函寄上海。毓贤语毕,太后遂命轿夫前进。后数日,太后遂降赔罪之上谕,将毓贤及其他主张拳匪之首领皆革职。降谕之前,太后曾往视毓贤杀洋人之处,细问毓贤以此事之始末。太后听时,大阿哥在院中上下跳舞,手执大刀,此刀为毓贤所送,即其用以残杀教民者也。观于此,可以知太后报复之初心矣。驻太原时,太后又召见毓贤一次,谕之曰:"现在棺木价也贵了。"意盖讽其自杀,以免后祸也。太后以毓贤杀尽山西洋人,须定死罪以谢之。又以其在山西声名甚好,百姓颇誉之,故示意令其自尽也。

太后在太原,见供给甚美备,深为欣悦,而尤喜其金银器皿。此等器皿,盖1775年所备,以为乾隆皇帝往五台山进香之用者。今太后来,遂取出磨光以进,太后见之喜曰:"我们在北京没有这样东西。"时荣禄由京赶至太原,太后甚喜。荣禄奏述直隶沿路之情况,拳匪杀掠之惨,地方大受其害。荣禄未至之先,曾上一奏,足显其向来之性质,既非诸谄媚者之所道,亦异于书生柔弱者之言,今录之于下。其奏略曰:

七月二十一晨，奴才入宫，始知皇太后、皇上业已出巡。又晤户部尚书崇绮，同拟追随车驾，其时东北城门均已关闭，绕道而出。奴才思此时要务，首在收集军队，但数晤宋庆、董福祥，知吾兵连次大败，受创深重，若无大队援兵，决难再战，且兵心已馁，见敌即溃。奴才乃同崇绮至保定，住于莲花书院，终夜筹商挽救之策。崇绮忧痛之极，次晨即悬梁自尽而死，身畔有遗折一封，与奴才信一函，绝命诗数首，奴才谨将其遗折代呈御览。崇绮以身殉国，当为我皇太后、皇上所深悯，其平日操守廉洁，自恨无力挽回国运。当举朝尊信拳匪妖术之时，崇绮深轻视之，谓不值智者一笑。在此危急颠沛之秋，奴才失此良友，深痛于心。奴才身统北洋军队，一息尚存，唯有竭尽心力，勉负重责。现正料理崇绮身后之事，谨具折述其殉节时之情形，想皇太后、皇上阅之，自必优予赐恤，以慰忠魂。奴才随后当即奔赴太原行在，期竭绵力，并请无力斡旋之罪。

太后批折，极称崇绮（大阿哥之师，同治皇后之父）忠诚廉洁，恤典甚优。荣禄沿路赶行，至直隶边界，其妻忽病，遂死。至太原，太后升其妾刘氏为福晋，此人始终在宫中，大有势力。太后问荣禄后来之事应如何办理，荣禄仍执其向来戆拙之言，答曰："只有一条路，必须杀端王及其他助义和拳之王公大臣，再则必须回京。"当时有一事，乃一满洲大员所说，此人与宫廷甚密迩者也。言荣禄到太原，皇帝差一人立召荣禄入见，谕之曰："我很欢喜，你到底来了，我望你赶快杀端王，不可延缓。"荣禄答曰："太后没有旨意，奴才怎敢为之？皇上独断下上谕的时候，现在业已过了。"（荣禄此言，盖暗指1898年九月即光绪二十四年，皇帝下谕立刻杀荣禄之事）

荣禄之地位极险，因彼颇有胆识，其举动异于常人，遂有无数之仇敌，不独为维新党人之所恨，亦复政党人所不悦也。幸太后重任之，仡免于难。且荣禄亦不能如崇绮之廉洁，有陈泽霖者侵吞军需巨款，荣禄曾言此款可以追出。及至太原，乃奏称此款为联军所掠取。而言官则言，荣禄所以为其弥缝者，实得四万金、上等燕窝二十磅、丝绸四箱，由一军官叶某者过付。折上留中，此太后之老法也。荣禄做生日时，及其妻开吊时，百官送重礼者甚多，遂动总管李莲英之忌。李莲英之财物为联军所掠取，乃设法以思恢复其旧。在太原时百官云集，赞谋者奔走其门，凡曾随驾受苦之员，皆望得殊赏，因之争论大起。此等曾受惊苦之人，皆以为他员乃随后始至者，不能与之比功。而各省之求差使者，更无论矣。

太后在太原召见群臣时所问答，及军机会议，皆讨论应否回京，及在南方或中央或陕西迁都之问题。张之洞曾上一奏，请迁都于湖北之当阳，言其地处中央，形势极佳，又言其地名亦好，可为重兴之兆，盖天子恒南面也。而朝中之忌张者，则谓张此言，乃欲皇帝重执朝政耳。此时荣禄为太后所倚重，彼力请回京，鹿传霖、王文韶二人亦附和之，其后太后之决意回銮者，乃荣禄之力也。太后在太原时，关于此大事之争，继续不断。至西历9月底，忽闻联军欲派一师，以报山西杀教士之仇，太后遂决意往西安府，以彼处较安稳也。中国人最顾全体面，既已西行，乃下一谕如下："谕：朕恭奉慈舆驻跸太原，将近两旬。该省适值荒歉，千乘万骑，供亿维艰，食用皆昂，民生滋累，每一念及，蹙然难安。且省城电报不通，京外往来要件，辗转每多延误。不得已，谨择于闰八月初八日启跸，西幸长安"云云。

9月30号，两宫自太原启銮往陕西，沿路供张完美，非如前此仓皇困苦之情形矣。路中闻刚毅死耗，太后甚惜之，此人即拳匪首领，赞助复政者之最顽固暴乱者也。刚毅在候马地方得病，三日即死，都察院副都御史何乃莹留后看护之。死后，太后优待其子，其子亦随扈至西安，太后时与之谈其父之忠心。

驾至西安，驻于督署，此署盖备陕甘总督巡视到陕驻节之所。后又迁于抚署。两署皆备行在之用，墙壁涂以红色，其外围以栅栏，栏外即侍卫守护之处，各部九卿均草创设之。然行在一切布置，则悉如北京之旧。行宫之正殿，空而不用，旁殿则备为召见人员守候之处。正殿后有一房，其门以六版为之，仅开二扇，由外可见其中之宝座，室中皆用黄缎装饰之。朝廷典礼，在此举行。其左又有一屋，则为每日召见臣工之处，再后即太后坐起及卧室。皇帝、皇后居一小房，通于太后卧室。西偏另有小房三间，大阿哥住之，李总管则住太后之东偏一室。行在诸事草创，非如在京时之阔大。度支亦拮据，各省进贡之物品及金银，太后皆保存之。抚台岑管理行在之财政，免其滥费。太后每日膳费二百两，比之在京时，此数不过十分之一。一日，太后与岑言及此事曰："现在我们俭省多了。"岑答曰："此数仍可节省，以裕国用。"太后之

西安府宫中花园旧影

菜单，由太监执掌之，每日选择一百种，时南方所贡之燕窝等贵品甚多，太后大赏之，鸡鸭鱼肉等皆为之减味矣，惟皇帝则仍如在路时之食菜蔬。太后下谕："每饭只准六肴，不得过多。"太后喜食牛奶，在西安养六牛于行在附近，每月以二百金喂养之。太后身体甚佳，惟消化不良，太后谓为转换天气，及在路中劳苦之故。有时不能安睡，则按摩之，有太监数人精于此术。居行在仍令演剧，如在京时。但甚关心于和议之情形，命有电报至，即刻进呈御览。闻有人亵渎颐和园，大为忧愤。后一孙姓太监来，言宝座被掷于湖内，外兵画淫秽之画于太后之卧室，愈震怒，此孙太监乃留京看守者也。及闻和议告成，登于9月7号之记录，太后心始安。条约既定，太后乃下谕，定期西历9月回銮，此谕乃1901年之6月即光绪二十七年，以皇帝名义所下者也。今录于下：

上年七月以来，仓卒播迁，朕侍慈禧端佑康颐昭豫庄诚寿恭钦献崇熙皇太后，暂驻关中，瞬将经岁。眷怀宗社，时切疚心。今幸和局已定，昨经谕令内务府大臣扫除宫阙，亟欲即日回銮，惟现在时令已交仲夏，天气炎蒸，圣母高年，理宜卫摄起居，以昭颐养，万难于溽暑之际，跋涉长途，自应俟节候稍凉，再行启跸。兹择于七月十九日，朕恭奉慈舆，由河南、直隶一带回京，著各该衙门先期敬谨豫备。将此通谕一体咸知，俾慰天下臣民之望。

有纲公者，亦助拳匪之首领，庄王之幼弟也，带家眷随驾至西安。太后知其必求恩免死，乃不见之。此人全家遂流魄于西安，随驾之官，无一人助之者，其后在一小衙门当差以自活。其妻青年貌美，卖之为奴。太后此时深愧前信拳匪之愚，助拳诸首领，或杀或自尽。太后尝曰："这些王公大臣，都是在先夸口之人，因他们是朝廷亲属，我听他们的话，说洋人万不能胜中国，我们真是大错。他们愚暗，险些亡国。

我所可惜的，只赵舒翘一人。"

太后由京往西安，及由西安回銮，见沿路农民贫苦之状，甚为悯念，特发银以赈之，其数甚巨。并告皇帝曰："前在宫中，不知小民之苦也。"在西安时，皇帝时或参预国事，较在京时稍为自由，此戊戌后之所无者。但太后虽与皇帝谈论国事，或问帝之意见如何，而帝仍不敢自伸其意，且帝之性情颇不定，故朝中大臣亦愿禀承太后以定国事。惟有一要事，太后从帝之请，即以帝师傅孙家鼐入军机也。此人当1900年，即光绪二十六年立大阿哥时，曾辞职，盖孙意以为此举实无异于废立也。后当拳乱，孙仍留居于京，家中被掠，幸荣禄救之，否则其命亦不保。同时鹿传霖亦入军机，当围攻使馆之初，鹿为江苏巡抚，带三千人北上勤王，尚未至京，闻洋兵已破城，乃解散军队，至其家乡住数日，即往太原。太后召见甚喜，由是遂入军机，直至于死，未出军机处也。此人之性情，亦与中国其他大员同，对于国事之意见，始终如一，毫不改变，拳乱后与拳乱前无异也。鹿在江苏巡抚任内，带兵北上，此事亦甚有味，可见中国各省疆吏有自由行动之权，可谓之半独立国，凡疆吏有强毅意志者，皆可独断而行之。当时两江、两广、两湖之总督，亦胆敢违太后旨意，定东南互保之约。但彼等之属员，亦可行其己意，凡其意以为正者，即可行之。其时有一官进贡往西安，回苏州后，写信与京中友人，详述行在之情形。其言甚为可靠，余择而录之，盖多官书所不及也。

进贡委员与友书（由洋文转译）：

> 太后仍独揽大权，无论巨细，躬自裁夺。最信任者为荣禄、鹿传霖，岑抚现已失势，朝议颇主回銮。予见太后精力强健，虽寿已六十有四，而望去不过如四十许人。皇帝貌甚郁郁，近日稍好。大阿哥年十五，肥胖粗野，状类伧荒，喜穿武装，常出外观剧，故

予得见之。戴一金边毡帽，内穿皮衣，外罩红色军服如夺标者。与戏子流氓熟识，颇工马术，亦善音乐，如台上鼓板稍错，即离席大骂，或自己上台代之。种种怪状劣迹，有时为太后所闻，则重加鞭责。近与侍奉太后之宫女有私，太后知之大怒，因此吃亏不小。常同李莲英在外浪游。予友高某曾论之曰："彼以候补皇帝之资格，恐不久成为废太子矣。"此语甚为隽妙，且极确实。彼从不读书，所好者皆下流之事，形容粗暴，不堪入目。今述一事，十月十八日，彼同其弟、其叔及义和拳首领澜公，带领一群太监，至城隍庙内之戏场看戏。太监恃其势力，欲占最佳之座位，因此与甘勇致起争端。甘勇蛮横，太监及其余之小官均被打，戏场纷乱。由此一事，即可想见不堪之状，又可因以见太监之势力。太监既被打，即思报复之计，借事在岑抚处诋毁开戏园之主人，乃将各戏园一并封闭，并将园主枷号示众。抚台出示，言太后因陕省荒歉，国家多事，不当演戏娱乐，并各茶馆亦皆封之。人人均知，系太监之力也。其后内务府大臣继禄，又求总管太监李莲英，请太后降谕，重令各戏园开演，其所出之告示言："现已得雪，大有丰年之兆，戏院准予重开。"太后万寿之前数日，岑抚提议欲举行庆典，仍照往例进呈贡物，溥侗反对言："国势危急至此，宗庙陵寝，皆在外兵之手，老佛何心更做万寿？"乃寝其议。岑抚虽有强项之名，大言不惧，其实与李莲英甚为联络。有人言其近与奏事处之太监，结为盟兄弟，因此之故，乃得尚书，赏在紫禁城内乘坐肩舆也。董福祥已回甘肃，其部下之兵，归谭提督统带。此人在回匪扰乱之时，曾著有战功者。老佛希望战胜洋人之心，似仍未绝。夏震武上奏，保荐一蛮子，请太后重加任用，谓如不能战胜联军，愿以全家作保云云。

第二十一章　拳党首领之死

中国官吏无联合之力，少任事之勇，缺爱国之心，虽事机危迫之时，恒畏缩不能振奋。然其历来相传之教义，亦有一特长可述者，即彼等一闻朝廷赐之死罪，皆安然受之，而从容就死也。辛丑议和，以处置拳党首领为一条件，观于诸人死时之情形，亦可证之，足见中国人特殊之性情。中国政府之能长久坚固，而不易动摇者，赖此义以维系之，盖由于孔教忠君之大义也。议和时，各国请戮拳党首领及助拳匪之人，太后先本不愿许之，盖太后当时亦赞成此事者也。其后与大臣商议，知此条不许则和平无望，不得已于1901年2月即光绪二十七年，下谕定数人之罪，此数人太后谓为倡首排外之人。其谕乃荣禄所草，吾等皆知太后实主持其事，今因欲保自己之平安，而赐诸人之死。读此谕者，不能不有所感触也。然太后仍不欲尽许列强所要求，欲救端王、澜公、赵舒翘三人之命。其谕如下：

谕：京师自五月以来，拳匪倡乱，开衅友邦。现经奕劻、李鸿章与各国使臣在京议和，大纲草约业已画押。追思肇祸之始，实由诸王大臣等昏谬无知，嚣张跋扈，深信邪术，挟制朝廷。于剿办拳匪之谕，抗不遵行，反纵信拳匪，妄行攻战，以致邪焰大张，聚数万匪徒于肘腋之下，势不可遏。复主令卤莽将卒，围攻使馆，竟至数月之间，酿成奇祸，社稷阽危，陵庙震惊，地方蹂躏，生民涂炭。朕与皇太后危险情形，不堪言状，至今痛心疾首，悲愤交深。

被指为"首凶"之一的董福祥

是诸王大臣等信邪纵匪,上危宗社,下祸黎元,自问当得何罪?前者两降谕旨,尚觉法轻情重,不足蔽辜,应再分别等差,加以惩处。已革庄亲王载勋,纵容拳匪,围攻使馆,擅出违约告示,又轻信匪言,枉杀多命,实属愚暴冥顽,著赐令自尽,派署左都御史葛宝华前往监视。已革端郡王载漪,倡率诸王贝勒,轻信拳匪,妄言主战,致肇衅端,罪实难辞;降调辅国公载澜,随同载勋妄出违约告示,咎亦应得,著革去爵职。惟念俱属懿亲,特予加恩,均著发往新疆,永远监禁,先行派员看管。已革巡抚毓贤,前在山东巡抚任内,妄信拳匪邪术,至京为之揄扬,以致诸王大臣受其煽惑,及在山西巡抚任,复戕害教士教民多命,尤属昏谬凶残,罪魁祸首,前已遣发新疆,计行抵甘肃,著传旨即行正法,并派按察使何福堃监视行刑。前协办大学士、吏部尚书刚毅,袒庇拳匪,酿成巨祸,并曾出违约告示，本应置之重典，惟现已病故，著追夺原官，即行革职。革职留任甘肃提督董福祥，统兵入卫，纪律不严，又不谙交涉，率意卤莽，围攻使馆虽系由该革王等指使，究难辞咎，本应重惩，姑念在甘肃素著劳绩，回汉悦服，格外从宽，著即行革职。降调都察院左都御史英年，于载勋擅出违约告示，曾经阻止，情尚可原，惟未能力争，究难辞咎，著加恩革职，定为斩监候罪名。革职留任刑部尚书赵舒翘，平日尚无嫉视外交之意，前查办拳匪，亦无庇纵之词，惟究属草率贻误，著加恩革职，定为斩监候罪名。英年、赵舒翘两人，均著先行在陕西省监监候。大学士徐桐、降调前四川总督李秉衡，均已殉难身故，惟贻人口实，均著革职，并将恤典撤销。经此次降旨以后，凡我友邦当共谅拳匪肇祸，实由祸首激迫而成，决非朝廷本意。朕惩办祸首诸人，并无轻纵，即天下臣民，亦晓然于此案之关系重大也。

此谕既下，列强之心仍未满足，尤谓端王、澜公二人处置不当。一礼拜后，太后遂又下一谕，定二人以监禁候决之罪，其后减为发往新疆，永不赦回。刚毅已死，则定以开棺戮尸之罪，此等刑法，中国人视为最重者。赵舒翘、英年二人，则赐自尽。军机大臣启秀及徐桐之一子，则于京中处决。其后又许列强之请，赏复五人原官，此五人乃当拳乱时上折谏阻者也。观谕中之语，显出于不得已，因欲改正前事，遂不得不推诿于他端故。此谕如下：

谕：本年五月间拳匪倡乱，势日鸱张，朝廷以剿抚两难，迭次召见臣工，以期折衷一是。乃兵部尚书徐用仪、户部尚书立山、吏部左侍郎许景澄、内阁学士联元、太常寺卿袁昶，经朕一再垂询，词意俱涉两可。而首祸诸臣遂乘机诬陷，交章参劾，以致身罹重辟。惟念徐用仪等宣力有年，平日办理交涉事件，亦能和衷，尚著劳勋，应即加恩徐用仪、立山、许景澄、联元、袁昶均著开复原官，该部知道。

赵舒翘者，本军机大臣，而为太后之所爱重者也。此人太后始终欲保全之，先仅定以永远监禁之罪，禁之于陕西臬署监狱，家属可以入监探视。监禁之前一日，太后对人曰："我不信赵舒翘亦主张拳匪，惟贻误国事，匿不上闻，乃彼之罪耳。"有人将太后此语报告于赵，赵闻之极喜，以为可以免死。后数日，传言列强必欲定赵死罪，而后甘心。西安城中人大为震动，盖西安乃赵之本乡也。城中绅士联合三百人上书军机处，请赦赵之死，军机不敢上闻，刑部尚书仅批于书尾，代为不平而已。新年元旦，传言更盛，太后召见军机，自六时至十一时不能决。城中鼓楼一带拥挤多人，齐呼如赵就刑，必抢法场，军机诸人恐有小乱，遂求太后下谕赐赵自尽，太后允其请。次日午末一钟，下谕定下午五时复命。巡抚岑往监狱宣谕，赵听毕，问曰："可没有别的旨意吗？"岑答曰："没有。"赵曰："一定有的。"此时赵之夫人插言曰："没有指望了，我们一块死罢！"遂与以毒药，赵只取少许吞之，至三钟，毫无动静，精神如常，纵谈身后诸事，与其家人商议丧事如何办理。赵深以死后，高年之母无人侍奉为念，其旁拥挤多人，皆其朋友及同僚。岑抚先不许人看视，其后亦许之，来者甚众，赵对众人曰："我到如此地步，皆受刚毅之累。"岑抚见其声音雄壮清晰，毫无死状，遂命从人给以鸦片，赵服鸦片后，至五钟仍无大效。岑又命服以砒霜，赵服后滚地呻吟，以手搥胸，久之痛极，请命人摩擦其胸。赵体质极强，心志坚定，仍望赦旨之下。至夜十一钟，仍无影响，岑抚甚为焦灼，盖恐太后问及何以延迟之故也。岑曰："五点钟我要复命，此人不肯死，怎样办法？"其从人请用厚纸浸烧酒中，塞其喉管，即致闷死，岑遂照办，凡

北京庄亲王府家庙中的菩萨像

易五纸始气绝。赵始终不信太后竟允其死，故不肯多食鸦片，宁忍痛迟延以待赦旨也。

其次，庄王之死。庄王带二妾及其子往山西南方蒲州，在一官署居住，以候太后谕旨。钦差葛宝华奉命捧旨而往，到时为一日之晨，地方官放炮迎之。庄王闻炮声，甚恶之，心知其为凶信，谓从人曰："这个时候放炮做什么？"从人答曰："到了一位钦差大人。"庄王又问曰："他是为我来的么？"从人答曰："不是的，从这里过，到别处办事。"钦差既进，庄王问以朝中之事，葛漫应之，略谈数语，葛退出察看房屋，见后有一古庙，遂择一空房为其自尽之处，在屋顶椽上系一丝绳。料理妥当，命府县带兵弹压，复往见庄王，谓之曰："有上谕，请王爷跪接。"庄王曰："要的是我的脑袋吗？"葛不答。庄王跪下，听上谕毕，庄王曰"赐我自尽，我早知道，他们不得我死，不能甘心，恐怕我们老佛爷也不能长久。"说毕，请钦差许其与家属告别，葛许之。此时其妾及子已知其事，入房，庄王谓其子曰："你须记得，以后尽力做事，报效国家是汝的本分。不要忘了，无论怎样，只要与国家有益，总不要叫洋人占夺祖宗留遗我们的锦绣江山。"（庄王盖太祖之裔也）

其子闻之，哭不成声，其妾则惧极而晕，庄王毫不为意，问曰："死的地方在那里？"钦差答曰："王爷愿意到背后空屋里来吗？"庄王遂随钦差而行，见屋中悬一丝绳，转谓葛曰："钦差大人预备得真齐全，可赞！"语毕，遂以绳套头，数分钟而气绝。

其三，英年之死。英年乃胆小之人，先奉监禁之谕，与家人别，其夜大哭，对其从人骂庆王不设法救之。第二日即元旦，人皆有事，未留意看视之，彼终日哭泣，至夜半哭声忍止。天明，其下人见彼卧于地上，满面污泥，已半死矣。盖彼吞泥，喉哽气闭，时赐彼自尽之旨尚未下也。于是英年之死，遂压四十八钟未发表。时刻已至，岑抚始据以上闻。

其四，毓贤之戮。命将毓贤正法之上谕下时，彼已启身往充发之地，带病而行。闻命后，面无人色，大非在山西巡抚任内凶狂之象。死之前一日，病愈亟，往刑场时系人扶掖而行。兰州绅士拟送一辞别之酒席，毓贤辞谢，并写一对联回送，以志感，绅士又于刑场挂一红绸以尊敬之。至下午，街上贴有告白，系百姓出名请赦毓贤之死，但毓贤自知无用，乃写一书述己之行径，其中言死乃极光荣之事，己乃为忠节而死，劝百姓不必干涉。又亲笔写两轴，以为其死后之遗笔，颇传于世。今录之于下：

人臣殉国，妻妾殉夫，孰言为人不当如是耶！所悲者，老母年垂九十，幼女甫七龄，无人事养。为人子者，何地自容？皇上所命，臣下理当遵行，予前杀人，今予被杀，夫复何言？所疚者，予位至封疆，经历三省，未为国家立功，涓滴无补，有负朝廷厚恩耳。

又一纸曰：

北京菜市口刑场

人臣负罪当诛，予此时心无他念，唯思一死足以为荣（按毓贤此等夸张之词，亦非尽属虚妄。其为人虽极残酷，而操守非常廉洁，声名甚好，死后贫无一钱，竟无一新衣足备殓时之用者。至今山西人犹感念之，谓此人能保护山西省，不使外人侵入，且建祠祀之。其后因恐外人有言，乃毁之——勃兰德氏注），深愿速死，免受监牢之罪。太后之恩极重，予无以报，但诚心冀望朝臣中，设法挽回国运，解除太后之忧。（意译）

次日午后一钟，毓贤身首异处，观者皆叹息不置。

其五，启秀之死。启秀与徐承煜同杀于北京菜市口，乃1901年2月某日之晨，即光绪二十七年也，亦有数西人观之。启秀闻正法之命，只问曰："是谁的命令？"有人答曰："有上谕，自西安来。"启秀曰：

"是太后的旨意，不是洋人的意思，我死而无怨。"启秀前数月，曾被日本兵捉去，幸庆王救之，言其母年高，以是得脱。其母不久即死，庆王力劝启秀自尽，谓死于此时，岂不忠孝两全？但启秀不听其言，此语乃庆王所传出也。

第二十二章　慈禧悔过

拳党首领,既或杀或充发远方,列强之怒亦平。太后默察时势,知此后施政之方,不能泥守前法,必须调和而改革之。乃降上谕如下:

谕:本年夏间,拳匪衅起,凭恃城社,挟制朝廷。当时所颁谕旨,首祸诸人竟于事机纷扰之际,乘间矫擅,非出朝廷本意。所有不得已之苦衷,微言宣示,中外臣民,谅能默喻。现已将首祸诸人分别严惩,著内阁将五月二十四日以后、七月二十日以前谕旨汇呈,听候查明,将矫擅妄传各谕旨,提出销除,以重纶音而昭信史。

此光绪二十六年十二月二十六日谕也。同日又下一谕,以帝名出之,述庚子年朝廷之情形,及己与皇帝蒙尘之苦况,认己之过,言此后当痛惩旧习,此谕极为重要。谕曰:

本年夏间,拳匪构乱,开衅友邦。朕奉慈驾西巡,京师云扰,迭命庆亲王奕劻、大学士李鸿章作为全权大臣便宜行事,与各国使臣止兵议款。昨据奕劻等电呈各国和议十二条,大纲业已照允,仍电饬该全权大臣,将详细节目悉心酌核。量中华之物力,结与国之欢心。既有悔祸之机,宜颁自责之诏,朝廷一切委

> 光緒二十六年十二月二十六日內閣奉
> 上諭本年夏間拳匪搆亂開釁友邦朕奉
> 慈駕西巡京師雲擾迭命慶親王奕劻大學士李鴻章
> 作為全權大臣便宜行事與各國使臣止兵議款
> 昨據奕劻等電呈各國和議十二條大綱業已照
> 允仍電飭該全權大臣將詳細節目悉心酌量
> 中華之物力結與國之歡心既有悔禍之機宜痛
> 自責之詔朝廷一切委曲難言之苦衷不得不為
> 爾天下臣民明諭之此次拳教之禍不知者疑
> 國家縱庇匪徒激成大變殊不知五六月間屢詔
> 勦匪保教而亂民悍族迫人於無可如何既苦禁
> 諭之俱窮復憤存亡之莫保迨至七月二十一日

慈禧"量中华之物力，结与国之欢心"上谕

曲难言之苦衷，不能不为尔天下臣民明谕之。

此次拳教之祸，不知者疑国家纵庇匪徒，激成大变，殊不知五六月间，屡诏剿匪保教，而乱民悍族，迫人于无可如何，既苦禁谕之俱穷，复愤存亡之莫保。迨至七月二十一日之变，朕与皇太后誓欲同殉社稷，上谢九庙之灵。乃当哀痛昏瞀之际，经王大臣等数人扶掖而出，于枪林炮雨中仓皇西狩，是慈宫惊险，宗社阽危，阛阓成墟，衣冠填壑，莫非拳匪所致，朝廷其尚庇护耶？夫拳匪之乱，与信拳匪者之召乱，均非无因而起。各国在中国传教，由来已久，民教争讼，地方官时有所偏，畏事者袒教虐民，沽名者庇民伤教，官无持平办法，民教之怨，愈结愈深。拳匪乘机，浸成大衅，良由平日办理不善，以致一朝骤发，不可遏抑，是则地方官之咎也。涞涿拳匪，既焚堂毁路，亟派直隶练军弹压，乃该军所至，漫无纪律，戕虐良民。而拳匪专持仇教之说，不扰乡里，以致百姓皆畏兵而爱匪，匪势由此大炽，匪亦愈聚愈多，此则将领之咎也。该匪妖言邪说，煽诱愚人，王公大臣中或少年任性，或迂谬无知，平时嫉外洋之强,而不知自量,惑于妖妄,诧为神奇。于是各邸习拳矣,各街市习拳矣。或资拳以粮,或赠拳以械,三数人倡之于上,千万人和之于下。朕与皇太后方力持严拿首要,解散胁从之议,特命刚毅前往谕禁,乃竟不能解散。而数万乱民,胆敢红巾露刃,充斥都城,焚掠教堂,围攻使馆。我皇太后垂帘训政将四十年,朕躬仰承慈诲,夙昔睦邻保教,何等怀柔。而况天下断无杀人放火之义民,国家岂有倚匪败盟之政体!当此之时,首祸诸人叫嚣豗突,匪党纷扰,患在肘腋,朕奉慈圣既有法不及众之忧,浸成尾大不掉之势。兴言及此,流涕何追,此则首祸王大臣之罪也。然当使馆被围之际,屡次谕令总理衙门大臣前往禁止攻击,并至各馆会晤慰问,乃因枪炮互施,竟至无人敢往,纷纭扰攘,莫可究诘。设使火轰水灌,岂能一律保全?所以不致竟成巨祸者,实由朝廷极力维持。是以酒果冰瓜,联翩致送,无非朕躬仰体慈怀,惟我与国应识此衷。今兹议约,不侵我主权,不割我土地,念列邦之见谅,疾愚暴之无知,事后追思,惭愤交集。惟各国既定和局,自不致强人所难,著奕劻、李鸿章于细订约章时,婉商力辩,持以理而感以情。各大国信义为重,当视我力之所能及,以期其议之必可行,此该全权大臣所当竭忠尽智者也。

当京师扰乱之时,曾谕令各疆臣固守封圻,不令同时开衅。东南所以明订约章,极力保护者,悉由遵奉谕旨,不欲失和之意,故列邦商务得以保全,而东南疆臣亦藉以自固。惟各省平时,无不以自强为辞,究之临时张惶,一无可恃,又不悉朝廷事处万难,但执一偏之词,责难君父。试思乘舆出走,风鹤惊心,昌平宣化间,朕侍皇太后素衣将敝,豆粥难求,困苦饥寒,不如甿庶,不知为人臣者,亦尝念及忧辱之义否?总之臣民有罪,罪在朕躬,朕为此言,并非追既往之愆尤,实欲儆将来之玩泄。

近二十年来，每有一次衅端，必申一番诰诫，卧薪尝胆，徒托空言，理财自强，几成习套。事过之后，循情面如故，用私人如故，敷衍公事如故，欺饰朝廷如故。大小臣工，清夜自思，即无拳匪之变，我中国能自强耶？夫无事且难支持，今又构此奇变，益贫益弱，不待智者而知。尔诸臣受国厚恩，当于屯险之中，竭其忠贞之力。综核财赋，固宜亟偿洋款，仍当深恤民难，保荐人才，不当专取才华，而当内观心术，其大要无过去私心、破积习两言。大臣不存私心，则用人必公；破除积习，则办事着实。惟公与实，乃理财治兵之根本，亦即天心国脉之转机。应即遵照初十日谕旨，妥速议奏，实力举行，此则中外各大臣所当国尔忘家，正己率属者也。朕受皇太后鞠劳训养，垂三十年，一旦颠危至此，仰思宗庙之震惊，北望京师之残毁，士大夫之流离者数千家，兵民之死伤者数十万。自责不暇，何忍责人？所以谆谆诰谕者，则以振作之与因循，为兴替所由判，切实之与敷衍，即强弱所由分。固邦交，保疆土，举贤才，开言路，已屡次剀切申谕，中外各大臣其各懔遵训诰，激发忠忱，深念殷忧启圣之言，勿忘尽瘁鞠躬之谊，朕与皇太后有厚望焉。将此通谕知之。

此诏乃光绪二十六年十二月二十六日所降，即太后承认列强要索和议条款大概情形之时也。自此时起，至西历6月，太后常在恐惧之中，行在既不能如宫中之安适，荣禄及南方诸督又时进劝谏之言，太后极望仍有回京之一日，且急不能耐焉。此时尚有一极难之事，即大阿哥之处置是也。太后知拳党首领之子，一日居皇嗣之位，即一日不能全列强之友谊。且大阿哥既为将来之皇帝，必不能使其父长留于戍所，而端王之赦回，又列强之所必不许也。然大阿哥已正式立为继承皇位之人，此国之大事，不能轻于易置，已极费踌躇。

大阿哥品行极劣，太后虽立之，亦甚以为悔。彼常于人前现鄙野之状，使太后抱愧无颜，盖不止一次矣。即在太后前，亦不循规矩，任意而行，毫不自知其身份。以此太后决意去之而不惜，下谕言其父端王作事，陷国家于危险之域，得罪于列祖列宗，永不能洗。太后因欲留己及大阿哥之体面，乃言际此时势。大阿哥不能继承大宝，曾禀请太后收回成命，已允其请。大阿哥既废，太后欲使之与宫廷永绝关系，乃赐以最低之公爵，岁时礼节，一概免去。太后意谓如此处置，足为决绝废弃之证。于是此嗣子遂一蹶不能复升，盖彼所得者，乃一最低之勋爵，既无职任，亦无薪俸，遂终身为一穷乏之人矣。今日北京南城污秽之地，常见其踪迹，既醉且污，以赌博为生涯。其特著者，仅人物漂亮，及大言荒唐而已。如此之人，若非命运不佳，及列强反对之故，今日已为中国南面之主矣！太后既废大阿哥，又传谕承嗣同治皇帝一事，暂时搁置，俟有相当之人再定。据上所言，太后蒙尘于外，深悔前事，希望重入北京，恢复旧状。但北京一地，前事过去未久，太后深知外人不能遽忘也。

1901年之6月即光绪二十七年，和议条款告成。至9月7号，各外交代表正式签字，此纸上条文，又为将来无数困难问题发生之源。当此时，太后悔恨之余，又杂疑惧之心，回銮之时（1901年10月20号至1902年正月6号，光绪二十七年及二十八年），思以恩荣术数，笼络外人。至于京中官僚，见和局已成，危险已过，遂以为复睹太平，立忘前此畏惧之心，故态复萌，一切卑鄙嬉乐之象，又如往日矣。从各种方面，皆可察见此等现象，至后来修理商约之时，尤为显见，足以证明吾人之定评。此定评乃数年前，一在北京之英国代表所指出者，其言曰："此类人毫不讲情理，若恐惧之，则事事屈服矣。"今述一事，可见中国官场骄傲之情形，即中国特派谢罪大臣至德时之事也，其特派员为皇帝之弟醇亲王，因此一事，中德邦交几致决裂。盖当时议和第一款即载明中国派醇亲王至柏林，以表对于前杀德使克林德之歉忱。1901年7月12号，即光绪二十七年，醇亲王自北京启程，奉命致中国政府不安之意于德皇。及至柏林，德皇所拟关于此举之礼节，醇王以为与所得之训示不符，德政府迟疑多日，卒以迫于中国向来外交拖延忍耐之手段，而让步焉。下所录之电报，乃醇王在德国，于9月26号致与议和全权大臣庆亲王及李鸿章者也：

> 前接啸枢电，相机因应，并示折中，仰见周密，欣有遵依。十四德皇停止礼节后，遣来朝车提督礼官俱未撤回，察其动静，似有挽回之机。因与荫昌、李希德等再四筹维，命荫昌用德文信致赓音泰，婉商外部。以跪礼我国万难应允，于德既无所取，更与两国体面大有相关。作为出自沣意，恳请德皇宽免。一面又与驻巴在尔艾领事面商，或将此意由沣备函，径达外部，托其先为代通消息。

醇亲王载沣（中坐）在柏林

后于十八晚面命吕使赶回德京，设法接办。十九吕回后，接啸电，亦即转电吕，命其照示，再与外部切商。旋于二十申据艾领事来称，顷得外部电，命询王爷何时起身，以速为宜，我皇必见，跪礼已免，递书只带荫昌一人，余在别殿伺候等语。当晚复接吕回电云，德皇六号出巡。现据外部大司员云，王爷前来，德皇必见，事有转机云云。据以上各情，事已挽回，但为时甚迫。沣未敢稍涉拘泥，赶即于十一钟时令该国来接，各官备车前往。二十一三时到坡思丹，德皇又遣朝车并头等提督，接沣等均至旧皇宫居住，供应优渥，随商定次日进见，并送故德后花圈礼节。二十二巳刻亲至故德后墓如礼，十二时复遣朝车提督迎至新行宫。沣随带荫昌进见内殿，递书宣读颂词，张冀六人在外殿侍立。礼成，德皇遣马队送归旧行宫。两时德皇亲来答拜，意极殷勤，坐谈良久，并命备舟车游览哈芳湖孔雀岛。二十三早看操，午后仍至新行宫进见，德皇并留多在柏林居住，看各厂院，又面属前赴丹西，会晤亨利亲王，看其水师，沣未便拂命。现拟见德后后，即赴柏林，另住客寓。所有一切，均赖国家鸿福，俱臻妥协，堪慰宸念，祈代奏。

太后见醇王此行之结果，甚为嘉奖。在中国政府眼光中，以为得外交之胜利。若外交之胜利，中国得之甚易者，实则此仅表面虚荣，实际上已大失败也。因中国行事野蛮，杀德之钦使，醇王此行，乃为谢罪面往者。然观上录之电文，似与此行之目的不合。今北京外交团中，群谓监国摄政王自德国归，所得之知识不少。当此时，王之两弟游历各国，学习海陆军，其意以为中国第一要政，唯在重建海陆军。各文明国皆待以亲贵之礼，甚为隆重，然真知北京政府之内情者，则视此等游历之举，直类戏剧而已。不过以其地位之故，得人民一时尊崇之虚荣，岂真心改革者哉！

第二十三章　两宫回銮

太后之心志，自出京后，以至在西安行在之时，至为不定，非如往日之决断。其情颇如拳匪乱时，变幻莫测之景象。此其故，半由太后春秋渐高，半由迷信星士等荒唐之辞，凡事至危急时，太后颇信此等不经之言。余于他处已曾言及，太后于此等荒唐之辞，甚易感动，其言时有势力，于由西安回京时一路之小事尤甚。当其时，荣禄在行在，李鸿章在北京，固请太后回銮，太后允之。太后始甚疑惧，观于命由太原速往西安可见，直至和议条款大定，拳党首领之罪皆定，疑惧之心始已。

李鸿章自拳乱之始，即以为政府助乱党攻使馆，实至愚大谬。以此伟人具此心理，因其势力，遂使太后心中亦渐知前此政策之背谬愚拙。故于拳乱亟时，见联军之来中国者，无论拳匪官军，皆不能敌，遂立即放李鸿章为直隶总督，并谕其由广东速即北上（1900年7月21号），以此时亟需明悉外事之大员也。太后甚至命其由上海至天津，可借一俄轮而行。李鸿章复奏由袁世凯转呈，其外面词句，似甚恭顺，而内中所含之意，则言此次之祸实太后之过也。电中有云："仰蒙倚任优隆，曷胜感悚！惟念前在北洋二十余年，经营诸务，粗有就绪，今一旦败坏，扫地尽矣。奉命于危难之中，深惧无可措手，万难再当巨任。"并言上海无俄国轮船，现在战事未止，彼国即有船，亦必不借。其后则请恕不能速行之罪，言英国使臣曾请彼，须俟外交使臣平安送至天津后，始可动身，不知现在能安送外使至津否？又言俟体气稍复，即由陆北上云云。太后朱批仅两三语，其辞如下："李鸿章电悉，现在事机甚紧，著仍遵前旨迅速北来，毋再藉延。"

李鸿章虽得有此等特电，然仍留上海不即发。彼早有成竹在胸，外面似有事办，实则欲观围攻使馆之究竟也。李在上海时，《泰晤士》报馆访员曾于7月23号往见之，李言若非太后深知前此之失计，改变政策，以待盛怒之列强，则不即北上就职。至7月之末，闻太后欲出京，遂加紧递上一奏。此奏极有名，请朝廷推诚布公，速即改变政策。此奏到京，尚在太后出京之前，览之可以见李鸿章之为人，且尤见其勇敢有识。彼二十年来，为中国著名之人物，得环球之称颂者，非幸致也。其

与列强议和时的李鸿章

奏略曰：

自古制夷之法，莫如洞悉虏情，衡量彼己。自道光中叶以来，外患渐深，至于今日，危迫极矣。咸丰十年，英法联军入都，毁圆明园，文宗出走，崩于热河，后世子孙固当永记于心，不忘报复，凡我臣民亦宜同怀敌忾者也。自此以后，法并安南，日攘朝鲜，属地渐失。各海口亦为列强所据，德占胶州，俄占旅顺、大连，英占威海、九龙，法占广湾，奇辱极耻，岂堪忍受？臣受朝廷厚恩，若能于垂暮之年，得睹我国战胜列强，一雪前耻，其为快乐，夫何待言？不幸旷观时势，唯见忧患之日深，积弱之军实不堪战，若不量力而轻于一试，恐数千年文物之邦，从此已矣。

以卵敌石，岂能幸免？即以近事言之，聚数万之兵以攻天津租界，洋兵之为守者不过二三千人，然十日以来，外兵之伤亡者仅数百人，而我兵已死二万余人矣。又以京中之事言之，使馆非设防之地，公使非主兵之人，而董军围攻已及一月，死伤数千，曾不能克。现八国联军，已将来华，携带大炮无算，不知中国何以御之？但有十万洋兵，即得京师易如反掌，皇太后、皇上即欲避往热河，而今日尚无胜保其人，足以阻洋兵之追袭者。若俟至彼时，乃欲议和，恐今日之势且非甲午之比。盖其时日本之伊藤，犹愿接待中国议和之使。若今日任用拳匪，围攻使馆，犯列强之众怒，朝廷将于王公大臣之中，简派何人以与列强开议耶？以宗庙社稷为孤注之一掷，臣思及此，深为寒心。若圣明在上，如拳匪之妖术，早已剿灭无遗，岂任其披猖为祸，一至于此。历览前史，汉之亡，非以张角黄巾乎？宋之削，非以信任妖匪，倚以御敌乎？

臣年已八十，死期将至，受四朝之厚恩，若知其危而不言，死后何以见列祖列宗于地下？故敢贡其戆直，请皇太后、皇上立将妖人正法，罢黜信任邪匪之大臣，安送外国公使至联军大营。臣奉谕速即北上，虽病体支离，仍力疾冒暑颠行。但臣读寄谕，似皇太后、皇上仍无诚心议和之意，朝政仍在跋扈奸臣之手，犹信拳匪为忠义之民，不胜忧虑。臣现无一兵一饷，若冒昧北上，唯死于乱兵妖民，而于国毫无所益，故臣仍驻上海，拟先筹一卫队，措足饷项，并探察列强情形，随机应付。一俟办有头绪，即当兼程北上云云。

此直言劝谏之奏，太后览之自不能无动于中。8月12号及13号，在怀来所下之上谕，乃首次通谕国中，明言此后取调和政策，以为日后回銮之本。且太后尤有先见之明，早知联军中有互相猜忌之意，且不免有争端，回銮一举，固易成功也。

8月19号之上谕，言拳匪之攻使馆，全由教民与非教民平日积仇，以致此乱。又言列强之进兵，意在剿灭拳匪，固无疑义，然有时颇唱侵伐之说，不顾友谊，殊可悲伤。又言中国政府于乱亟时，费尽苦心，设尽方法，以保在京外人之生命财产，而列强不谅，所以酬答吾之好意者如此，殊非始料所及也。中国政府，每轻信无稽之言，故有此谕，若非外交团由往日之阅历，深知中国之内情者，殊不信此等言词，乃出于聪明智慧之太后也。然此谕亦非尽不合，盖同时俄政府亦有同类之文书，为中国政府宽恕，一如太后之言焉。

前谕之末，命荣禄、徐桐、崇绮等留京为议和大臣。但太后言与外国军官交涉，彼挟其战胜之威，自难和衷协议，可酌量或径电各国外部，或与上海总领事商议，庶有和平之望也。太后为一最聪明之人，知北京一地，此时难开谈判，苟径电各国外部或上海领事，自然较易遮饰，不比北京之外人，初从虎口逃出者也。

第二日又下一谕，辞意大为不同，朝廷自认错误，以动人民之怜悯，亦寓以劝勉之意。谕中有云："涤虑洗心，匡予不逮，朕虽不德，庶几不远而复，天心之悔祸可期矣。"观其全文，极为诚恳，自认国中所受之祸害，皆朝廷不善处置之过。又训示百官言："乱事发生之源，皆由内外百官酣嬉怠惰，不知振作，此等锢习速宜除拔。"谕中自述朝廷之责任，有云"知人不明，皆朕一人之罪，小民何辜？遭此涂炭，朕尚何所弛其责备耶！朕为天下之主，不能为民捍患，即身殉社稷，亦复何所顾惜？敬念圣母春秋已高，岂敢有亏孝养"云云。于是改革政策之旨，已明谕天下。又召京外官员即来行在，以便速举改革之政。又奖谢长江一带督抚维持东南，谨守条约之善。至于教民，则重申保护之约。谕中又时述及庆王等所奏议和之情形，列强之态度，足达和平之望。

西历9月初旬，各省督抚联名上奏，请两宫回銮，苟当时联军有以暴虐手段抵抗太后者，则必不能有此等之请求也。当时关于都城之事，议论甚多，时起争执，各省督抚联名上一封奏，由袁世凯起草，致之刘坤一，刘坤一转电各省，奏中言"拳党诸人之罪，其祸中于国家甚酷，今幸和议已开，困难已过，亟宜宣布回銮以定人心"。又言"臣等闻朝廷由太原往西安，实深悲痛"云云。今录其奏如下：

刘坤一等奏：窃自拳匪肇乱，媾衅列邦，京师相继失陷，辽东亦多失守，以致宗社震惊，乘舆播迁。薄海臣民，仓皇失措，莫不谓拳匪酿祸，贻误国家，疾首痛心，同切忧惧。迨叠奉明诏，车驾暂幸太原，议及亲贵，仰见我皇太后、皇上昔者之苦衷，今者之明晰。虽外人尚未满意，有待调停，而天下士庶，莫不钦仰感动，鼓舞欢欣，方冀畿辅廓清，指日回銮，上慰九庙在天之灵，下遂亿兆苍生之望。日昨恭读电传本月初六日谕旨，现定闰八月初八启銮，西幸长安等因，钦此。臣等私忧过虑，诚有不得不具陈于我皇太后、皇上之前者。

伏查自古国家多难之时，亦有迁都之举，然必须敌人不能悬军深入，即深入亦不能持久，我始能立国图存。今日联军谋坚势众，实与古来不同，况陕西自宋元明至同治以来，屡次兵火，商稀民瘠，古称天府，今非雄都。又与新疆、甘肃为邻，新疆逼迫强俄，甘肃尤为回薮，内讧外侮，在在可虞，较之京师素云完善。即就目下言之，各国方以新胜之师，谋合图进，我能往。彼亦能往，不畏数万里之海，岂畏数千里之陆？恐山川之险，未可凭恃，即偏安之局，不可幸成。且京师根本重地，四方所拱极而朝宗者也，宗庙宫阙、列祖列宗之神灵所式凭者也。二百余年，基业固矣，一旦弃之，不特失臣民之望，亦非圣心之所安。前闻各国曾请退兵回銮，不占土地，无论所请果否出于至诚，正可藉回銮之说，以速其撤兵之议。倘西幸愈远，拂各国之请，阻就款之忱，万一激变宗旨，洋兵不撤，京畿从此沦胥矣。辽东不复，陵寝从此鼎革矣。一国变计，各国争先，外而沿江沿海，处处侵占，内而奸宄生心，纷纷扰乱。瓜分之势成，糜烂之祸亟矣。人心愈摇，饷源愈竭，运道愈梗，而朝廷徒局促偏安。为闭关自守之计，夫以偏辟雕敝之秦陇，供万乘百官之资粮，久将不给。以屡次挫失之弱兵，抗合纵连衡之强国，势必难支，存亡关键实在于此。臣等万死，奚足补救，伏乞皇太后、皇上追念列祖列宗创垂之艰难，俯念满洲八旗生齿之蕃衍，外顺各国迎驾之请，内慰臣庶恋阙之心，拟请睿裁，收回幸陕成命。倘若乘舆已发，驻陕伊迩，势难折回，亦乞明降谕旨，以告天下，具言此次幸陕亦系暂计，俟畿辅稍定，即行回銮，并简派王大臣致祭宗庙，恭谒诸陵，示天下以朝廷不忘宗庙陵寝之重，断无终不回銮之理。一面饬令全权大臣，婉告各国使臣，果真退兵，示以必返，庶足定人心而安大局。

又奏，接使俄大臣杨儒电述外部之言曰，势必大举西向，恐未成咸阳之官,又将税兰州之驾等语。臣等闻各国议论,大率皆同。今日幸陕之举,议者必以秦中远隔海口,有黄河潼关之阻限,其险隘可守,敌来较难,拒敌较易。不知古今兵事,实有不同;八国环攻,与一国构兵又不同。今日战斗须凭枪力,守险须凭炮力,潼关、同州等处之黄河,仅宽四五里,愈上愈狭,外国陆路行营快炮七生的口径者,及八九生的口径用马拖运者,可击七八里,新式长田鸡炮可隔山遥击七八里,中国皆无之。仅凭土炮、小洋炮,岂能守关守河!各省枪少弹缺,自造无多,假使洋兵深入中原,运道必然梗阻,不过数战,弹子即罄,虽有忠义军民,徒手亦难击敌。盖一国则深入难,八国则接济易,此陕省拒敌之难也。

又查外洋通例,凡系有和约之国必驻公使,若其国不能为公使驻者,即不视为与国。一立和约,即使迁都陕西,各国肯允,亦必各遣公使,来陕驻扎。经此次变故以后,使馆必留洋兵保守,距海愈远洋兵愈多,且山西、河南、直隶必至于节节皆驻重兵,是无论迁都何处,必有使馆洋兵。徒使中原数千里皆为洋兵盘踞,此陕省建都之难也。总之迁都之计,全在平日经营,若战败以后,敌人必不许我矣。守险远海,亦拒敌之一策,若海口即已属人,内地素无守具,则险者失其险矣。各国并力,各省纷扰,彼有接济之便,我无持久之力,腹背受敌,跋前疐后,则远者失其远矣。此须俟事定以后,从容筹之。遇一国生衅之时,必先结援数国,移跸陪都,军械充足,炮台周密,再行开战,然非所论于此时也。以上各情,恐议者或未详考,臣愚见所及,不得不据实上陈,以备朝廷裁夺。

回銮事未决之先,太后急欲确知列强对于其权位之意见,既得诸大臣力陈,列强不致干涉,乃尽释前日之猜疑。当时顽固之官员,皆预言太后必不愿重到经洋兵亵渎之京师,然太后虽甚迷信,乃极有远见之人，苟非己之政权处于险境，则常俯允众意。前之研究建都问题，不过表面之事，但确知列强不致干涉其尊严之地位，则极愿回京。其后和议渐进，太后又渐明列强以互相嫉妒之故，回京之后不独无患，且可得其欢迎。遂定计早日回京，每日由全权大臣庆王等报告和议进行之情形。至于全体告成，太后甚喜，仅候道路修理完竣即启程。盖每年暑雨之后，道中恒有阻滞也。且启程之先，预备行装，须检点收拾各省所进之贡物。又得最好之消息，知宫中储藏之宝物，未为联军所掠，太后回銮之心乃愈急，恐太监等窃取也。

中历八月二十四日，即西历1901年10月20号，由西安启跸，驺从极多，太后先致祭于城外之庙。由此北行，每日约行二十五英里，在河南府稍歇。向开封进发，驻开封数星期，过万寿。此次回京，沿路所备之行宫及其他供应等，皆力求完美，以视前此仓皇出走之时，真有天渊之隔矣。太后在开封日，和议签字，李鸿章已死。李鸿章乃外交能手，极有功于太后，辛丑和约之成立，所以能宽让如此者，皆其力也。太后虽极赞其能，从未加以特别之优待，总不命其入为军机大臣，以不懂其口音为辞。然死后之荣典则极重，为二百余年汉人所未有，除各省曾经建功之地许立专祠外，并立一祠于京师。且当中日战争之后，太后虽亦责

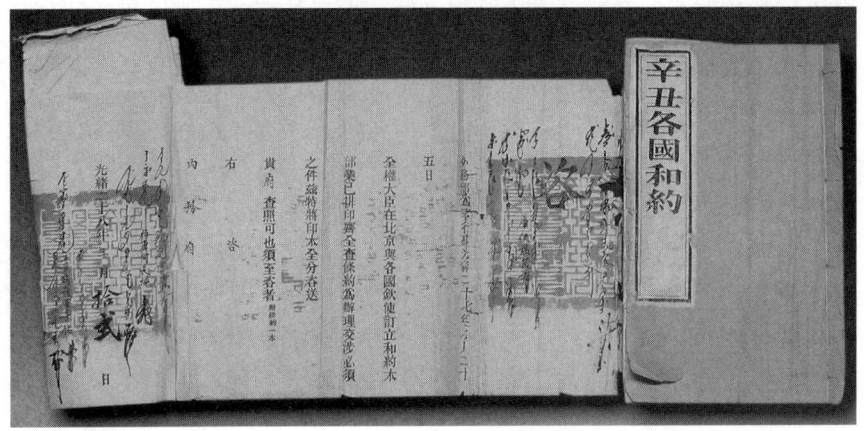

《辛丑各国和约》

两宫回銮途中

其罪，然光绪帝欲急开其直隶总督之缺，太后甚不以为然，此足见太后识度之远大也。和约签定后，太后赐李以殊荣，又同时下谕奖庆王及袁世凯等，以其皆赞助议和之人也。太后又称荣禄之忠，荣禄乃最先劝太后剿灭拳匪者也，彼除在军机处主持之外，又为保护使馆最力之人。

在开封演戏庆贺万寿后，全宫启程。有一知府名文悌，满洲人（1890年即光绪二十四年曾为言官，光绪帝以其守旧而黜之，政变后太后又复其职），请太后勿回北京，谓洋人性情难测，太后严责之。过黄河时，天气晴朗，太后致祭于河神。地方官造一龙舟，太后及妃嫔等乘之而过，由此北行。一路中可注意者，凡有外人瞻仰者，太后皆特别宽待之。未抵京之前，太后下谕：凡有西人观瞻，不必阻止。然太后虽有此谕，外交团仍循往例各下条教，禁止其国人参观。太后欲调和列强，凡可行者皆行之，使中外感情重归于好，以为异日施政之本，于己毫无所费，而外人则得从容参观，于国际之交谊甚有益也。过直隶边界时，太后又下一谕，敦睦列强之友谊，云："皇帝人宫，即当接见各国使臣。"并言当于正殿内接见，未见辛丑和约条款者，见此上谕，以为此乃出于朝廷特别之优礼，不知乃约中所明载也。又言太后甚欲亲身接见外国使臣夫人，谓从前交谊极好云云。

1902年正月6号之正午，即光绪二十七年，全宫乘特别火车抵近京之站。此站建于近北京南城之地，有极大之篷设于站旁，装饰极为华美，中有金漆宝座、祭坛用品，及各种贵重佳磁，以备接皇太后、皇上之用。京中大员约数百人候立此地，另有一特别之处款待西人。远望见三十余辆长列车，渐近站旁。由车中一窗得见太后圣容，方察看周围之情形，在太后旁者为皇后、皇妃及总管太监李莲英。各官见太后到，皆跪接于地下，内务府大臣继禄大呼西人脱帽。第一人先下车者为李莲英，即往检点随带各省之贡物，箱包堆如山积，皆由西安带来者。既而皇帝亦下，体貌甚健，太后目之，帝即匆匆上轿而行，虽有百官在旁，并不接见一语。皇帝行后，太后出立于车端之台上，闻太后语云"这里有好多外国人"，略举其手以答礼。庆王趋请圣安，王文韶后随，王乃继李鸿章为议和全权大臣者也。庆王请太后上轿，太后曰不用忙，立于众中约五分钟与旁人说话，精神矍铄，不似年老之人。总管李莲英来，以箱件清单呈上，太后细视一过，复交于李。允直隶总督袁世凯之请，带领铁路洋总管入见，太后谢其一路料理之佳。洋总管退，太后上轿，较皇帝之轿更大且佳。轿旁有一太监随行，指点沿路景物，请太后注视。如见洋人，彼即指告。有一人曾听此太监喊曰："老佛爷，快看那个洋鬼子！"太后微笑。过南城，直至前门入内城，彼处有一庙，供奉满洲保护之神。正阳门城楼上，候有西人极多，下视院内，见太后下轿入庙，跪于神前，有道士数人赞礼，太后既起，仰见西人，俯首而笑，遂上轿入大内。

到宁寿宫，约下午二点钟。即命太监掘视前所埋藏之金宝，并未移动，太后大喜。次即下谕赐珍妃以身后之荣，显示中外，此妃即庚子年全宫出走之时，奉太后之命推于井中者。而此谕中，则称赞其德性节烈，谓其因不能随扈，遂自尽以死，不愿见京城之破，宗庙之辱云云。赐以封号，升位一级，群皆视此谕为应有者。盖中国人以为人死灵魂不散，仍有知觉。珍妃生时，触怒太后等事，以为无关紧要，而死后则必须优酬之，以慰其魂。

太后虽已离车站，西人仍聚视。后走者为皇后、妃嫔等，坐黄轿，又有次一等坐绿轿，沿以黄边者。其宫妃等则坐官车，每二人坐一车，约共九十人。安排上轿时甚为喧杂，其中有年长者数人，口齿最为清利。去后，太监及官员等，遂照料随带之行李。其中有动用之物件，以及各省所进之贡物，有军机处人监理之，但此事不能速了。未几，由荣禄领首，亦各上轿进城而去。荣禄颇有衰颓之象，行时以两人扶之。

太后此次回銮，由正定至北京，全宫乘火车以行，为中国历史上之第一次也。下录所纪之行程，为伦敦《泰晤士报》1902年3月所登，今得该报主笔之许可重录于此。观其所纪，可见太后其人之精神，日理万几，国事纷如，而同时又贯注其精神于家务、银钱、运输等杂事，此其与寻常人性情不同之处。乃极有关系，且有趣味之记载也。

十二月三十一号之早，全宫到正定府，有一大马队护送，随从官员太监等极多，行李箱件等皆以车载之。有眼见者，云有三千乘之多，太监约共三四百人，尚有厨夫、跟役等。人数既多，安插供给极难，且城内外凡有客店之佳者，皆为大官所占。大官复带有从

两宫回銮时乘坐的火车

人,皆由北京来迎接太后者也。全官住正定府三日,此三日之内,其杂乱之情形,非笔墨所能述。每屋隅皆堆以箱笼等件,太监仆从聚而围之。天气极冷,当西历正月一号,寒暑表在冰点两度下,旅行之人,冷极而叹,至于流涕。中下级官员,不得宿处,不得已于车站左近,寻一栖身之处,以度此数日。站旁有一团未受训练之兵队,次夜火起于行宫附近之马房,虽即扑灭,未受大伤,然已饱受虚惊矣。当时管理毫不得法,未出大事,乃其幸耳。奉有正月三号启行之宣布,各色人等,闻之如释重负。

观于当时之情形,大可表示东方大国之尊荣威势。由黄河岸旁以至正定府车站,约二百五十英里,跟随皇驾之骡轿舆马等,接连不断。使人观之,如见司各德所纪欧洲中古时代,赛会建醮,仆仆于道之情状。每一王公,其驺从自三十人至一百人不等,皆行于北方冻裂不平之路。装货之车,如川流之不息,呻吟轧轧于冬季短日之中。至日落,则由兵队执炬前引。寒夜凛凛,颠行投宿。但太后、皇帝、妃嫔、总管太监等，则所行之路不同，地平如矢。由西安起，沿路皆以发光之泥铺平，极其细软，行步无声。不独无一石子，且皇驾到时，另有一班平道之夫，以毛帚刷地，令其更细而平。每隔十英里，有一极佳之休息处，皆先期预备无缺。据一承办此事者言，铺路之费，每八码约需墨洋五十元，即一英里一千磅也，盖其泥有取于极远之地者。中国道路，平时本极污秽，此则不过为其临时滥费之一端而已。

既定于正月3号启程，太后又择上午九点半钟开车。以太后之高年，而此等细事，尚亲身为之，不肯稍为含糊。太后非常之性情，观于此亦可得其一斑，此其所以能执无上之大权，其精神贯注于全国也。太后执权当国四十年，于家常细务，运输琐事，皆不肯忽略，必亲身为之。从容暇豫，毫无迫蹙，实为非常之才，不可测度者也。其时特别车，已由比国铁路公司及盛宣怀预备停妥，定于九点半钟开行，以遵太后之命令。皇后、妃嫔等早七钟到车站，皇帝亦先太后而到。及太后到时，皇帝率领余人跪接，此时离开车尚有二钟。太后监查诸办事员安排发货等事，行李包件，堆积如山。又召见各文武大员于台上，洋员杰多第亦召见，接以温言，奖其安排诸事均甚舒适，又以官廷行李紧要，嘱其小心照料。货车开后，太后心始放下，然言明到保定府，尚须监查一次，不欲使行李车先期到京也。凡此诸事，可见妇女一种普通之天性，虽太后亦同之。尤令人回思内外诸臣之忠实也。

台上景致，极为有趣。中国向来官廷秘密，一举一动，皆深藏而无人知，此次则大不同。沿路以来，及此次上车之地，皆不设禁例，任人参观，可以随意行动。袁世凯之兵约一千人，以为太后卫队，皇太后召见大员时，其从人皆退下。凡西人之往各省督抚、州县衙门者，必永留其景像于心而不忘。今日之景像，尤为新奇，自各方面观之，尤将刻于西人之心而不能忘也。若自本地之人观之，则其视宫廷妃嫔，以及太监侍从人等，仿佛若初看外国人，现一种希奇新颖之观念也。瑾贵妃年纪甚轻，神气活泼，面带欢容，观者咸注意之。装束极华丽，脂粉甚浓，于列车中往来经过，凡关于火车之事，莫不注视。与宫眷等讲话，声音清脆。此次宫廷乘坐火车，与将来中国铁路事业之发达，颇有关系。凡宫眷所戴珠宝极多，皇后所戴则尤佳。皆吸雪茄以代烟筒（想指旱烟），此亦可为将来发达之预兆。太后召见大员约一刻余钟，皇帝侍立太后身旁，静默无声，偶尔发言，足以表见其聪睿，而面貌则有懈怠之色。皇后相貌亦好，然吾侪欧人观之，则觉脂粉太多，反掩其美，亦如皇帝面现忧闷之色，其视周围诸物，皆无兴致，所穿衣服颜色均静雅。

依限九点半钟开行之特别车，载宫廷往北京者。一车头带二十一辆列车，其次序如下：装货车九辆，又有载仆役，骡轿等之车；其次为铁路办事人之车；次头等车二辆，坐王公大臣；次即皇帝之特别车；又次坐荣禄、袁世凯、宋庆、鹿传霖、岑春煊及内务府诸人；又次即太后之特别车；又次为皇后、妃嫔等之特别车；又二等车二辆，坐侍从太监等；又头等车一辆，坐总管李莲英；最后为杰多第之事务车。当时铁路总理为盛宣怀，其办此特别车费殊不轻。皇太后、皇上皇后之车，皆以华丽新奇之黄缎装饰之，各有宝座、睡榻、军机厅等。各妃嫔车皆备有极厚重之帘幕，其思想可谓周到。但妃嫔等皆愿眺观景物，故此等帘幕，亦不大用之也。车行时，太后之车恒为聚会之处，太后与皇上及李总管谈话为多。太后之性情仪表，允为人中之主，盖出天赋。惟颇有迷信，钦天监虽至此时，亦不能素餐，即如到京时辰，亦奉命择定五月七号下午二钟大吉。太后极信其言，遂通知杰多第预定到京之时辰。太后又特嘱数次，必于所定之时辰到北京永定门，极为紧要。总工程师言若欲彼时到京，必须于保定府七钟开行。但太后主意已定，亦不嫌动身之早。

六钟时，刚强之老太后已到军站。霜气极重，沙土飞扬，兵执炬以导舆夫，盖其时天尚未亮也。阅者试闭目思之，即可见当时寒凛严厉之情形矣。此时太后又注意其辎重，最末次之行李车，仅先专车二十分钟开行。太后于此等运输之事，皆欲亲身检查，车务诸员遂愈重其责任，不得不小心以从事。在保定忽有一事，可藉以觇知太后之性情。以上所言随行之大臣，其头等车在太后特别车与皇帝特别车之间，人数甚多，颇觉拥挤不舒，遂与铁路办事人商议，加挂一辆头等车。太后见之，问何故加挂此车，诸人答复，太后不许，于是诸大臣遂不得不勉强仍挤于一车之内矣。太后又亲至其车内一观，问诸人安适否？言办得甚安。

上午十一钟三十分到丰台，芦汉路线于此处与京津路线接轨，由英兵守之。太后到时，甚为欣喜，但仍以到京时刻为念，时以己之表对铁路之钟。杰多第于此地辞太后，太后奖其办理安当，第一次坐火车，极为满意。言日后再乘之，又言芦汉通车行正式开车礼时，当亲临观之。赏洋五千元，以酬铁路执事华洋诸人之劳，奖杰多第以双龙宝星。由丰台至北京前门之铁路，由英国管理。占者言太后当于马家堡下车，且可遵祖宗遗制。故日中太后即下车，坐轿由永定门进城，一路极其繁华，欧洲之人皆颂其尊荣。唯有一日本访事，谓此景不过如彼国乡间演剧将开戏前之情形耳。皇帝每先太后而行，以便恭接，乃向例如此。进城正合太后预定之吉时，于是太后遂重进北京城矣！

蒙尘于外，盖已十八月之久。当其仓皇出走之时，殊狼狈不堪回首也。观于北京之近情，及谕旨中自责之言，可见聪明当国之太后，其择术之不误。又有一事不可不记者，则盛宣怀所办太后之卧

慈禧、光绪进入正阳门，焚毁的城楼上临时扎起了彩牌楼。

车中，其卧床乃一欧式之榻，且有鸦片烟具。

以上乃《泰晤士报》之记述也。

回銮后一星期，遂依条约所定，接见列强使臣于大殿。太后仍如往日坐殿上大宝座内，皇帝之宝座稍低，其后又接见公使夫人等。公使领袖夫人带领上殿，向太后作祝辞，欢迎太后重回美丽之京城，文词极其和睦。于此可见太后所行调和列强之政策，已得其效果矣。庚子年使馆之危险，此时已忘之矣，各国使臣又回复其往日之态度，彼此相忌、相制、相争，以求得中国之欢心矣。太后得公使夫人之祝词，答辞亦极和悦，其态度尤能感动人心。又以极诚恳之色言曰："庚子年宫中谣言甚大，使余不能不出走。然时以友谊素敦之诸公使所受灾厄为念，深抱不安。今前事已过，盼此后仍如昔日之和好"云云。公使夫人等辞出，极以太后之谦下和蔼为满意，见太后招待之殷勤，皆欣乐之，至此足见太后联络邦交之手段。以后公使夫人等时常入宫接见，此不过其第一次耳。太后固常与荣禄言：古经传中有待遇夷狄之法，甚可宝守，只须以谦下之礼操纵之，则从前诸事皆可使之忘怀，而一笔勾消矣。

自此次觐见之后，国际情形仍如往日。联军之留守于北京者，日久亦遂见惯，百姓之流离于外者，渐复其生理，贸易如常。于是列强与中国之交谊，又复继续；而各国外交嫉妒诡谲之技，又互施如前。唯其彼此牵制，故得以保其均衡之势。

此时中国朝廷背后之权力，纯握于荣禄之手，直至其死而后已。但各公使不知庚子年荣禄于中维持之实情，故均怀疑念，凡事皆出以猜忌，以为荣禄亦系当付刑罚之列。实则当时所得之报告，皆不确实也。故荣禄第一次正式拜会各公使时，招待均甚淡漠，其心中极不舒，曾谓外交团中之一人曰："庚子年我以全力保护使馆，此事唯天知之，毫不欺心。"此人乃荣禄先所熟识，微有交情者也，然此言众皆不信之。荣禄见外交团待之太不公平，心极愤懑，恳请太后开其军机大臣缺，但太后深知其被诬，下一旨奖慰之，不允所请，以见朝廷信任之深。其谕如下：

> 大学士荣禄奏沥陈下情，恳请开去各项重要差使一折。该大学士公忠体国，谨慎小心，久为朝廷所信任。上年拳匪之变，众口纷呶，该大学士独能坚持定见，匡扶大局，厥功甚伟。今虽时事粗定，而元气大伤，除弊更新，百端待理，正当同心戮力，共济艰难，宫廷振厉不遑，孜孜求治。该大学士受恩深重，更何忍置身事外，独使宵旰忧劳，揆诸鞠躬尽瘁之义，于心安乎？所请著不准行。

太后归天之前，住居北京之西人，有两次机会得以瞻仰太后之仪表。盖太后曾短期旅行，由火车而回京也。每次见太后温和之貌，善于交际之才，恒为一时评论之点。第一次即次年春季，太后往东陵回京，仍如前次祭与前门之庙内，与数贵妇为轻快之谈话。即出庙，命太监取远镜来，太后取以视城上之人，若见一曾经会过之西人，则以手巾扬之，且大声对一使臣之女问好。王公大臣等见太后对于西人，太下身分，心滋不悦，盖满洲王公贵族，虽经庚子之变，仍不能易其尊贵之性，仍视洋人为蛮夷也。此等思想，至今未除。当时满亲贵怒极，怂恿继禄请太后上轿，太后不动，若以此为乐者。皇帝则容貌沉闷，面现忧色，毫无高兴之意，若目中不见有西人者。其第二次为太后于1903年西历4月，即光绪二十九年，往西陵回京，即太后之忠臣荣禄死后之第四日也。此次太后不甚高兴，慢慢下车，不似往日活泼之象，其弟桂祥跪于车台迎之，太后仅以寥寥之两语，向之言曰："你害了荣禄，举荐那个无用的郎中。"遂上轿而去。

太后见西妇数人于保定府之行宫，言保定教案之事，与己无干，不负其责。凡西人之进见者，无论太后所言如何，但观太后仪表之尊严，态度之诚恳，自然心悦诚服，莫知其然而然也。太后回銮之后，下一谕旨自述事实甚切，此亦太后之性情，全国臣民之见此谕者，莫不倾服，深其爱戴之忱。此谕劝勉臣民，以一致之忠心，助太后改革庶政，涤去旧染之**汙**，励精图治。中述西巡时己与皇帝所受之艰辛，中有言曰：

> 兹者乘舆遄返，匕鬯依然，钦懔之余，弥增悚惧，惩前毖后，惟有恐惧修省，庶几克笃前烈，以敬迓天庥。若复徼幸图存，宴安逸豫，尚安有兴邦之一日？此虽时局粗定，而几辅黎庶，屡遭蹂躏，仅有孑遗。秦晋一带，时苦旱灾。东南则江皖数省，皆被水患。怜念吾民，疮痍满目，值此国用空虚，筹款迫切，何一非万姓脂膏，断不忍厚敛繁征，剥消元气，自应薄于自奉，一切当以崇俭为先。除坛庙各处要工已饬核实估修外，其余可省及应裁之处，皆应力杜虚糜。

第二十四章　慈禧之新政

经过庚子之变，太后乃恍然于中国致弱之原，不得不改变政策，以图补救。前已登载太后曾以朝廷决行新政之谕旨，布告天下。盖至此太后始知旧法之弊，为国家衰弱之原也。太后此后之政策，实即1898年即光绪二十四年，光绪帝所奋兴以欲施行之事也。所不同者，太后于外面从不肯自背其前此之言，而内面则极其谨慎，似执中为主义，不使趋于极端，调和新旧而行之。且同时又集权于中央，不使各省呈离披之状。

太后改变政策之意，第一次表示于天下者，乃1901年西历正月28号，即光绪二十七年，在西安行在以帝名所下之谕旨。此谕起草，经荣禄之参预，虽因仍中国历来谕旨之习惯，不免有重复之病，而实可以见太后聪睿之识。国内士大夫见之，欢声雷动，即南方诸地如广州等处，向来反对太后者，见此谕亦莫不同声欣喜，中国报纸谓此为中国历史中所仅见者。此谕立意措辞之善，含有二义：一以使中国之人，知朝廷变法之决心；次则表示中国在世界之地位，其言甚为伟大。立言之妙，可以平服国内各党之心，于是太后之令誉，更传播于四方焉。青年党人尤为兴奋。观此谕可知太后已去其闭关自守之意，而此意则中国数千年来所奉为要义者。以变政之事，全与历代祖宗之法制相反，亦非各亲贵及太后之本意，故此革新之业，苟非经1900年即光绪二十六年之困苦磨练，不能得也。太后重回至残毁之都城，以六十余岁之高年，担任此非常艰巨之任，中外之人乃愈称太后之勇毅锐敏焉。此盖由于爱国之心，亦因思巩固其政权。盖太后历经国耻，直认前日之非，许以新法为治国之方，遂无论何方面之人，不能再反对之矣。

然虽如上言，而国内之多数人，以及各外国人，仍不免猜疑，不知太后之行新政系出于诚心否？此种心理，亦自然不能免者也。但居高位者，皆知太后实系诚心为之，及其后太后时以新法施于心怀反对之亲族。于是中国百姓，皆得见太后之真心而同深爱戴，即南方广州诸地，因1898年即光绪二十四年，猛压维新党人而怀恶感者，至是亦渐回其念矣。由此时以至宾天之日，每一事皆可以见太后之诚意。盖以其言辞行事证之，决然无误者也。

太后实于庚子年以巨额之代价，而增一层之识见，及回銮后乃以之见于实事。然太后自始至终，仍念拳党首领不置，称述其忠诚勇毅，扑灭洋人之心。但虽称其忠，而经过庚子年身受之痛苦，亦知彼等之所为全无希望也。时势所逼，使太后知中国将来，苟非真至国富兵强之日，则排外之举动必须压制之，而不使其发生也。于是太后以果断之宣言，表示变法自强之意，此在中国历史上实所罕见。以1898年即光绪二十四年，皇帝变法之事证之，可知一国君主，苟欲骤然行革新之政，必致国内生猛烈之争论，必须经过一次之内乱，乃可得之也。太后审时察机之识，如此其明确，而上谕之示于国人者，立言至为有力，遂使新政具大概之规模。人莫不服，即最守旧之孔教士人，亦无异辞。使孔子生当今之世，见时局周围之情形，恐亦不能不因时制宜也。今录太后之谕旨如下，乃极有关系、极有趣味之文字也。谕曰：

> 世有万古不易之常经，无一成不变之治法。穷变通久，见于大《易》；损益可知，著于《论语》。盖不易者，三纲五常，昭然如日星之照世，而可变者，令甲令乙，不妨如琴瑟之改弦。伊古以来，代有兴革，即我朝列祖列宗，因时立制，屡有异同。入关以后，已殊沈阳之时，嘉庆、道光以来，岂尽雍正、乾隆之旧？大抵

光绪二十六年十二月初十日内阁奉

上谕世有万古不易之常经无一成不变之治法穷变通久见于大易损益可知著于论语盖不易者三纲五常昭然如日星之照世而可变者乙不妨如琴瑟之改弦伊古以来代有与革即我朝

列祖

列宗因时立制虑有异同入关以后已殊瀋阳之时嘉庆道光以来岂尽雍正乾隆之旧大抵法积则敝法敝则更要归于强国利民而已自播迁以来

皇太后宵旰焦劳朕尤痛自刻责深念近数十年积习相仍因循粉饰以致酿成大衅现正议和一切政事尤须切实整顿以期渐致富强

懿训以为取外国之长乃可补中国之短惩前事之失乃可作后事之师自丁戊以还伪辩纵横妄分新旧康逆之祸殆更甚于红拳迄今海外逋逃尚以富有贵为等票诱人谋逆更藉保皇保种之妖言为离间宫庭之计殊不知康逆之谈新法乃乱法也非变法也该逆等乘朕躬不豫潜谋不轨朕吁恳

皇太后训政乃拯朕于濒危而锄奸于一旦实则剪除乱逆

慈禧实行新政的谕旨

法积则敝，法敝则更，要归于强国利民而已。自播迁以来，皇太后宵旰焦劳，朕尤痛自刻责，深念近数十年积习相仍，因循粉饰，以致酿成大衅。现在议和，一切政事尤须切实整顿，以期渐致富强。

懿训以为取外国之长，乃可去中国之短；惩前事之失，乃可作后事之师。自丁戊以还，伪辩纵横，妄分新旧，康逆之祸，殆更甚于红拳，迄今海外逋逃，尚以富有贵为等票，诱人谋逆，更藉保皇保种之妖言，为离间官庭之计。殊不知康逆之谈新法，乃乱法也，非变法也。该逆等乘朕躬不豫，潜谋不轨。朕吁恳皇太后训政，乃得拯朕于濒危，而锄奸于一旦。实则剪除乱逆，皇太后何尝不许更新？损益科条，朕何尝概行除旧？执中以御，择善而从，母子一心，臣民共见。今者恭承慈命，壹意振兴，严禁新旧之名，浑融中外之迹。

中国之弱，在于习气太深，文法太密，庸俗之吏多，豪杰之士少。文法者，庸人藉为藏身之固，而胥吏倚为牟利之符。公事以文牍相往来，而毫无实际；人才以资格相限制，而日见消磨；误国家者在一私字，困天下者在一例字。至近之学西法者，语言文字、制造器械而已，此西艺之皮毛，而非西政之本源也。居上宽，临下简，言必信，行必果，我往圣之遗训，即西人富强之始基。中国不此之务，徒学其一言一话、一技一能，而佐以瞻徇情面、自利身家之积习，舍其本源而不学，学其皮毛而又不精，天下安得富强耶！总之法令不更，锢习不破，欲求振作，当议更张。著军机大臣、大学士、六部九卿、出使各国大臣、各省督抚，各就现在情形，参酌中西政要，举凡朝章国故、吏治民生、学校科举、军政财政，当因当革、当省当并，或取诸人，或求诸己，如何而国势始兴、如何而人才始出、如何而度支始裕、如何而武备始修，各举所知，各抒所见。通限两个月，详悉条议以闻，再由朕上禀慈谟，斟酌尽善，切实施行。

至西幸太原，下诏求言，封章屡见。而今之言者，率出两途：一则袭报馆之文章，一则拘书生之浅见。指其病，未究其根，尚囿于偏私不化；睹其利，未睹其害，悉归于窒碍难行。新进讲富强，往往自迷始末，迂儒谈正学，又往往不达事情。尔中外臣工，当鉴斯二者，酌中发论，通变达权，务极精微，以便甄择。特是有治法，尤贵有治人。苟无其法，敝政何从而补救；苟失其人，徒法不能以自行。使不分别人有百短，人有一长，以拘牵文义为守经，以奉行故事为合例，举宜兴宜革之事，皆潜废于无形，群旅进旅退之员，遂酿成不治之病。欲去此弊，慎始尤在慎终；欲竟其功，实心更宜实力。是又宜改弦更张，以祛积弊，简任贤能，上下交儆者也。朕与皇太后久蓄于中，物穷则变，转弱为强，全系于斯。倘再蹈因循敷衍之故辙，空言塞责，遇事偷安，宽典具在，决不宽贷。将此通谕知之。

观此谕，以帝名责戊戌年之维新党人，及其政策行事，盖太后虽诚心改革，而此事则势所必至也。太后乃一极有主见、极有权力之女主，从不肯示弱于人，使美名归于戊戌之新党。太后此时所拟行之新政，大半即康有为等戊戌年之所主张。惟欲顾全体面，故使国人知太后此时之变法维新，实根本不同于前日，且更胜于前日也。太后宣布新政，凡带有戊戌年之形迹者，皆不言之。以戊戌年之新政，太后曾以猛辣之手段扑灭之者也。凡此等等，皆欲使愚民谓太后今日之所为，非如康有为等乱徒之所为。然太后所提议施行之新政，实无异于康有为等之所行，且有时过之。所真不同者，唯此次变法，太后为其主动者，前次则为反对者而已。

观太后回銮后六年之中所施之政治，其为诚心改革，固无可疑。即有稍涉疑似之点，亦极微末。但其对于外人之感情，则不能信其较前佳善也。太后于拳匪起灭及北京之破，所深印于心而不忘者，即国力脆薄，国家危殆也。太后此时深知西方之物质文明，其力甚巨，中国之经学，不足以当之。苟欲自立于地球之上，必须慕效日本变法自强，整饬军队非取法西方不可。太后既深知之，即欲见之于事实。满洲亲贵，方昏迷自弃而不悟，但听气数之自然，而不知自振。太后则不知便已，及其知之，必奋勉而行，此太后性质之不同于诸亲贵者也。

当太后初当国时，周围之情形甚为单简，除皇族权利之外，唯须以谨慎之法，操纵各省之绅士，此等绅士乃中国人文之渊薮也。若满洲亲贵骄傲自尊之性，虽不明事理，亦自有其特长，为太后所重。其关于外交则尤须小心，力保其尊贵威严之度，此乃太后之名誉，及中国百姓之所仰戴者也。然经1900年即光绪二十六年拳匪之变，时势全非，此威信不免动摇。盖太后欲自明其无罪，不得不声明当时之事非其所主，由拳党诸人矫窃为之。虽自伤其威灵，而为时势所逼，不得不然也。太后今所欲办之事，颇非容易。

第二十四章 慈禧之新政

1901年即光绪二十七年，在西安行在所降之谕旨，全国之人皆称颂之，以为此首出之谕，可以一新天下之耳目者。而为历来积习所囿，官场中人多不重视之，以为此不过偶然之宣言，仍依其往日之旧法以行事，不肯改变。彼等心中，以为太后不过以此遮掩西人之耳目而已，虽敷衍迟误，必不致触太后之怒。因此之故，虽太后临终降极诚恳严厉之遗诏，仍有多数官员，谓太后之行新政非出真心，此等人皆自有其偏固之见，或怀私利之心者也。吾人观此六年中，无论官私记载，实无一事足以见太后之非诚心，如彼官场中偏私之见者。当太后起銮回京之前，曾降一谕，大足证明太后心志之转换。谕曰：

> 自经播越，一载于兹，幸赖社稷之灵，还京有日，卧薪尝胆，无时可忘。推积弱所由来，叹振兴之不早。近者特设政务处，集思广益，博采群言，逐渐施行。择西法之善者，不难舍己从人；救中法之弊者，统归实事求是。数月以来，兴革各事，业已降旨饬行。惟其中或条目繁重，须待考求，或事属创举，须再参酌。回銮以后，尤宜分别缓急，锐意图成。兹据政务处大臣荣禄等面奏，变法一事，关系甚重，请申诫谕示天下以朝廷立意坚定，志在必行，并饬政务处以时督催，务使中外同心合力，期于必成。用是特颁懿旨，严加责成。尔中外臣工，须知国势至此，断非苟且补苴，所能挽回厄运，惟有变法自强，为国家安危之命脉，亦即中国民生之转机。予与皇帝为宗庙计，为国民计，舍此更无他策。尔诸臣受恩深重，务当将应行变通兴革诸事，力任其难，破除积习，以期补救时艰。昨据刘坤一、张之洞会奏，整顿中法，仿行西法各条，事多可行，即当按照所陈，随时设法，择要举办，各省疆吏，亦应一律通筹，切实举行。大要不外言归于实，用得其人。予与皇帝宵旰焦劳，母子一心，力图兴复。大小臣工，其各实力奉行，以称予意。

将此通谕知之。

太后不独见西方物质文明之优胜，亦见其人民所得之智识、政治等，皆由其学问及交通之便利而致。自顾满人荒陋无知之状，实不能逃于劣败之列，以故太后常于谕旨中言之，谓此事之危险。太后实有所见，故能言之深切若此。太后知凡满人所享一切特权，自开国以来，所取得者，皆不适于今日，不久必陷于危险之域。若欲免之，除融化之外，别无他术。祖宗所定，使满人始终独立者，即禁止满汉结婚是也，此乃隔绝满汉之一种规条。南方驻防中，虽时违背此例，而北方各省，则此例仍极有力，都中尤甚。盖以为惟此可以保守其贵族之阶级，而维持其门第也。但太后今知，苟欲保全中国之主权，必须以汉族之文化融合于满族，而使其联为一体，不宜有所瞹隔。故1902年即光绪二十八年之正月，太后以己意下一上谕，许满汉通婚。其谕曰：

> 我朝深仁厚泽，沦浃寰区，满汉臣民，朝廷从无歧视。惟旧例不通婚姻，原因入关之初，风俗语言，或多未喻，是以著为禁令。今则风同道一，已历二百余年，自应俯顺人情，开除此禁。所有满汉官兵人等，著准其彼此结婚，毋庸拘泥。至汉人妇女率多缠足，由来已久，有伤造物之和，嗣后缙绅之家，务当婉切劝导，使之家喻户晓，以期渐除积习。断不准官吏胥役，藉词禁令，扰累民间。如遇选秀女年分，仍由八旗挑取，不得采及汉人，免蹈前明弊政，以示限制而恤下情。将此通谕知之。

盖若许汉族臣室之女入宫，则乱事必自此生。祖宗所定之法律，永远遵守，不能变更，此律即"无满太监、无汉妃嫔"也。太后又念皇族诸人，昧于世界大势，下谕命亲贵送子弟出洋留学，以扩其智识，凡自

光绪三十一年八月初四日内阁奉

上谕袁世凯等奏请立停科举以广学校并妥筹办法一摺三代以前选士皆由学校而得人极盛实我中国兴贤育才之隆轨即东西洋各国富强之效亦无不本於学堂方今时局多艰储才为急朝廷以近日科举每习空文屡降明诏饬令各省督抚广设学堂将俾全国之人咸趋实学以备任使用意至为深厚前因管学大臣等议奏已准将乡会试中额分三科递减兹据该督等奏称科举等语所陈不为无见著即自丙午科为始所有乡会试一律停止各省岁科考试亦即停止其以前之举贡生员分别量予出路及其馀各条均著照所请办理总之学堂本古学校之制其奖励出身又与科举无异历次定章原以修身读经为本各门科学又皆切於实用是在官绅申明宗旨开风兴起多建学堂普及教育庶人之益即地方亦兴有光荣经此次谕旨後著学务大臣迅速颁发各种教科书以定指归而宏造就并著责成各该督抚实力通筹饬府厅州县认真举办随时考察不得敷衍瞻徇致滋流弊务期进德修业体用兼赅共副朝廷劝学作人之至意钦此

废除科举的谕旨

十五岁至二十五岁，身体强健者，选择出洋，政府贴其经费。此乃关于满人一方面者。若关于全国教育之事，太后与袁世凯、张之洞计议甚久，深知旧日考试八股之制不除，则一切新政皆将阻碍。教育不兴，为中国致弱之根本，故太后极视为重要，审慎筹议之后，乃决定改变旧制。谕旨宣言，中国二千五百余年以前，三代之世，庠序学校之制，与今日欧美学堂无异。考试本非古法，乃出后世，专用八股取士，实始于明云云。自有此谕后，1904年即光绪三十年，卒以袁世凯之创议、张之洞之赞成，遂下谕停止科举，以后登进之阶，胥由学堂。又见留学于日本之学生，其数极众，多入革命党，政府患之，命以后当派遣学生留学欧美。

此谕下后，又有紧要谕旨数道，连接而下。其最要者，命以十年之内，禁绝鸦片贸易，此事不独出于政府之意，中外公论皆热心赞成之也。禁烟之谕，效果甚著，足见中国尊重人道，发奋自强之意。此事与其他改革行政之事，比较相反，一则极有效验，一则毫无实迹也。行政诸事，以官场暮气之深，阴相反抗，所收效果，不过使旧日弊端，人所唾骂者，装头换面，置于新政名目之下而已。当时所立之新部，外人视之以为有进步者，为邮传部，实则自其设部以后，不过添无数腐败之话柄，即中国人亦知其无实迹，徒为滥费耳。

太后又允群臣之请，禁止裁判官滥用非刑，又见苟欲各国允许废止领事裁判权，必须改定刑律，与诸文明国之刑律相类，始能得之。但关于此事之上谕，外似甚美，而其实则与其他改革之上谕，稍有不同。盖其他改革之上谕，皆诚恳明白，使人一见而知其出于真心。若此事之上谕，则其理本非太后识见之所及，故虽起草改定法律，而其效果极少，或竟可云毫无实效。但观各省州县衙门之野蛮情形，即可知矣。太后下谕言："以后刑法以斩决为极刑，其凌迟、枭首等残酷之刑皆废止之，鞭笞、烙印以及连带亲属等法，亦皆停罢。"太后言此等刑法皆起于明代，本朝入关承而用之，实非其本心也。最后，太后见南方之舆论，其势极张，遂俯从其意，派遣五大臣出游欧美、日本，以载泽为首，考查各国政治，此太后预备立宪之动机也。及诸大臣回国，遂于1905年即光绪三十一年之秋间，下一极有名之谕旨，决意施行宪政，其期限之迟速，则视国内情形为断，在乎全国臣民勤奋进行云云。此乃朝廷立言之巧，以示国民者，此谕可谓煌煌大文。谕曰：

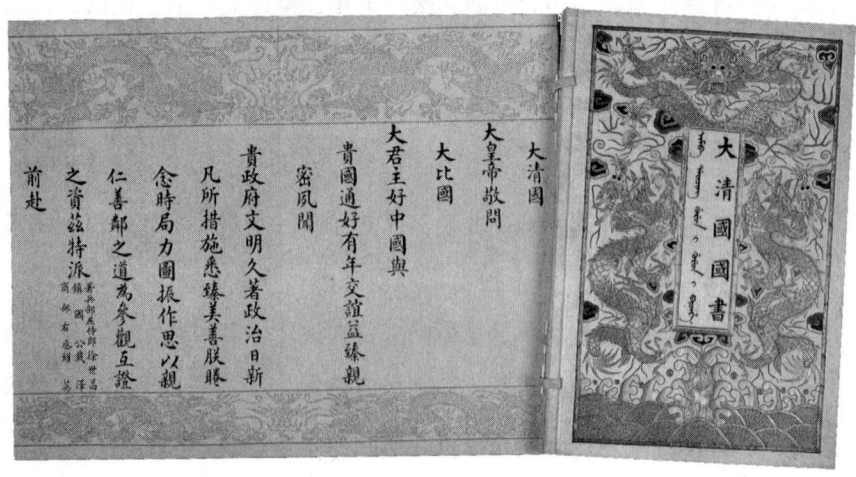

五大臣出使比利时的国书

朕奉慈禧端佑康颐昭豫庄诚寿恭钦献崇熙皇太后懿旨：我朝自开国以来，列圣相承，谟烈昭垂，无不因时损益，著为宪典。现在各国交通，政治法度，皆有彼此相因之势。而我国政令，积久相仍，日处阽危，忧患迫切，非广求智识，更订法制，上无以承祖宗缔造之心，下无以慰臣庶平治之望。是以前简派大臣，分赴各国，考查政治。现载泽等回国陈奏，皆以国势不振，实由于上下相暌，内外隔阂，官不知所以保民，民不知所以卫国。而各国之所以富强者，实由于实行宪法，取决公论，君民一体，呼吸相通，博采众长，明定权限。以及筹备财用，经画政务，无不公之于黎庶。又兼各国相师，变通尽利，政通民和，有由来矣。时处今日，唯有及时详晰甄核，仿行宪政，大权统于朝廷，庶政公诸舆论，以立国家万年有道之基。但目前规制未备，民智未开，若操切从事，涂饰空文，何以对国民而昭大信？故廓清积弊，明定责成，必从官制入手。亟应先将官制分别议定，次第更张，并将各项法律，详慎厘定。而又广兴教育，清厘财政，整顿武备，并设巡警，使绅民明悉国政，以预备立宪基础。著内外臣工，切实振兴，力求成效，俟数年后，规模粗具，察看情形，参用各国成法，妥议立宪实行期限，再行宣布天下，视进步之迟速，定期限之远近。著各省将军、督抚晓谕士庶人等，发愤为学，各明忠君爱国之义，合群进化之理，勿以私见害公益，勿以小忿败大谋，尊崇秩序，保守和平，以预储立宪国民之资格，长厚望焉。将此通谕知之。

虽以慈禧当国之久，威势之隆，主持根本之改革，而国内仍不免有反对。盖守旧者，其视国家之旧制，不啻如日食之面包也。北京之地，虽无敢昌言反对者，而暗中则隐然抵抗。官场中以其惯用之长技，仍固守旧习而不变，然无论何种新政，固全赖其推行，彼等既隐相反对，故不能收实效也。若换一人，无太后强毅之力，无太后得全国之爱戴，则满人之中，必将更肆其反对之法矣。彼等深知太后，畏太后之威，故变法之事，全由太后以其特别之地位，及其非常之权力，乃能使中国预备为一立宪之国。盖太后之所以能宣布立宪者，亦由有其权位也。中国变法之事，全效日本，观于当时之情势，满人之守旧者，尚不甚视为重要。但朝廷虽已宣布立宪，而南方舆论，若香港、上海等地之报纸，仍肆言无忌，以指斥太后之政治。大抵谓太后之外交太为屈弱，以此为论调，其诋太后，不遗余力。皆由彼等无太后阳刚之才识，无太后坚忍勇毅之力，以察知时会之艰难，亦由其绝对排满之偏见，不肯宽恕太后周围所遇之困难也。各口岸之外国报纸，则心怀太后往日排外之事，亦不免疑猜太后之政策，虽不仇视，亦无好感。故无论中外报纸，皆于太后阳刚活泼之性情，不能知其深也。此等批评家，皆不知太后之为人，实兼具善恶，有非常之智慧，亦有极大之过失者，其大端亦随周围之情势为转移，且仍不免有妇人之性质。但无论若何，太后实天生之帝王，第一等之政治家也。此下所录，乃当时登载于上海一报者，可以见中国少年党，以其偏颇之见，怀排满之意也。其批评之语，以太后接待外交团为题目。

其论略曰："宴会之事，必为宾主相得者，若彼此互怀疑忌，则何事此虚礼乎？中国人若有献媚于外人者，人皆笑之，若夫居最尊之位，如皇太后者，亦委曲结欢于外国公使夫人，有时下等之商人，亦一律款待，可谓自轻之至矣。宫中特备洋餐，款接外宾，客去之时，固皆极口称谢。然一至次日，则各使又至外部，百端要挟矣。故欲免外人之强横，卑礼盛筵，丝毫无用，外人之视之，亦如庚子年送酒瓜之事等耳，徒为国礼之羞。忆前俄待李鸿章极优，太后亦因以得财贿，今太后之心，岂犹有此希冀乎？"

又有一评论言："太后之采取西法，不知系出于诚心否？太后之厚待使臣，不知系表面装饰否？盖太后虽日言西法，日言友谊，而实有深谋，以为将来报复之计也。"然其后又言不信太后有暗图二次拳乱之事，其言自相矛盾，自认不能深悉其情。其言曰："当太后当国之时，而望其真心改革，实不可得之事。外人试自问于心，太后之优礼隆情，果出于至诚乎？盖太后所优礼之外人，即入太后之宫，劫太后之宝，迫杀太后心爱之人者也。"又曰："太后今日之政策，专务聚敛，敛财之心，重于为国之心。其最大之宗旨，即欲娱乐其暮年而已。"

然太后不问外间之评论如何，仍以其深于自信之力，继续行其计划。此计划乃太后所定，以图中国之治强者。然太后虽已次第施行新政，而欲一旦尽去其障碍，仍不可得。当太后辞世时，犹有许多之旧制，如坚垒之不可破。如太监之权力，官场之积弊，仍深根固蒂，毫未议及改革之方。盖以太后之为人，此等旧制，无望其能革之也。但太后在世，新政已具大概之规模，苟能诚心实意行之，此濒于危险之舟，犹得于礁石交错，风狂浪猛之中，而得平安以达到彼岸也。

第二十五章　荣禄遗折

荣禄之死，乃太后最所悼惜者。太后一生，凡危急之秋、重大之事，几于皆得荣禄之辅助。太后所资于此忠诚之仆者，实甚大也。太后在保定行宫闻荣禄之死，下一谕，称其忠诚之心及其明亮之识，自筮仕之始，以至供职内务府，出为将军、总督，入为军机大臣。在其任内，皆立非常之功绩。又特称其庚子乱时，尽力国事，保护外人，传达友谊，维持之功极大。恩赐陀罗经被，以示笃念荩臣之意。又命恭王带领侍卫十人前往致祭，谥以文忠，赏其子以优等世袭之职。向例未立战功，及非皇室宗支，不能得此优典也。又命入祀贤良祠，赏银三千两治丧。

荣禄之遗折，未曾发表于外。唯太后之近侍言，太后阅其遗折极为感动，又下一谕如下。略谓：已故大学士荣禄，当国步艰难之候，身任军机领首，竭忠尽智，深谋远略，当为中外所共知。朝廷以该大学士为国家一日不可少之臣，深资倚重。两月以前，因病呈请开缺，不得已给假调理，孰意医药罔效，竟尔长逝。披阅遗折，具见忧国之深，谋虑之切，倦倦一心，皆为国计民谟。追念前勋，不觉陨涕，所有身后恤典，前已从重颁给，兹特再赐祭席一桌，派员前往祭奠。平生事绩，宣付国史馆立传，在任一切处分，均予开复，以示朝廷笃念荩臣之意云云。

荣禄死时年六十七岁，乃1903年4月11号即光绪二十九年。彼若非当庚子年，于中维持，心力交瘁，则其寿将不止此。自其死后，庆王及其手下一辈昏庸之人，乃起而大得权势矣（荣禄死后，只庆王一人之资

第二十五章 荣禄遗折

荣禄

望，在满人中可以继为军机之领袖）。荣禄乃一善恶中间之人，其一生黾勉诚恳以事太后，赞成太后所持之主义，即斟酌与执中之主义也。若彼不死，则必不使太后行不消化之宪政。彼一反对，则太后亦必听之也。未回銮之前，荣禄已再三请太后，于谕旨中明白宣示改革旧制，以行新政，为保全中国之至计。但彼亦如日本之伊藤，凡事皆主审慎以行，不欲凌躐，以误大事。今之言者，皆知新政之行，乃荣禄进言之力也。以下所录，乃荣禄之遗折，阅之大可以明政变时之情形，及当日太后与皇帝之关系，其中尚有数事，亦于遗折中详之[1]。其文如下：

> 军机大臣文华殿大学士奴才荣禄，为病处危笃，恐今生不能仰答天恩，谨跪上遗折，恭请圣鉴事。窃奴才以驽下之才，受恩深重，原冀上天假以余年，力图报称。

---

[1] 据考证，荣禄遗折亦有伪造嫌疑。

追思奴才起身侍卫，咸丰十年，国势岌岌，内则奸臣蓄谋不轨，外则英法联军占据京师，宗庙震惊，宫驾出狩，驻跸热河，奴才备位侍从。文宗显皇帝圣躬不豫，渐至弥留，奴才乘间进言于皇太后，发觉郑、怡二王之阴谋。及圣驾宾天，奸王僭称摄政，图谋不轨，皇太后身处危险之中，有非臣下所忍言者。幸上天佑助，皇太后沉机默运，宗社危而复安。自此之后，两宫太后垂帘听政，叛乱削除，升平复睹，奴才蒙恩升任内务府大臣。当穆宗毅皇帝宾天之际，皇太后亲命奴才迎请皇上入宫，以社稷重大之事，付之奴才。受命惶悚感激，曷可言喻？奴才虽竭尽心力，岂能仰报于万一耶？其后受任步军统领，触犯圣怒，七年之中，闭门思罪。皇上亲政，复蒙慈恩出任西安都统，既而仍回原职。

光绪二十四年，皇太后、皇上鉴于国势之强，决意采行新法，以图自强。皇上召见奴才，蒙恩简任直隶总督，命以破除积习，励行新政，孰意康有为借口变法，心怀逆谋，致为新政之阻。皇上误信奸人夸诞之辞，一时之间，偶亏孝道，亲笔书谕，曰变法之事，为皇太后所阻，又谓皇太后干预国政，恐危国家。对于奴才，数动天威，几罹斧锧之诛。奴才密见皇太后，陈述康党逆谋，皇太后立允奴才等所请，再出垂帘，以迅雷之威，破灭奸党。

光绪二十六年，诸王大臣昏愚无识，尊信拳匪，蒙蔽朝廷，虽以皇太后之圣明，而不免为其所动。直至宗庙沦陷，社稷贴危，竟以国家之重，轻徇妖术。奴才屡请皇太后睿识独断，不蒙信纳，数奉申斥，忧惧无术，四十日中，静候严罚。然皇太后仍时时召奴才垂询，虽圣意未能全回，而得稍事补救，各国公使不致全体遇害，故事过之后，时荷天语感谢。自西安回銮之初，即将肇祸之王公大臣，分别定罪，渐次改革庶政，不事急激，期臻实效，两年以来，改革已不少矣。圣驾回京，如日再中，东西各国，亦均感皇太后之仁慈。

奴才自去年以来，旧病时发，勉强支撑，两月之前，请假开缺，蒙皇太后时派内侍慰问，赏赐人参，传谕安心调理，病痊即行销假，恩意叠沛。无奈奴才命数将尽，病久未痊，近复咳嗽喘逆，呼吸短促，至今已濒垂绝之候，一息尚存。唯愿皇太后皇上励精图治，续行新政，使中国转弱为强，与东西各国并峙。奴才在军机之日，见朝廷用人，时有人地不宜者，此乃中国致弱之源。奴才以为改革之根本，尤在精选地方官吏，及顾恤民力，培养元气之二端。皇太后、皇上深居九重之中，间阎疾苦，难以尽知，拟请饬行康熙、乾隆两朝出巡之故事，巡行各省，周知民情。奴才方寸已乱，不能再有所陈，但冀我皇太后、皇上声名愈隆，得达奴才宿愿，则虽死之日，犹生之年。谨将此遗折，交奴才嗣子桂良呈请代递。临死语多纰谬，伏祈圣鉴赦宥，奴才荣禄跪上。

第二十六章　慈禧之末日

1908年之夏间，即光绪三十四年，太后康健之身渐呈衰象，此事曾载于太后遗诏内。以皇帝同时得病观之，可知其事有非常紧要之关系也。皇帝宾天之情形，及其得病之由，外间无从知其详。此事亦与其他诸秘密事，皆埋藏于李莲英及其亲信小监之脑中，即北京满汉诸大臣，亦言人人殊。关于太后及皇帝同时相继宾天，各持一说，互相矛盾。然欲考查其真相者，亦非无线索之可寻。日处忧危之域之皇帝，若一旦得以总揽大权，其必为彼李莲英辈所不利，固一定之势也。且当时颐和园中深密之计划，或尚有为太后所不知者，亦意中之事。太后之所以不知者，盖当时诸人，以为太后将先皇帝而薨，故不得不密为布置，此乃东方历史中特别之情形也。据目击当时情形者论之，此或亦理势之所有。然欲搜求其确据，处处相合，则极不易也。

下所记载，乃由两大臣所陈述，一满人，一汉人，皆当时在朝者。其所言大概与较可信任之报纸所载相合，此等报纸所载亦由官场中传出也，吾等皆收存之。然此最大之疑案，终莫能明，或此同时宾天之事，实出于天然之巧合，亦未可定也。但言者又云闻之于太后亲信之侍从，谓皇帝宾天之后，太后闻之，不但不悲愁，而反有安心之状。是年之秋季，皇帝病日沉重，渐至祭祀大典，亦不能躬亲致祭，外间乃知帝将不久。太后传谕，以特别乳媪，抚育醇王之子。醇王子生于1906年2月，即光绪三十二年，人遂默喻，即以继光绪之大统者。此谕之宣布，实迫于情势，不得不然。其实太后甚不欲布之，以有前此之经历，常不免事

大清國當今慈禧端佑康頤昭豫莊誠壽恭欽獻崇熙聖母皇太后

慈禧太后

后之悔恨。且祖宗法制，非皇帝病危不立嗣子，此乃最严重之家法。

太后于庚子年，立端王子为大阿哥，实全然背弃此法也。太后迷信极深，又记吴可读之言，遂悔前此不应违背祖制，立光绪帝，以致灾害**洊**至，降谕赐吴以荣典，慰其忠魂。晚年越南之役及甲午庚子之役，叠受法日及联军之辱，常自痛悔，以为触天之怒，遂降灾害于己身。1898年即光绪二十四年，康有为等之阴谋，太后亦以为上天之示罚。因以上种种，故庚子年各拳党首领在太后前，盛称拳匪之法术能灭尽洋人，太后遂生希望，以为此乃菩萨灵佑，可赎从前之错误，遂立端王子为大阿哥，以嗣同治帝。虽此举又违背祖宗之家法，然太后仍冒险为之，希望将来更有无上之尊荣也。盖太后之下，即为端王，乃上天所降以征灭仇敌之洋人，而救己之国家者也。太后承认前日之错误，以为大伤其名誉，遂立意为此孤注之一掷以恢复之。其后由西安回京，知最后冒险之举，与前此所为同一错误，遂立转其意向，而毅然施行新政。此新政本太后之所反对者，今既悟前此之非，乃立即行之。又革除大阿哥之嗣位，于是太后与拳党首领之关系，乃全断绝。凡以前所下谕旨，偏助拳党者，皆一概抹之，毫不疑虑顾惜，捷如转圜。盖太后既悟，遂立改也。

因变法之结果，及以醇王幼子入嗣大统，遂使皇族幼支地位愈为巩固。今之言者，皆谓光绪帝之父、今上之祖父，即老醇王将追尊帝号，以老醇王为始祖也。此继嗣继统之问题，即汉人亦聚讼纷纭，莫衷一是。当时之人，皆以为太后将以溥伦承继，复长支继嗣之正理，如此则合乎国内士大夫之心，且可慰吴可读之忠魂。莫礼逊博士当时曾草一论，言："若更立幼主，则必须经长久之摄政，于国家有极大之危险。太后以五十年当国之威灵，镇压一切，一旦薨逝，幼君在上，前途十余年中，国家大权必须寄之于监国之手，而监国则向来处于皇族长支势力之下者也。"太后深知立醇王幼子之后之情形，故此大事，久未决定，直至临终之时，始发表之也。当临终时，以事机臻迫，乃决定宣示此大事。其时有两事在太后心中：其一则太后曾许荣禄之言，其二则以庆王力为溥伦进言，心颇恶之。且皇后奉伺太后至久，太后亦欲使其安受尊荣，以偿其劳，此亦自然之情理也。

1907年冬及次年春季，即光绪三十三年、三十四年，太后仍康健如常。至四月，太后仍往颐和园过夏，因天气炎热，遂病痢，久而不愈，至西历8月，形容渐改其旧。盖前此虽以七十之高年，而毫不呈衰状者也。然此外亦无大病，精神仍好，言语如昔，仍每日勤劳国政。太后常自言能享高寿，如英之维多利亚，盖维多利亚乃太后之所常称赞而心慕之者也。有一道士，太后时常召见，其人在太后前颇见信任，亦预言太后必享高寿，较之前此太后之寿均高，但其言不验。盖太后薨时，其寿实较前此三太后之寿为低也。1908年即光绪三十四年，活佛达赖喇嘛将于秋间来京陛见，太后闻之甚为高兴。总管李莲英请太后取消此事，言"相传活佛与皇帝，若同居一城，必有一人不利"（李之为此言盖为其私，以活佛来京则迷信者必众，于己大不利益也）。太后言皇帝之病，已知必不能愈，活佛来京与否无所关涉。至西历7月，太后召医生数人入宫，诊视皇上之病，数人中亦有在外国毕业者。此时皇帝气息愈弱，体愈消瘦，医言帝病肾炎，彼等所开之病案，皆疏略不精细，盖为体制所拘束也，但彼等均确言帝心脉极软弱。时南方报馆，毫无顾忌，昌言此诊病之事，皆系饰人耳目，太后病亟，则帝命亦不保矣。察京中当时议论，谓太后常劝勉皇帝鼓励精神，有顾恤之意，并命帝择放大臣，凡事仍依旧例，有谕旨必示帝阅之。当维新党人王照由外国归，自首投案时，太后问帝应如何处置？此人乃太后以前所欲杀之者也。帝思之良久，言请赦其命，太后曰："我本意想饶他性命，但想听你的意思何如。我深晓得，你极恨康有为等人，所以我怕你定要办王照的死罪。"盖太后此时知皇帝，已无反对太后意旨之心也。

帝病亟，太后戒饬太监，以后帝来请安时，不可使久候于外。又命会议国政时，免帝跪地迎送之礼。有一满洲大员曾目击一事，今述于下：一日有一御史上一奏，皇帝阅后谓军机曰："外头言论，可信的真少，即如我实在有病，奏中则言无病，另有别的缘故。"太后曰："谁敢说这样乱话，当治以死罪！"皇帝言："自觉体气虚弱，太后万寿之期将到，恐怕不能叩贺。"太后闻之深为悯然，谓帝曰："你保养身体要紧，我望你病好，比叩头重大得多。"帝跪地叩谢太后之言，跪时病发。庆王言可命御医屈永秋入诊，此人曾留学于欧洲者，但当时未曾召入。翌日召医生入，此等医生，皆墨守中国之古法。帝曰："我心里怔忡不安。"有一医名吕用宾者，答曰："现在皇上之病，未见十分要紧，请皇上安心。"时太后已病，外间谣言甚多，太后见外间言论激烈，谓与宪政有关，遂决定刻期进行，不再延缓。八月初一日下谕，宣布九年立宪之期，一如日本明治当年之事。盖中国宪政之精神，实仿效日本者也。同时又谕各部厉行新政，其谕曰：

朕奉皇太后懿旨：宪政编查馆资政院王大臣奕劻、溥伦等会奏，进呈宪法议院选举各纲要，暨议院未开以前逐年应行筹备事宜一折。现值国势积弱，事变纷乘，非朝野同心，不足以图存立；非纪纲整肃，不足以保治安；非官民交勉，互相匡正，不足以促进步，而收实效。该王大臣等所拟宪法暨议院选举各纲要，条理详密，权限分明，兼采列邦之良规，无违中国之礼教。要不外乎前次迭降明谕，大权统于朝廷，庶政公诸舆论之宗旨，将来编纂宪法，暨议院选举各法，即以此作为准则。所有权限，悉应固守，勿得稍有侵越。其宪法未颁，议院未开以前，悉遵现行制度，静候朝廷次第筹办，如期施行。至单开逐年应行筹备事宜，均属立宪国应有之要政，必须秉公认真，次第推行。著该馆院将此项清单，附于此次所降谕旨之后，刊印誊黄，呈请盖用御宝，分发在京各衙门、在外各督抚府尹司道，敬谨悬挂堂上。即责成内外臣工，遵照单开各节，依限举办，每届六个月，将筹办成绩，胪列奏闻，并咨报宪政编查馆查核。各部院领袖堂官、各省督抚及府尹，遇有交替，后任人员应会同前任，将前任办理情形，详细奏明，以期各有考成，免涉诿卸。凡各部及外省同办事宜，部臣本有纠察外省之责，应严定殿最，分别奏闻，并著该馆院王大臣奏设专科，切实考核。在京言路诸臣，亦当留心察访，倘有逾限不办，或阳奉阴违，或有名无实，均得指名据实纠参，定按溺职例议处。该王大臣等若敢扶同讳饰，贻误国事，朝廷亦决不宽假。当此危急存亡之秋，内外臣工，同受国恩，均当警觉沉迷，扫除积习，如仍泄沓坐误，岂复尚有天良？该馆院王大臣休戚相关，任寄尤重，倘竟因循瞻庇，讵能无疚神明。所有人民应行练习自治教育各事宜，在京由该管衙门，在外由各督抚，督饬各属随时催办，勿任玩延。至开设议院，应以逐年筹备各事办理完竣为期。自本年起，务在第九年内，将各项筹备事宜，一律办齐，届时即行颁布钦定宪法，并颁布召集议员之诏。凡我臣民，皆应淬砺精神，赞成郅治。如有不靖之徒，附会名义，藉端构煽，或躁妄生事，紊乱秩序，朝廷惟有执法惩儆，断不能任其妨害治安。总期国势日臻巩固，民生永保升平，上慰宗庙社稷之灵，下答薄海臣民之望。将此通谕知之。

西历9月，袁世凯五旬生辰，时太后居于颐和园，赏赐珍品极多。京朝官员，无人不送寿礼者。[1]

---

[1] 以下漏译一段，大体内容为：醇亲王载沣没有参加袁世凯庆寿仪式，也没有送他任何礼物。而袁世凯收到的一份礼单上，还出现了讥讽他戊戌年背叛光绪、有僭越称帝阴谋的内容。可能是由于译本出版时正值袁氏当国，故此漏而不译。

十三世达赖喇嘛

至西历9月,达赖喇嘛到京,礼制之间,有所争论,遂久未召见。其后议定,喇嘛向帝叩头,帝起立,请其坐于旁边藤榻。此事争论极久,达赖心甚不悦,勉强从之,盖达赖自视甚高,不愿叩首也。且达赖带来贡品极多,本望太后待以殊礼,既失所望,殊为怏怏。西历10月召见,太后请其为己祷祝祈寿,外国使臣亦于十月内在颐和园进见一次。

是月20号,两宫由颐和园回西苑,此太后末次之行程也。乘舟由颐和园达西苑,离园时望见万寿山,忽向瑾妃曰:"皇帝病重,我们去后,恐怕一时不能到这里来了。"太后之舟,满刻龙凤形,太后坐藤椅内,宫眷五六人及太监数人围侍。至万寿寺,太后下舟,两太监扶之入轿,照例上香于寺中。太后薨后,从人回忆此次上香,有一预兆,其所上之香,最后一根未燃也。太后出庙时,命僧众日日祈祷,为太后祝寿，以万寿之期将至也。由此往万牲园，园在西直门外，太后进园欲下轿步行全园一周，见各种禽兽，为向所未见，极为欣悦，言此后要常来游玩。询问看守者以各事甚详，见狮子尤觉高兴，问监督以各兽所来之地（监督为内务府一满人），监督不能对，侍从者皆失笑。太后曰："你于动物学似不甚懂。"即转面问其他看守之人。李总管随行，颇以为苦，请太后歇息，不要太累了。但太后必欲围行一周，令彼竭蹶跟随以为乐。此次之事，实创举也。有目见当时情形者，言游园之举，全出太后高兴。太后记性极强，言端方由欧洲归，送太后一象，尚有他兽数种，太后以宫中无处喂养，乃议办万牲园，此万牲园发起之原因也。此象由二德人看管时，言于总理月量不足，但总理不听其言，此象逐渐饿毙。看管之西人，乃得其合同未满之俸金归国。此事太后深为不悦，曾提及之，又言看这些禽兽，都喂养得好，甚为满意，惟管老虎之人，受严重之申饬。

回西苑后，一意预备举办万寿，是年太后七十三岁万寿之期，乃西历11月3号也。城内正街装饰一新，宫内备一特别戏场，演戏五日。又有一特别礼节，为前此万寿时所未有者，乃达赖喇嘛进见之礼也。达赖带领属员，向太后叩祝，皇帝病重，不能如预定之礼在仪鸾殿叩祝，乃派一亲王代行。此礼乃最重大者，帝竟不能亲到，可知帝病之重，不然如此大典，但能勉强行之，决不派人代也。后于大殿特赐达赖之宴，帝又不能亲到，于是帝病象更为明显。达赖跪于殿外，以迎圣驾，本非情愿，乃被迫而出此，及帝不到，则更怒矣。万寿日晨八钟，帝离瀛台至大殿，形容消瘦，颜色枯槁，太后视而怜之，命太监扶之上轿。其后太后特下一谕，称达赖之忠诚，命其速回藏中，宣布朝廷德意，恪遵国家命令云云。

太后于下午同妃嫔、福晋、太监等均改装穿古衣，太后扮观音，其余人则扮龙女、善男、童子等。游于湖中，太后高兴已极，不幸至晚着凉，又吃乳酪、苹果等物过多，遂又病痢，此病于夏间曾缠绵多日也。翌日仍理国事如常，批阅折奏多件。至西历11月5号，太后、皇帝皆不能御殿召见军机。达赖闻太后病，呈上佛像一尊，言当即送往太后陵寝。此时由庆王监督，修理陵寝，将完工也（庆王继荣禄为陵寝大臣）。达赖喇嘛催将此佛像送往太后万年吉地，以镇压不祥，则圣寿当益增高，太后闻之极喜，翌日仍御殿召见大臣如常，命庆王速将佛像送往陵寝（皇陵在北京东英里九十里，基地广阔装饰精美，皆中国极佳之建筑也，共有宫殿四重。第四重之后有高大之丘陵，名为"宝城"，其下即大陵宫也），敬谨安置。庆王闻太后命，迟疑不决，奏言太后、皇上现皆有病，似难离京。太后曰："这两天我不见得就会死，我现在已觉得好些了。无论怎样，你照我的话办就是了。"至11月9号，太后、皇帝同御殿召见军机，直隶提学使请训，太后言近来学生之思想，趋于革命者日多，言下颇为伤感，命提学使务竭心力，以挽此颓风。

召见后，召医生四人入诊帝病，此四人乃外省举荐来京者。是晚，帝旧病复发甚重，自后帝遂未离寝宫。翌日帝派人往太后宫请安，太后亦居宫内，未曾御殿。御医报告太后、皇上之病，均非佳象，请另延高医以代其职。军机处特差一人往陵寝，请庆王速回，因庆王乃最重要之人也。庆王闻信，日夜兼程以行，13号晨八钟到京立即入宫。见太后病势已转，精神舒快，惟帝病渐沉，终日迷睡，清醒时甚少。有时心中明白，遂派皇后往禀言："恐不能长侍太后，请太后选一嗣子，不可再缓。"此等陈告之辞，果系出于帝之本心，抑有所授意，且究为帝所派否？则不可知矣。

庆王既到京，遂立即召见诸大臣于仪鸾殿。太后出御宝座，虽病体不支，然太后强毅之性勉自镇定，说话仍如往日，声音宏亮坚厉。其坚强不改常度，见者皆惊。有人述当日会议，全由太后一人主持，与议者庆亲王、醇亲王、军机大臣袁世凯、张之洞、鹿传霖、世续等。太后曰："现在时候到了,须照皇帝即位时之上谕,为同治皇帝立嗣。我的主意已定,但想跟你们商量,看你们意思同否?"庆王等主张立溥伦或恭王,言溥伦尤合,以其自道光皇帝长支传下也。醇王似亦同意此议,其余诸人则主张"立醇王之子"。太后闻诸人议后,发言曰:"以前我将荣禄之女说与醇王为福晋,即定意所生长子立为嗣君,以为荣禄一生忠诚之报。荣禄当庚子年防护使馆,极力维持,国家不亡,实彼之力,故今年三月又加殊恩与荣禄之妻。今既立醇王之子,即封醇王为监国摄政王,此职较从前之议政王名分尤高也。"醇王闻太后之言,叩头辞谢,深恐不称其职。即时下两谕:一以醇亲王载沣为监国摄政王,一谕命将醇王之子溥仪入宫抚养。又命庆王以此谕说与皇帝知之,此时帝尚明白,闻庆王述太后旨后,言曰:"立一长君,岂不更好,但不必疑惑,太后主意不错。"后又闻以醇王为监国摄政王,帝极喜悦。此时乃

即位前的溥仪在醇王府

下午三记钟。逾二钟,幼主遂入宫,醇王送之。翌日七钟,御医言帝鼻煽动,胃中隆起,皆非佳象。是晚帝知疾已不起,遂写其最后之遗诏,但含糊几不可读。

此诏在皇后手中,初甚秘密。时朝廷又降一谕,言帝病亟,著各省再寻良医,速遣入都。谕中详述帝之病状,其语是否尽实?则不可知矣。人之见此谕者,皆不以为意,盖久已预待之矣。下午三钟,太后至瀛台视帝疾,帝已昏迷不省,其后稍明,侍者为穿长寿礼服。盖礼制皇帝须服此以崩也,若崩后再穿,则以为不祥。帝不愿穿,至五钟遂崩。太后、皇后、妃嫔二人、太监数人在侧。太后未俟穿龙袍礼毕即回宫,传谕降帝遗诏,并颁新帝登基之诏。今将遗诏录下:

朕自冲龄践阼,寅绍丕基。荷蒙皇太后怙育仁慈,恩勤教诲,垂帘听政,宵旰忧劳,嗣奉懿旨,命朕亲裁大政,钦承列圣家法,一以敬天法祖,勤政爱民为本。三十四年中,仰禀慈训,日理万几,勤求上理。念时势之艰难,折衷中外之治法,辑和民教,广设学堂,整顿军政,振兴工商,修订法律,豫备立宪,期与薄海臣庶共享升平。各直省遇有水旱偏灾,凡疆臣请赈请蠲,无不恩施立沛。本年顺、直、东三省,湖南、湖北、广东、福建等省,先后被灾,每念我民满目疮痍,难安寝馈。朕躬气血素弱,自去岁秋间不豫,医治至今而胸满胃逆,腰痛腿软,气壅咳喘诸症环生迭起,日以增剧,阴阳俱亏,以致弥留,岂非天乎!顾念神器至重,亟宜传付得人。兹钦奉慈禧端佑康颐昭豫庄诚寿恭钦献崇熙皇太后懿旨,以摄政王载沣之子溥仪入承大统,为嗣皇帝。在嗣皇帝仁孝聪明,必能仰慰慈怀,钦承付托,忧勤惕厉,永固邦基。尔京外文武臣工,其精白乃心,破除积习,恪遵前次谕旨,各按逐年筹备事宜,切实办理。庶几九年以后,颁布立宪,克终朕未竟之志,在天之灵藉稍慰焉。丧服仍依旧制二十七日而除，布告天下，咸使闻知。

太后此时神气安和，旁人见之皆为惊讶。又以新帝之名下一谕，称述大行皇帝之德并太后仁爱之恩。当此时，追忆光绪初年因未为同治帝立嗣，吴可读曾以尸谏。今新帝已继与同治帝为嗣，以践太后当时之谕旨。然苟不筹一兼顾之法，则光绪帝又将如同治帝之无嗣，士大夫必又有起而争之者，或有人踵行吴可读之已事，亦未可知。太后乃独出己见，创为兼祧之举，虽于前无征，然非此不足以两全，盖因情以制礼者也。今录其谕于下：

钦承慈禧端佑康颐昭豫庄诚寿恭钦献崇熙皇太后懿旨：前因穆宗毅皇帝未有储贰，曾于同治十三年十二月初五日降旨，大行皇帝生有皇子。即承祧穆宗毅皇帝为嗣。现在大行皇帝龙驭上宾，亦未有储贰，不得已以摄政王载沣之子溥仪承继穆宗毅皇帝为嗣，兼承大行皇帝之祧。

凡熟知中国历来议礼纷扰之状者，似乎此次太后所定简便之法，前代应早有行之者，然竟无之。若易一人，无太后坚定老练强毅之手段，以行此事，则士大夫之拘执章句者，能安然无所争论？否此不能无疑也。其后又降一谕，则太后以国事付之监国摄政王，如有要事则仍禀承太后之意而行。此谕不啻使监国但负虚名，而己仍执其大权，此虚名直至新帝长大，或太后宾天而后已。此时太后仍望长享高寿，以永执政权，其谕中有曰："监国摄政王禀承予之训示处理国事。"（意译）观于此语，若太后仍在，则监国摄政王必不能专断国事，亦将如光绪帝之虚有其名而已。

第二十七章　慈禧宾天及奉安之礼

西历11月之14号，太后终日料理大事，至晚乃获休息，虽极辛苦，而体气反较佳。翌日仍于六钟时起召见军机，与皇后、监国摄政王及其福晋即荣禄之女谈话多时，以新帝之名下一谕，尊太后为太皇太后，尊皇后为太后。其时尚筹画庆祝尊号之礼制，并定监国授职之礼。至午时太后方饭，忽然晕去，为时甚久。及至醒时，皆谓因前数日感触劳乏，以致旧病复发，其根则由于夏间病痢太久，体气大伤也。太后自知末日将至，遂急召光绪皇后、监国摄政王、军机大臣等齐集，降下列之上谕，盼咐各事从容清晰，仍如每日办理国事之状。谕曰：

奉太皇太后懿旨：昨已降谕，以醇王为监国摄政王，禀承予之训示处理国事。现予病势危急，自知不起，此后国政即完全交付监国摄政王。若有重要之事必须禀询皇太后者，即由监国摄政王禀询裁夺。（意译）

凡熟知宫廷情形及太后一生之历史者，观上列谕旨，皆知末数语之重要，其意盖欲与新太后及叶赫那拉族以机会，于有要事时得以参预也。如此办法，则可维持叶赫族永久之权势，而巩固其所占之地位。设监国摄政王及余人有仇视之举动，则新太后可本此谕以说话也。观于端方因在陵上有失敬于新太后之事，立即撤去直隶总督任可以见之矣。于此亦足知监国摄政王之不易为。及隆裕之用其特权，以为树威之举也。

太后既降前录之上谕，病愈沈重，命草遗诏，军机大臣拟诏进呈。太后阅后，改定数处，又加入数句，即遗诏中"不得不再行训政"之语。太后向诸人言加此数句之意，谓："余垂帘数次，不知者或以为贪权，实则迫于时势不得不然也。"遗诏之末节"回念五十年来"云云，亦太后所加，意谓返观一生无悔恨之事也。遗诏既定，太后遂向侍从之人为长别之语，闻者无不伤心。太后神志清明，虽弥留时仍接续谈话，态度安闲一如平日。后渐昏沉，侍者皆谓时已至矣。忽又清醒，故临终前数分钟犹未绝希望也。太后五十年中执掌中国之大权，而其最后之一言乃出人意料之外，其言曰："以后勿再使妇人预闻国政，此与本朝家法有违，须严加限制，尤须严防，不得令太监擅权。明末之事可为殷鉴。"语罢遂瞑，时当下午三钟也，崩时面向南方。盖中国人谓君主临终，必须南面。有见之者言"太后崩后，口张而不闭"，或谓此乃灵魂不愿离其体魄也。于是此威权盖世之太后遂宾天矣！其崩也亦如其生

中海仪鸾殿（今怀仁堂）

前，具有兴奋勇厉之态，盖太后实一不可测度之人也。既小殓，遂及皇帝之遗体同时由西苑移于禁中，沿途跪者皆满。既至禁城，分殡于殿内。今将太后遗诏——为五十年来最后之诏书者，全录于下：

予以薄德，祇承文宗显皇帝册命，备位宫闱。迨穆宗毅皇帝冲年嗣统，适当寇乱未平，讨伐方殷之际，时则发捻交讧，回苗俶扰，海疆多故，民生凋敝，满目疮痍。予与孝贞显皇后同心抚训，夙夜忧劳，秉承文宗显皇帝遗谟，策励内外臣工，暨各路统兵大臣，指授机宜，勤求治理，任贤纳谏，救灾恤民，遂得仰承天庥，削平大难，转危为安。及穆宗毅皇帝即世，今大行皇帝入嗣大统，时事愈艰，民生愈困，内忧外患，纷至沓来，不得不再行训政。前年宣布预备立宪诏书，本年颁示预备立宪年限，万几待理，心力俱殚，幸予气体素强，尚可支持。不期本年夏秋以来，时有不适，政务殷繁，无从静摄，眠食失宜，迁延日久，精力渐惫，犹未敢一日暇逸。本月二十一日，复遭大行皇帝之丧，悲从中来，不能自克，以致病势增剧，遂致弥留。回念五十年来，忧患迭经，兢业之心，无时或释。今举行新政，渐有端倪，嗣皇帝方在冲龄，正资启迪，摄政王及内外诸臣，尚其协心翊赞，固我邦基。嗣皇帝以国事为重，尤宜勉节哀思，孜孜典学，他日光大前谟，有厚望焉。丧服二十七日而除，布告天下，咸使闻知。

太后之徽号共二十二字，生前已有十六字，后六字乃崩后追谥者。其第一字"孝"为诸后之所同，第二字"钦"，故在国史上称为孝钦显皇后。太后谥号之隆，中国自有历史以来，无一足以匹之者。既崩之后，国民之思念，环球之称颂，有加无已。金棺先殡于宁寿殿，后移煤山下，以俟择期奉安山陵。大丧之日，哀戚尊敬之礼异乎寻常，臣民一致,皆谓太后既崩,国家遂失所恃矣!自崩后以至奉安一年之间,祭祀之隆,无时或辍。其年七月中元,以纸扎成一大舟,约长百五十尺,置禁城外近煤山之地。舟上扎有侍从、太监、仆妇及一切器用皆备,亦有宝座,其旁环跪身穿礼服之官员,一如平日召见臣工之状。监国摄政王以皇帝之名,祭于舟前,祭后举火焚之。至奉安前一二日,所焚纸扎人物、驼马、器用等不可胜计,皆以为太后冥中之用者也。此后所录奉安之情形,乃1909年11月27号《泰晤士报》所登者:

> 十一月五号之晨五钟时,乃钦天监选定大行皇太后金棺,由宫中奉安于东陵之日。一切情形与前西历五月大行皇帝奉安之礼略同,唯军队更多,装饰更美,警吏亦更整齐,故其景象尤为阔大。然有一欠缺之点,即大行皇帝奉安之日天气晴明,此次则浓云密

慈禧出殡

布，甚为寒冷，加以稽迟之久，观者颇觉不耐。

金棺初以八十四人抬之，此乃过城门时最多之数，出城则加为一百二十人。前行者为监国摄政王及诸王公贝勒、军机大臣等，后为骑兵一队，再后为骆驼等。驼载帐棚及行官用具，由京往陵须行四日，以备晚间支帐，为金棺暂安之处也。又后为伞队，皆庚子年由西安回銮时百姓恭送者，安葬后则皆烧之。又后为喇嘛。最后为銮仪卫一队，执祭器、佛幡、旗帜等。全队中有三乘极华丽之舆，罩以黄丝之帘，一切装饰均为龙凤花样。有二乘与太后平时所乘者相同，此亦备在陵上焚烧者。统观全队，炫耀威严之景，使人印于心而不忘。自中国人言之，唯唐之武后或能与此比耳。吏载武后葬时，有侍从数百人殉葬于陵内，今则无其事也。警察之布置，颇见才能，观者均为赞叹。梓宫经由之路，家家闭户，军队布列皆满，以防意外之事，纪律严整，无喧哗紊乱之象，沙路平坦，全队向东陵进发。

东陵者，离京约九十英里，四面松柏葱郁，后为坐山。先由荣禄经理陵工，共费银八百万两，与定陵相近，定陵即咸丰帝陵寝也。西为慈安太后陵，东为咸丰帝中宫皇后之陵，中宫崩于帝

太庙供案旧影

登位之前，后乃追谥。慈禧一生，极以其万年吉地为念，时往观之，询问极详。1897年陵工告毕，太后嫌其柱不大，曾命换之。荣禄死后，庆王继其事，经办陵上雕刻装饰等工，其工程之伟大可想见也。奉安既毕，行辞别礼，石门遂闭，而慈禧一生之事，于是毕矣！中国风俗，丧礼之隆俭，费用之丰啬，关于逝者之威严与其后人之体面。而以皇帝丧费与太后丧费比较之，皇帝丧费不过四十五万七千九百四十两二钱三分六厘，而太后之丧费则在一百二十五万至一百五十万之间。当时传言，监国摄政王欲剔除浮费，以叶赫那拉族不悦乃罢。太后之大丧，为国人之所重视毫无疑义，盖太后实中国五十年来群众爱戴之君主也。

太后神主，由东陵回京，入太庙时其礼制亦极隆重。西人观之，皆印于其心，由此可以见中国崇祀祖先之意也。神主之式为木制，上加以漆，以满汉文字书之，先置于陵上。石门既闭，则神灵遂附于木主，故事之与在生时同。由陵回京时，敬奉于华丽之黄缎轿内，后面送者极众，夜间则歇于特备之帐幕。所行之路，名曰"神路"，有军队扫，令极净，常人不得行之。既近京城，监国摄政王率领各王公大臣跪接，市中歇业，肃静无声。过禁城正门，以入太庙，敬安于九祖三十五后之列。未入之先，将同治帝后神主暂撤，盖木主入庙，须先向祖宗叩首，而父母之木主不能向子媳叩首也。此礼由人代行，太后神主入庙，系由监国摄政王代宣统帝行之。每木主皆三跪九叩首，共约四百拜。已安位，又敬迎同治帝后木主还庙，向慈禧木主叩首。慈禧之木主，与慈安相近，于是大丧之礼乃告终矣。太后虽崩，而其神灵仍监临于其子孙臣民之上。时过情迁，太后之过失渐渐遗忘，但留其奇才伟业于世，动后人之景仰而已。

第二十八章 结论

葛里瑞菊曰[1]:"凡一时兴到之言,皆非公平之论也。"法儒亦有一格言曰:"惟智者为能不苛责人。"统观太后一生之历史,而欲下一确切之定评,必须先去吾等种族之偏见,洞悉其周围之情势及其所处之地位,乃能得之。《观察》杂志曾载一论说,颇有理致,其言曰:"太后之身世,及其治国之理、行事之法,皆与西人之思想迥异。故观太后之历史者,当依太后之规则以论之,不可以吾等之规则绳之也。"观于现今世界之公论及中国人之心理,慈禧必为中国历史上一极有名之君主,其聪睿之识、沉毅之才,远出寻常男子之上。

中国今日尚无真正言论之自由,故盼中国人著书以明太后之真相,必不可得。服官于京师者,虽亦偶有笔记等,足为参考之资。且此中亦有亲身经历,深知太后之性情,而记忆其行事者,然决不肯有所著述以传信于后世,而感发人之兴味。盖自中国士大夫观之,述太后之真相为大不敬也。各通商口岸托庇于欧人保护之下者,及香港、新加坡等地之报纸,有广东人所著短篇之传记述太后之事者,则发于排满之见,论旨甚为偏宕,其言之不足信,亦与干燥无味之官书等耳。有曾登于新加坡之报纸而其后又重印者,书名《中国内部之危险》,署名文庆,乃一假托之名,实则康党之所为以讥诮怒骂之语出之。盖鼓吹排满,欲列强不许太后回北京耳。此人之西方学问如印度之书贾,以太后比于色史、色密瑞密司、加色凌得麦地、雪麻沙里那、佛奴肥、客里阿格里批勒,又

---

[1] 葛里瑞菊(Coleridge),今译柯勒律治,17–18世纪英国诗人、评论家。

青玉"慈禧皇太后之宝"

引丹梯罗色梯之言以助其论调[1]，于肆口诬蔑之中，稍杂实事以使人谓其论之确，然实毫无价值之言也。彼于太后之美德既一概抹杀，而于太后所处地位之困难以及学问之本缺，亦皆不设身处地以思之，故其论断决不足据也。

若夫欧人之称述太后者，如使馆夫人及其友之所言，亦未可信。彼等虽亲见太后，然所见者乃朝廷接见外宾时表面之光景，彼等见太后仪表之动人，接待之和蔼，遂为其所笼罩而不自觉，盖太后最善于此术也。若中国之体制许欧洲政客、外交家，以及有名之觇国者得以进见，太后亦必执此态度以御之。此盖出于天授，其势力非常伟大，使人一见而即感化。其在西方如德之威廉帝、美之罗斯福，亦皆具此术也。外人之得见太后者，皆使之印一温爱和悦之仪容以去。其应如响，从无失败。自回銮后凡曾进见者，无不极力称赞之，即曾经围攻使馆时之困苦者，亦同声赞之，且其力足以使人永永念之而不忘，是果何术乎？据某

---

[1] 丹梯罗色梯（Dante Gabriel Rossetti），今译但丁·加布里尔·罗塞蒂，19世纪英国著名画家、诗人、翻译家。

数事观之，则此等效果于辛丑和约中亦显见之矣。吾等由《景善日记》中可以知太后之性情，此人乃有机缘，长年观察太后之行事，由各方面印证之，可知其记载之实。太后性质虽转变极速，而难以测度，其学问知识虽或不足，其心虽贪权势且暴怒而善报复，然实非如假名文庆之所记，"若一野蛮之怪物也"。

平心论之，太后乃一非常勇毅活泼之妇人，志气极强，好大喜功。处东方之社会中，因其所居之地位，所信之教理，而遵守其族类及其阶级之风俗习惯而已。《景善日记》中有云："太后春秋已高，心乐和平。予深知太后之性情，平日极为温蔼，好书画，喜观剧，但有时发怒，则甚为可怕。"以上所述太后之性情，可谓尽之矣。太后一生能得国人之爱戴，而其所信用者，更无论矣。好大喜功，老而不衰，志意强固，不随境遇而变。自二十四岁即躬揽大政，言莫予违，无由自制其性情。一生所处皆在秉执君权、临御臣下之中，自始即受宫廷之薰习，则凡宫廷之罪恶，安能独外之乎！盖宫庭之中与外间情形绝然不同，其中争权争势，皆以残虐野蛮之法行之，奸谋诡计，日俟君主之衰弱以售其术。

吾等既论太后，当知太后所处之时势及其地位，更思其周围之情形。自幼之薰习，初得皇帝之宠，长年居于宫中，其所见闻唯虚伪之礼貌、诡谲之阴谋，以制成精致之罪恶而已。中国未与欧洲列国交涉之先，其朝廷之情形，大与欧洲中古相似，其后虽败北数次，外力侵入犹未改变其旧。近日有一著名史家所著之中世史，玩其言，则北京之宫廷与吾欧十四世纪大相类也。其言曰："宫庭之情形，乃曲折而幽深者，幼稚而愚拙者，极其快乐而忽酿悲剧者，转变极速而不可测度者。然其中罪恶虽烦，而亦自有其清白纯洁之处。凡一问题之起，大抵皆以赤子诚实之心，与成人阴险之谋参杂而成之。"

无论慈禧平生所行，或邻于残暴，而自有其真确之见、勇毅之力。

其行事也，光明磊落，毫无曲饰，盖深知己所处之地位也。威猛之中有仁慈，当其欢悦之时，一任天真而动，弥觉蔼然可亲，此其特性也。东方之君主，苟无威猛之性，则不能奋发有为。其国内凡入宦途求事功者，即置身于恩怨之场，易蹈不测之境，盖成常例矣。慈禧手段虽辣，亦不能谓其日以暴虐杀人为事。凡其定人之死罪者，必其人妨碍太后所行之路，皆热心权势一念之所发耳。当其一时忿恨外人之骄横干预，即毫不疑虑，举全国侨寓之西人而悉诛夷之。当皇帝爱妃偶有冲犯，即毫不顾恤，登时赐死。太后之手段，极迅速而干净，自东方人眼光视之，并不以为残酷。观于太后办大事时所下之上谕，可见其志意之坚刚、独断不疑，又可见其全无暴虐残刻之刑罚。自古专制君主所常施之酷刑，太后未一施之。故太后之手段，与其以弗罗然塔相比，无宁以依里萨伯相比也[1]。

慈禧自当国之始，即富于自恃之心，绝不求助于他人。盖四顾朝臣，其可资臂助者绝少，盈廷之中非衰弱腐败之老者，即沉迷于鸦片或信天任运之人，其亲贵宗室则又暗无所知，趋炎附势，不能自立。惟慈禧一人禀阳刚有为之才，以视英明神武之列祖，可以继绳而无愧也。当国家衰弱之时，慈禧之才乃一日不可少者，若其出言成律，莫或敢违，亦不足怪。盖除其一身之外，实无能统理国事之人也。

慈禧亦具普通妇女之性，爱快乐，喜繁华，又有聚敛之嗜好。一生常持乐利主义，尽力以达之。但不为已甚，可止则止。其聪明之识，常能自律而不纵其欲，当办事紧亟之时，从不以快乐而误正事。太后又如其他专制之君主，迷信甚重，拘于礼节，敬事鬼神，故为僧道等人之护持。然太后虽有迷信，亦如英之依里萨伯，终以人事为重也。太后刚明之才，群臣远不能及，故俯视一切，操纵自如，决不许人稍侵其大权，亦不许以神权之力，加于其大权之上。盖自视其威柄，乃神圣不可侵犯

---

[1] 依里萨伯，今译伊丽莎白。

者也。

　　此非常之太后，其所具之性质甚为复杂。而其所以能常执无上之大权，得国人之爱戴者，则以其刚明勇毅之性为第一，而以其纯实无欺之性及其指挥之才次之，此二种性质乃统驭国家之本也。太后勇毅之性，当事机危亟时，尤可显见。即当拳匪乱时，危机一发，而太后仍不改其常度，景善实亲见其坚定不屈，行所无事之象焉。当其时，虽勇健之男子当之且将不能自镇，而太后则尚以画竹自娱，或命停攻使馆，以避喧嚣，而游于湖中。吾人试思，当太后叱退拳党首领于宫中时，其情景之尊严为何如耶？及其出走之晨，太后出语之安闲冷静，如预备出游者然，毫不现惊慌之象。当此之时，唯觉其尊严高贵，令人敬仰，其余概忘之矣。

　　太后自知甚明，自视极尊，居至高之位，一言一动，关系全国。凡此心意，唯德之君主有焉。今举一事以明之，当时美使曾荐一画师名密司卡尔，为太后绘一油像，往圣路易赛会。画毕后，由外务部预备恭送此像往美，太后视此事极为重要，其礼节一如太后亲往者然。特造一轻便铁路，专为此事而用。其像在黄缎华盖之下，恭敬捧之而行。太后又特令不用轿抬，因其景象太不吉祥也。此像出宫之前，皇帝对之跪送；及经过城中到铁路轨道，人皆跪下，如太后亲临者。此事自欧人观之，或笑其妄。若欲知其真意，须返观古条，多时代之俗也。太后出言拙钝，人若阿谀之，立即察见，必怒斥之。凡太后所信任者，皆坚毅不屈之人，如荣禄、曾国藩、左宗棠等，皆秉性坚刚，言语迟钝，敢于直言者也。凡以阿谀谄媚，求恩宠者，太后深轻视之。虽有时亦优容之，则因其人学问优长，或才堪任使也。今举一极有趣味之事，足以证太后之性情。有一次殿试卷进呈，太后披阅之后，下一谕曰：

　　　　朕奉慈安皇太后、慈禧皇太后懿旨：本年庶吉士散馆，经派出

第二十八章 结论 295

送往圣路易斯博览会的慈禧画像（卡尔绘）

阅卷大臣尚书朱凤标等，将各试卷公同阅看，拟定等第名次，开单进呈。于各卷考列前后，尚属公允，惟万青藜所阅拟取一等一名严辰一卷，诗赋文理，尚属明顺。而其赋体，全篇牵引本朝故实，作意铺张，词意多未著题，甚至过事颂扬，有女中尧舜等句。国家取士，本明试以言之义，总宜崇实黜华，用觇品学。翰林散馆，将以选授清华之职，试用诗赋，尤应切当敷陈。若如严辰所作，不求实际，专事揄扬，于人品学术，颇有关系，此风断不可长。严辰著改为一等末名，即将原拟一等二名之王珊，作为一等一名，其余以次递推。嗣后各项考试，派出考官及阅卷大臣等，务当悉心考校，讲求切实，毋事虚浮，以期拔取真才，用副敦崇实学之至意。（同治元年四月）

太后用人，不甚存满汉之见。太后政权所以深固不摇，而得国人之爱戴者，实其用人公平，有以致之，此其成功之秘密也。凡内外官吏，无论满汉，太后皆一律视之，不偏用满人。太后深知汉人之聪明才力，实在满人之上，如欲保存满人之权势，必须先得汉人之心。凡满人之犯法者，以及庚子年之拳党，虽宗室亲属，皆处以公平之刑罚，而无所顾恤。如满人有为公论所不悦者，从不姑息纵容之，今试述一事以为证。当1863年，有太后宠任之将官名胜保者，以英法联军之役，曾经战阵，有阻联军犯热河之功，大得太后之宠任，赐以殊荣。至1863年，发现一跋扈之举动，为汉督师所不常见者，彼力争请给一降匪以重要之职。太后深知此事之危险，不允所请，谕以必不可许之故。而胜保胆敢压太后之谕旨，仍付降匪以重职。其后此降匪竟如太后所料，俟机复叛，戕官陷城，酿成巨祸。太后命将胜保锁拿入京，交刑部审问。于所列罪款之中，胜保自认随营携带妇女，此在中国法律为重大之罪也，其余概不承认，态度骄横，索人对质。太后下一严谕，宣布胜保之罪，本当即予斩决，唯念其从前战绩，从宽赐其自尽，于此亦可见太后之执法不阿矣。

吾前已言之，太后迷信颇重。吾等苟回思中世纪巫术时代，则太后此等性情，亦不足怪也。此等迷信，太后自幼即深印于心而不可拔，然其不悦之异教，亦常宽容之。其日用之间，常听星士等之言而行事。当国之第一年，太后以同治帝之名下一上谕，吾人观之，恍然有巴比伦时代之思想焉。谕中言：七月十五夜，众星向西南而流。十月以后，彗星两见于西北方。京中上月以来，疫厉盛行，灾异叠见，恐惧殊深。奉母后皇太后、圣母皇太后懿旨，上天示异，皆因政事有阙，冤抑未伸之故。内外臣工，其各进直言，指陈阙失，儆戒修省，以挽天意云云。

余前章已详述，太后由西安回京时，命钦天监慎重选一最吉之日抵京。太后此等迷信，亦如拿破仑之性情。深信无形之中，有一种绝大之势力，其智慧远出人类之上，必须顺之而行。当情势危亟之时，则求佑于神之念愈重。时时默祷于祖宗，谓祖宗威灵昭鉴在上也。然有时其事关系于太后之权势者，则又不顾得罪于神灵，而公然行之，但事后恪恭奉祀，以祈赦免而已。其事之最大者，如同治帝宾天之时，不顾祖宗承继之家法，而选立光绪，太后亦自知其过，大犯天下之公论也。

其于选择万年吉地，尤为慎重。工程进行之中，亦时时参以迷信之见。1873年，同治帝恭送两太后往东陵，选择吉地二块，皆山水回环，形势佳胜。择定之后，驱除一切邪恶，前后礼节至为繁重，又选一最吉之日动工。其后工程之进行，以及一切装饰，太后时时注意，直至宾天而后已。其建筑等事，皆须合于太后之年庚。因此事至为重大，乃命荣禄掌之。荣禄之得此差，大为满人所羡妒，因办理陵工大可发财，向为最优之差也。万年吉地之形势，难以详述。慈安之陵，向北移十五尺二寸，向西移四尺半寸。慈禧之陵，则向北移七尺四寸，向东移八寸，此其方向也。

太后自信极坚，从无畏惧，临驭臣下，激劝互用。1862年，太后年不过二十有七，即降严谕，以训戒军机大臣，痛除旧弊，勉励自新。其谕有曰："为人臣者，亦当延揽人才，但不可植党。"（意译）其后太后示意言官，参劾恭邸时，又降谕引孔子曰："居之无倦，行之以忠，所宜服膺无失"云云（意译）。太后此等谕旨，文词甚为佳妙，常以训戒之语，导引群下。其于外交，则务联络诸公使夫人之感情，不惜纡尊以结其欢心，其效既已大著矣。

太后能得国人之爱戴，声名至隆，畿辅之地尤甚。人苟言及太后，必恪恭赞美之，亦如英国臣民之于其女主维多利亚也。虽外间皆知庚子之役，太后实主持之，其增百姓之负担者至重，然亦未有以此怨之者，即有之亦极少也。此举虽至愚而亦至勇，不惜以国家为孤注之一掷。下级百姓之舆论，皆称赞太后驱逐洋人之主意极好，唯此举乃真足称为中国之君主。若其事不成，乃系天意，以后终有大胜之时，乃足显太后之伟烈也。其不满意于太后者，在回銮以后，对于洋人太为纡尊，然爱戴之情终不变也。

为太后之百姓者，并未见太后之面，唯其心觉太后乃一最慈仁而又最勇毅之君主。若见太后忽然暴怒，则亦以为当然。谓人有怒，郁而不发，大足伤身也。北方之民，毫不觉太后之暴烈，唯感其仁慈耳。此等观念，亦未可谓其非。中国百姓，其去君主至远，平日于残暴之官吏，施用种种非刑，已见惯而不以为异，其于太后之所为，尤不置之于心也。当太后坐轿往东陵时，著者有一日得见太后之面。太后在齐化门外东岳庙内晨餐，餐毕坐轿往通州，许多百姓跪于路旁。风动帘开，太后在轿中睡着，朴实之乡民见而大乐，皆曰："老佛爷睡着了。本来老佛爷的事多，实是真命天子。我们有福气，看见老佛真正快活。"国民之心理，群认太后超然于评论之外，且在法律之上，谓法律者乃施之于群下者也。太后曾下严谕禁止非刑，然甫经一礼拜后，即命将维新党人沈荩立毙杖下（1904年7月）。其后当预备庆祝太后七十万寿时，太后下谕不受徽号。其谕中有曰：

值此时事多艰，日俄两国兵事未定，我东三省境内人民，方在流离颠沛之中。广西叛匪披猖，生灵屡遭荼毒。其余完善各省，亦复疲于捐派，民力难堪，满目疮痍。深宫无日不为引疚，岂尚忍以百姓之脂膏，供一人之逸豫。

又曰：

总之皇帝当以图治安民为孝，诸臣当以匡时体国为忠。宵旰忧劳，正宜交相咨儆。内外臣工，其各修职业，各矢血诚，于筹饷、练兵、兴学、育才，以及农商工艺诸要政，凡有裨于民生者，合力振兴，切实整顿，用以宏济艰难。俾天下苍生，咸乐升平，而跻仁寿，是则予之所厚望也。

太后报复之手段至为猛辣，观《景善日记》，即其最信任之仆，当太后发怒之时，亦知宜于远避。若不能逃免，则唯战兢恐惧，以勿触太后之怒。盖一触其怒，即无幸也。然人诚能忠于太后而尽其职分，则太后亦深识之，而永记于心。亦如俄之加他邻，从不忘人之好处也。其诽谤太后者，唯南方之新党，此由于排满之主义，自中日战后而渐著，自戊戌政变后而大盛，尤以广东人为最。一班维新之少年，诽谤无所不至，几视太后为一野蛮之怪物。以其浮躁奸险之心，发为言论，肆口而谈，毫无忌惮。此等狂吠之词，吾人亦不重之然，此亦人类普通情形所必有者，不足为怪。非独广东为然，即其他南省人之言论，亦有走于极端者，大概谓今日维新思想，日见发达，满洲政权将堕落矣。广东人又播为一种风影之词于街谈巷议中，大抵皆指示满洲朝廷之隐事，然此亦

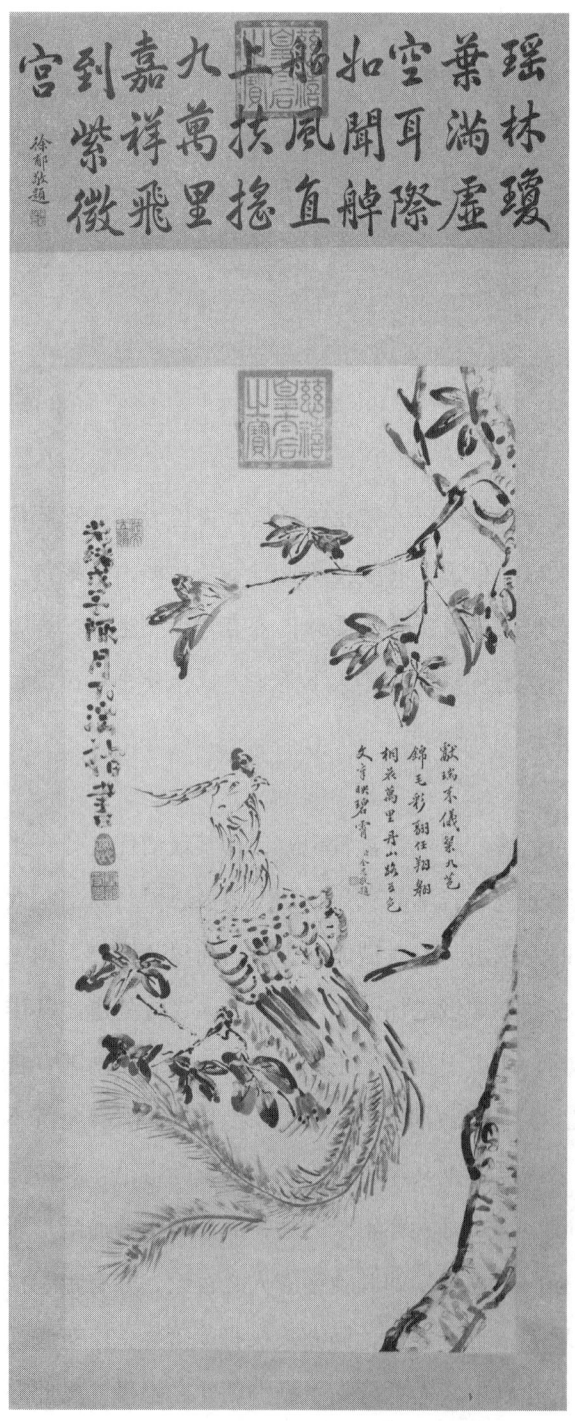

慈禧太后的花鸟画

不过一地方之言论，不久亦渐消灭矣。即上海报纸中执排满主义者，言论虽激烈，皆青年学生嚣张之大言，其力固甚微也。若国内士大夫，则全体忠于太后而尊敬之，时时称赞太后之聪睿，遇大事时把持得定，当国势危亟之秋，而能镇压之也。论及粤匪之乱，则称太后之信任曾国藩为平乱之本；论及戊戌政变之事，则谓幸得太后之转旋，以免于急激改革之危险；又谓同治初年载垣等之逆谋，若非太后则国事不堪问矣；又谓当今日之时势，若无太后以镇定之，则其危险尤不可思议也。

太后在宫中日常之景况，有密司卡尔画像时之记述，描写宫中礼制及其游乐之情形，极有趣味，此言宫廷事之第一书也。太后忧念国事之切，出于至诚（此与维多利亚相似，太后亦极称之也）。万几余暇，则耽文学、书画之事，又好游乐，酷喜观剧，每亲自改正戏曲，言官颇有上疏谏之者，而太后不纳，即在西安行在亦时时观之也。太后之心情因时而变，在重修颐和园以前，吾人所知甚略。中年以后，则胸怀旷逸，以怡乐为主义，起居有定，嗜好亦单简。最爱颐和园，乐其湖山花木之胜，非不得已不入内城，亦以在颐和园较为疏放，不似宫中礼制之严也。常乘小艇游于湖中，与所宠爱之福晋、宫妃等谈笑为乐，尤喜荣禄之妻及皇室福晋数人闲述往事，以为逍遣。性耽文学，深于历史，故尤得国内士大夫之尊敬。读书取其大意，不拘文字，每日必有数小时，使练熟之太监，朗诵古今书籍以听之。虽笃守旧义而不悦新学，然深以教育为重。晚年见时势变迁，其思想亦稍易。庚子以后与戊戌年所行大为相反，然亦当知太后戊戌年所以反对皇帝变法者，实由于康党之密谋，有以激之。即1900年太后之信任拳匪驱逐洋人，亦由于心有所愤，非尽出于本心也。当1876年北京开设同文馆，教授西文西学，有一言官上疏论之，太后降谕大加斥责。今录于下：

朝廷开设同文馆，使士子学习天文算术，并非视为技艺之末。

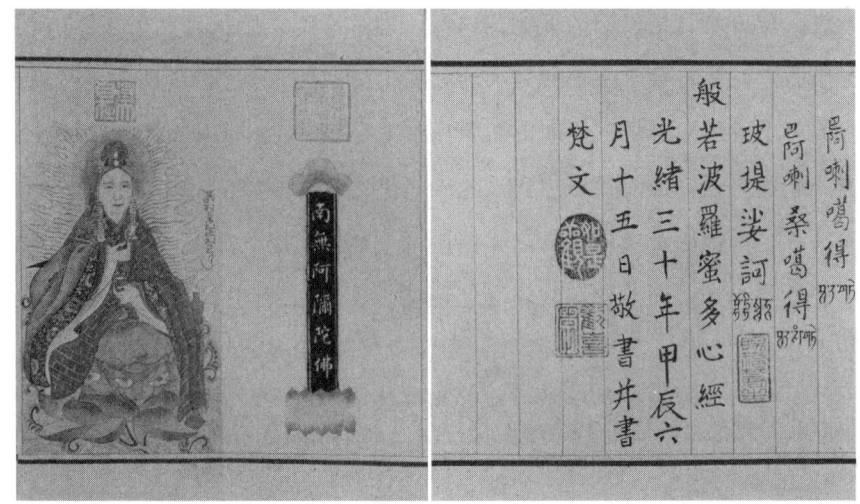

慈禧御笔《般若波罗蜜多心经》

如能用心学习，其用甚大，但当仍以经术为本。所以使兼习西法者，以西洋算法更为精密耳，何致背弃圣道，如该御史之所虑耶！（意译）

太后初次垂帘时，因越法滥费之事，言官多有疏谏者，指示太监之罪恶及其势力之渐盛，尤以1862年至1869年之间言者最多。盖当时太监之放肆，至使国库支应不给，更向各省追求也。然太后虽未能实纳其谏，而仍下谕褒奖，言朝廷亦同有此意，以期压服外间之论。1869年，同治帝大婚时，军机处以各省经大乱之后，地方凋弊，生计未复，请宫中免增费用，太后下谕有曰："每念我民疾苦，深为悯恻，寝馈难安"云云。须知宫廷之用，以及修理陵寝之费等，大半皆入于太监、官吏之私囊，无论军机处之陈述如何严厉，而此种习惯已牢不可破，群认为当然必有之事矣。太后非不深知其情，但亦任之，且太后亦不免于此中得其利益也。太后接见各国公使夫人等，常问某物市价若干，其后则告知李莲英，以显洞知彼等之浮冒。太后虽爱繁华，而亦具节俭之性，至暮年而更谨啬。中国宫廷之用度,每年无一定之数,大概视年岁之丰歉及时局之安危而异,均由各省贡呈。太后性爱蓄积,遂致埋藏巨额之金银于宫内,其他各种用物亦蓄积甚众。至宾天之后,闻其私财若连金银器物而计,共约十六兆斯特零(币名),此乃一在内廷当差之大员所述,其数未必十分确实。但外间共知庚子年两宫西幸时,宁寿宫所藏之金银(此金银乃1861年查抄肃顺家产之所得也),约银六十兆两(即八兆斯特零)。而在太原、西安时所收于各省者,当亦不下于此数或更多也。

太后至老而容色不衰,面无皱容,尚如轻年,亦如普通妇女雅好修饰,每日时间之费于妆台者颇久,而尤宝重其发。庚子年出走时,不得已而改汉装,每言及之深以为恨。太后体质之健,兴致之佳,殊异寻常,自谓乃每日凌晨即起,及起居有节,常吃牛乳所致。太后所吃牛乳乃凝结成酪者,饮食有常度,食量甚佳。晚年虽食鸦片,但必正事已毕,乃以为消遣之具。每日下午必小睡一钟。太后亦深知鸦片之害,极欲禁绝,然于1906年之11月所下禁烟之谕内,"于过六十岁之吸烟者,则宽恕之",盖推己及人,以鸦片足为老年消遣娱乐之品,且可鼓提精神也。

以上所述,足以略知太后之为人及其一生之事业。此非常之太后,实与其他英君明辟同于世界史上占一重要之位置也。其一生常获胜利及其能得臣下之爱戴,不能以寻常分析比较之法讲明之。寻思其所以然,盖其独得于天者,若有一种奇妙不可思议之秉赋,使人一见而自然倾倒,如具有魔力焉。此等禀赋,独立于道德文明之外,而具非常之势力,使大多数人群俛伏于此势力之下,无能抵抗。太后既有此天授之姿,而又参以温良活泼诸美德,遂得群下之爱敬,即持道德之正论者,亦输服于不自觉焉。此非常奇异之势力,其中于人如磁气之吸引者,乃自古英雄执握大权,驾御一世之秘密也。太后以此而操无上之大权,宰御地球上三分之一之人种至半世纪之久,其治绩则美恶参半,功罪不掩，亦以此而得中国最勇毅特出之才而用之。虽既没之后，人民皆深念之而不忘，至今太后之名已成历史上超越之人物，群思其智慧迥出于寻常矣。

欧洲之人以其西方之道德，评论太后一生奇变不可测度之事迹，常加以残暴之讥。吾非谓此论之谬，亦不欲末减太后之罪，但觉如太后之为人，不可以寻常道德之见解观之。若执此以断，即不能得其真评。观于在太后以前及其同时之人物，证以中国百姓之公论，则太后并非一残暴之君。不独此也，即英国近世以争国家权利之故，其杀人之手段亦难言乎仁道也。其在依里萨伯及马利史却而特之世，以保持其皇室威严故，以拥护耶教故，亦不惜断人肢体以达之也。夫依里萨伯及马利史却而特二人者[1]，非吾欧人所称为温和善良之妇人乎？而其当国之时，犹且若是，则于慈禧所为又何怪焉？太后得病之时，亦如其平日之性情，常怀兴奋，不耐其疾病之缠绵。此病之得，盖起于回銮之初，久而未愈，然太后之心未尝稍懈。直至临终，犹希望国家之强盛，新政之昌明，于己之身世，于国之前途，皆焕然一新焉。其临终时，对于幽冥之中，亦若有威严灿烂之世界如其生前，自视其死，如起身游乐于湖中也。弥留之际，不得已而与人世别，与其一生之事业别，从容撒手而去，与英国女主曲德，迥然不同。于是此非常之太后，乃完结其伟大坚毅之身世，而浩然自信其命运焉。

---

[1] 马利史却而特（Mary Stuart），今译玛丽·斯图尔特，16世纪苏格兰女王。

编后记

《慈禧外纪》原名China under the Empress Dowager（直译《皇太后治下的中国》），作者系当时英国《泰晤士报》驻上海记者濮兰德（J.O.P.Bland，1863—1945年）和汉学家白克好司（Edmund Backhouse，1873—1944年），1910年在美国费城和英国伦敦同时出版。1914年，该书由翻译家陈冷汰译成中文，同年8月由中华书局在上海出版发行，后多次重印和再版。

由于作者长期在中国工作和生活，曾耳闻目睹不少重要事件，与上层人物多有接触，掌握了大量的内部材料，并阅读过部分"宫廷秘档"和私人信札，因此书中对官场生活乃至"宫闱内幕"，都有着比较详尽的记述。该书一经面世，便在西方轰动一时，此后百余年间，一直成为颇受中外史学界关注的经典之作。当然，这本书问世后争议也不曾间断，人们主要围绕书中材料的真伪，各执一词，莫衷于是。

此次重新出版，我们以中华书局1915年版为底本。内容以忠实于原译本为原则，但考虑到当前读者的需要，主要做了以下修订：

1.对原书进行了重新标点，改正了个别明显的错误。

2.对原书中某些不甚准确、或读者不易理解的内容，以注释的形式予以适当解释。

3.为确保内容的准确性，对原书引用的谕旨，均依据《清实录》进行了一一核对、订正。

4.书中的公历日期，均改用阿拉伯数字形式。

5.与内容相对应，此次共选配70余幅稀见的图像资料，以便读者在阅读时相互参照。

对于此次修订中的不足之处，敬请读者不吝指教。

左远波

2010年5月于紫禁城

尚书房

晚清宫廷见闻录

宫女谈往录,金易、沈义羚著,38.00元

太监谈往录,信修明等著,34.00元

紫禁城的黄昏(上、下),[英]庄士敦著,56.00元

在太后身边的日子,德龄、容龄著,35.00元

慈禧外纪,[英]濮兰德、白克好司著,36.00元

日本人眼中的慈禧,[日]田原祯次郎著,36.00元

晚清侍卫追忆录,富察·建功著,46.00元

大太监李连英,蔡世英著,36.00元

美国女画师的清宫回忆,[美]凯瑟琳·卡尔著,32.00元

宫廷人物系列

清朝十二帝,阎崇年著,38.00元

明朝十六帝,王天有主编,36.00元

明朝帝王师,熊召政著,39.00元

崇祯皇帝(上、中、下),姚雪垠著,86.00元

向天再借五百年——康熙新传,周远廉著,46.00元

百年原是梦:和 的悲喜人生,陈连营著,46.00元

老佛爷吉祥——慈禧鲜为人知的故事,向斯著,360元

清宫佳丽三十人,徐广源著,36.00元

清宫大内侍卫,常江、李理著,40.00元

明清后妃的爱恨往事,那海著,30.00元

后宫的金枝玉叶,向斯著,40.00元

华美的冒险——明清后妃传奇,杨海霞著,36.00元

皇帝也是人——富有个性的隋唐帝王，范捷著，36.00元

皇帝也是人——富有个性的大宋天子，范捷著，32.00元

皇帝也是人——富有个性的紫禁城主人（明代卷），范捷著，28.00元

皇帝也是人——富有个性的紫禁城主人（清代卷），范捷著，28.00元

历史与文化

闲来松间坐——文人品茶，王镜轮著，40.00元

心清一碗茶——皇帝品茶，向斯著，46.00元

正谊明道——紫禁城的精神灵魂，王子林著，36.00元

在乾隆的星空下——乾隆皇帝的精神境界，王子林著，36.00元

紫禁城风水，王子林著，42.00元

清代后妃宫廷生活，王佩　著，46.00元

紫禁城八百楹联匾额通解，李文君著，56.00元

甲申风云录——崇祯十七年，孙文良、张杰著，26.00元

变政与政变——光绪二十四年，董丛林著，26.00元

清宫八大疑案，石玉新著，38.00元

故宫文丛

故宫尘梦录，吴瀛著，35.00元

前生造定故宫缘，庄严著，32.00元

典守故宫国宝七十年，那志良著，39.00元

故宫沧桑，刘北汜著，25.00元

紫禁城行走漫笔，杨乃济著，39.00元

清代帝后的归宿，于善浦著，45.00元

解读清皇陵，徐广源著，42.00元

大家史说

明代宦官,温功义著,38.00元

听雨楼杂笔,高伯雨著,30.00元

听雨楼丛谈,高伯雨著,22.00元

历史文物趣谈,高伯雨著,22.00元

都是权力惹的祸——清宫政变录,金性尧著,32.00元

都是文字惹的祸——清代文字狱,金性尧著,39.00元

炉边话清史,金性尧著,28.00元

炉边话明史,金性尧著,26.00元

吾皇万岁万万岁——古代帝王生活,朴人著,46.00元

白日放歌须纵酒——古代诗人生活,朴人著,32.00元

掌故漫拾,朴人著,25.00元

中国历史上的传奇性人物(上、下),苏同炳著,48.00元

人物与掌故杂谈(上、下),苏同炳著,46.00元

明代史事与人物,苏同炳著,36.00元

清代史事与人物,苏同炳著,28.00元

书蠹余谈,苏同炳著,26.00元

外野史亭杂记,苏同炳著,26.00元

古代名女人,苏同炳著,26.00元

拾趣录,伍稼青著,25.00元

时尚历史

闺阁里的那点春风,姜鹏著,32.00元

能吃的历史,王题著,46.00元

雾里看方术,王题著,39.00元

历史的盲肠——帮会江湖,王题著,36.00元

图书在版编目（CIP）数据

慈禧外纪/（英）濮兰德，（英）白克好司著；陈冷汰译.-北京：故宫出版社，2016.9重印
（晚清宫廷见闻录）
ISBN 978-7-5134-0007-7

Ⅰ.①慈… Ⅱ.①濮… ②白… ③陈… Ⅲ.①西太后（1835~1908）-生平事迹 Ⅳ.①K827=52
中国版本图书馆CIP数据核字（2010）第124105号

慈禧外纪

著　　者：〔英〕濮兰德、白克好司
译　　者：陈冷汰
责任编辑：左远波　刘　峰
装帧设计：王孔刚
出版发行：故宫出版社
　　　　　地址：北京东城区景山前街4号　邮编：100009
　　　　　电话：010-85007816　010-85007817　传真：010-65129479
　　　　　网址：www.culturefc.cn　邮箱：ggcb@culturefc.cn
印　　刷：保定市中画美凯印刷有限公司
开　　本：787×1092毫米　1/16
印　　张：19.5
字　　数：250千字
版　　次：2010年7月第1版
　　　　　2016年9月第2次印刷
印　　数：5001-8000册
书　　号：ISBN 978-7-5134-0007-7
定　　价：36.00元